中青年经济与管理学者文库

本书的出版得到河南牧业经济学院科研创新团队建设计划“财务信息披露与鉴证研究团队”（2018KYTD03）的资助。本书是河南省教育科学“十四五”规划一般课题“基于社会实践的高校财务会计教学改革研究”（2021YB0299）的阶段性研究成果。

会计人才培养与会计信息质量研究

张清玉　著

中国财经出版传媒集团
中国财政经济出版社

图书在版编目（CIP）数据

会计人才培养与会计信息质量研究／张清玉著．--北京：中国财政经济出版社，2021.9
（中青年经济与管理学者文库）
ISBN 978-7-5223-0732-9

Ⅰ．①会…　Ⅱ．①张…　Ⅲ．①高等学校－会计－人才培养－研究－中国②会计检查－研究－中国　Ⅳ．①F233.2②F231.6

中国版本图书馆 CIP 数据核字（2021）第 167871 号

责任编辑：马　真　　　　责任印制：党　辉
封面设计：智点创意　　　责任校对：张　凡

会计人才培养与会计信息质量研究
KUAIJI RENCAI PEIYANG YU KUAIJI XINXI ZHILIANG YANJIU

中国财政经济出版社 出版
URL：http：//www.cfeph.cn
E-mail：cfeph@cfeph.cn

社址：北京市海淀区阜成路甲 28 号　邮政编码：100142
营销中心电话：010-88191522
天猫网店：中国财政经济出版社旗舰店
网址：https：//zgczjjcbs.tmall.com
北京财经印刷厂印刷　各地新华书店经销
成品尺寸：148mm×210mm　32 开　11 印张　271 000 字
2021 年 9 月第 1 版　2021 年 9 月北京第 1 次印刷
定价：50.00 元
ISBN 978-7-5223-0732-9
（图书出现印装问题，本社负责调换，电话：010-88190548）
本社质量投诉电话：010-88190744
打击盗版举报热线：010-88191661　QQ：2242791300

策划人语

题记：一个人的精神成长史，取决于他的阅读史。只有阅读能最有效地培养精神生活习惯，而好的习惯又培养性格，性格决定人生。

——我们自豪，因为我们就是创造这精神产品的人。

选择了飞翔，总能看到蓝天；选择了远航，总能感受大海。人生不仅要作出选择，也要坚持住自己的选择。学会计、当编辑是我的意外选择。人说编辑是为人作嫁，可是这一选择我坚持了27年，苦在其中，乐在其中，也算是有声有色。每当我把一本本好书呈献给人们的时候，我觉得我是“富贵”的人：富，不是你身上的钱财，而是你心里的满足；贵，不是你地位的显赫，而是你被人需要的程度。

书海探寻，情怀永恒

我要说，做编辑我幸运，因为我不仅是第一个读者，可以对作品“品头论足”，也可以对作品“生杀予夺”；更重要的是，这是一个很高层次的平台，在多年与名家的交往和名著的“对话”中，深深地为他们的人格和才学所感动，被作品的精彩所吸引，这不仅使我“下笔如有神”，更使我的思想和灵魂也受到一次次洗礼和震撼，得到一次次升华。对于我的作者我的书，如数家珍，作者中不乏才学和为人同样过人的多位泰斗和“颜值高责任大”的众多才子佳人；策划的作品不仅立足专业还兼顾人文，也是情怀所在，专业加人文路才会更宽。

多年的体会是，作为一名编辑，起码要“三心二意”，即“责任心、细心、耐心”和“服务意识、创新意识”。要多策划一些有分量的拳头产品，用一个选题推动一个系统工程，用一个系统工程培养一个出版社品牌。给新入职编辑讲座时我做过一个比喻：编辑两项基本功，审稿——甚至要比博导审批学生论文还要全面、细致；选题策划——要像电影导演一样做“星探”，善于发现优秀作者和挖掘好的原创作品。记不得 27 年来我策划和编辑了多少书，组织和策划了一大批教材、业务培训用书、通俗读物、理论专著等，有的获得过国家、省部级各类奖项，有的以其填补空白、社会热点、风格新颖、开拓尝试等特点受到读者的欢迎。20 世纪 90 年代我开始自主策划选题，多年来每年都有新丛书问世。比如，21 世纪初内部控制研究在国内刚兴起时，策划了《现代内部控制丛书》，其中的《企业内部控制管理操作手册》是我鼓励作者将自己饱含心血的经过长期钻研和实践并被证明有效的成果奉献付梓，使更多的人能受益于此，这无疑是对我国内部控制理论探索和实践发展的一种贡献，而内部控制选题至今还是热点。2013 年的《来去无尘——一位财政部长的生前事》所展现的吴波精神，与深入推进党风廉政建设相得益彰，得到中央领导同志的高度重视和重要批示。中央各大主流媒体纷纷连续报道，掀起了全社会学习吴波高尚情操的热潮。2014 年至今的前沿选题《财务云丛书》等也越来越受到业界认可。

想是问题，做是答案

众所周知，目前的图书出版业在行业竞争和纸质图书受到严重冲击的情况下，出版人无不感到莫大的危机。在这种背景下，策划一套专业图书是颇感困惑的一件事，风险更大。但即使这样我们也不能因噎废食、停滞不前，还要积极应对，继续发挥纸质图书的固有特质，挖掘出版内容和形式都精彩的原创作品，适应新形势下读者的更高需求。2017 年，我们接受新的挑战，开启新的征程，又策划了《中青年经济与管理学者文库》《当代税收名家丛书》《中国税务律师系列丛书》《现代管理实务丛书》《高等院校应用型会计人才精细化培养系列教材》等，继续为扶持学术研究和总结最新成果，在高端研究与专业知识普及和应用之间搭建一座座有益的桥梁。

每一个时代的经济环境不同，理论研究和实务探索所需要解决的问题也有所差别。当前我国不仅处于经济结构调整和供给侧改革的攻坚期，同时也处于大数据和互联网突飞猛进的变革期，矛盾叠加，风险交汇，市场环境和组织模式不断演变发展、推陈出新，经济、管理、财税等领域的新理论、新思想、新方法、新工具也层出不穷。乱花渐欲迷人眼，击水三千浪几何？这些领域的研究人员被时代赋予了更艰巨的责任，也面临着更高、更多元的要求，我们不仅要具备更广阔的学术视野，而且要有更严谨的学术思维。

输在犹豫，赢在行动

《中青年经济与管理学者文库》的作者，都是我国经济与管理领域的中坚力量，也是未来的大家。他们中有些人潜心从事理论研究，有些人则深耕在实务一线，但无论现实身份如何，视野全都没有被拘泥在“象牙塔”内。他们从不同视角对市场经济的不同要素进行细致审视，然后汇聚于“财经版”这面旗帜之下，相互碰撞，彼此激荡，力求在市场经济转型升级的关键时期留下最新鲜的“中国印记”。

这些经济与管理领域的中青年学者，就是我国市场经济发展的潜力与优势，他们的研究成果，不仅将引领市场经济的各个组成环节向更科学、更先进的方向发展，而且将成为我国政府和企业在未来经济世界扮演更重要角色的支点与动力。祝愿这些中青年学者能攀上更高的学术之山，走向更远的研究之路，也期待宏观、中观、微观各个层面的市场参与者都能从这套文库中得到切实的启发与指引，在全面深化改革、增强发展活力的关键时期，发挥正能量和积极作用，为经济社会发展增添新的动力！

如果您认可，如果您有意愿，欢迎您和您的朋友加盟我们的作者队伍！在中国财经出版传媒集团的“旗舰”下，中国财政经济出版社这“老字号”，一定励精图治，谱写新的篇章。我们用“龙的精神，玉的品质”来助力您实现梦想！

策划人：樊清玉

邮箱：qingyuf@ sina. com

2017 年春

应用型本科会计人才如何培养？长期以来，作为一名会计专业教师，我感到骄傲和自豪，因为会计专业拥有令其他专业教师所羡慕的全校一流的学生，他们在入校时高招录取平均分数在全校所有专业中一定最高，很多年份会计专业录取的最低分比同校有些专业的最高分还要高。给全校公认最好的学生上课，与全校最爱学习的学生一起讨论问题，心情一定不会差。

我会下功夫地准备每一节课，要求自己每一次上课都要有亮点呈现给学生。认真备课，撰写教案，准备好每一个知识点的讲解思路与技巧；精心选择案例，坚信“案例在手，上课无忧”，运用案例教学吸引学生听课的注意力。走上讲台，我努力把所有知识点都传授给学生，当自己滔滔不绝、口若悬河般给学生讲授提前准备好的专业知识，以抑扬顿挫的腔调成功吸引学生的注意力，唤起学生的持续关注时，我为自己的精彩演讲感到满足；当我熟练地把会计理论、财务会计、高级财务会计的重点难点问题讲解完成，把类似于注册会计师考试难度的习题成功分享给同学们后，我感到非常欣慰，认为终于可以无愧于学生了。

而有时我也感到困惑，无论自己备课多么认真、讲课多么投入，始终有学生对所讲的内容不感兴趣，始终有学生有意无意地翻看着手机，也有学生找明显的借口来请假逃课，尽管数次强调会计专业课程的重要性。这些全校最优秀的大学生，为什么学习动力不足、学习积极性不高？为什么始终对专业核心课的重要内容不感兴趣？他们在毕业之后还能否继续保持他们在高考时的成绩优势，并且在其他方面也做得同样好？

始终不愿意以“现在本科生还不如以前的大专生甚至中专生”为借口来敷衍了事，对会计专业课程的教学变革成为近几年我持续关注的话题，并对现行会计教学进行了深入反思。

课堂教学的目的仅是为了传授专业知识吗？如此，能否实现应用型人才培养的最终目标？针对在互联网中成长起来的新一代大学生，信息技术的发展让他们随时随地都可以自行获取专业知识，一味地在课堂上灌输专业知识，磨灭了学生自主探索与发现问题的能力，忽略了大学生沟通合作、批判思维、创新能力的培养，不利于学生德智体美劳全方位健康成长，根本无法实现应用型本科培养应用型、创新型、复合型的高素质专门人才目标。

什么样的课才算“金课”而不是“水课”？单纯知识传授型的课堂实质是以教师为中心的教学，教师始终是课堂教学的主角，学生只是被动接受知识，把学生看作是“一张白纸”，教师只要努力就可以在上面画出五彩斑斓的美丽画卷。这显然忽视了学生原有经验、文化背景对其认知的支持和限制，没有认真研究学生认知结构发展的阶段，实质是教师陷入盲目的自我中心的误区，有悖于“高阶性、创新性、挑战度”的“金课”评价标准。

教育教学的关键在于教师。那么，怎样才能培养出优秀高校教师，打造更多“金课”？毋庸置疑，高学历是高校教师成长的重要阶梯，而认为高学历即意味着知识高深、学识渊博，就一定能讲好课，未免有些偏颇。教育教学有自身的规律可遵循，需要任课教师花费大量的时间与精力去学习与实践。一些高校关注的重点是基金与科研论文的层次、奖励与排名等指标，忽略了鼓励教学的制度完善与落实，运用到教学支持与服务学生成长上的资源被不断挤压或随意占用，重科研轻教学现象非常突出。让教师自觉自愿拿出大量时间和精力来认真钻研教学，探讨教学改革是培养优秀高校教师的关键所在（而遗憾的是，很多高校都缺乏这样一种支持教学的氛围）。

“以学生为中心”，从组织备课开始，就要与带班老师交流，了解学生的知识储备、学习氛围；与学生沟通，了解他们的兴趣、习惯，提前传输自主学习、独立思考、终身学习等理念。课堂上强调与学生共同建构知识，在最新应用案例分享、案例分析中启发学生思考，梳理专业知识框架，习得真知；强调课堂研讨，发散思维，沟通合作，尊重知识认知的个性化特征，而非强求标准化答案；强调突破传统学习场所限制，拓展学习情境，重视非正式学习，重视拓展与延伸学习任务的课下完成；充分利用网络教学资源，线上线下相结合，注重学生批判思维、质疑理念的养成。总之，课堂教学要时刻思考如何以学生为中心，要引导学生建构知识框架而非单向传授知识，要通过实践和在实践中学习而非脱离实践，要以互助学习、合作活动为主而非只是强调学习者个人记忆为主，引导学生通过问题思考、方案探究、知识发现，最终实现探索创新。如此，就很可能打造出一节“金课”，至少是满足学生健康成长的课堂教学。

基于长期以来会计专业课程教学实践，以及对现行教学的深入思考，本书重点关注了以下方面的教学创新：

1. 教学理念创新

树立以学生为中心的教学理念，教学的中心从“教”转变为“学”：不再将直接传授知识作为课堂重点；教师从知识灌输的权威变为学生解决问题的支持与引导；课程评价从标准化考试变为注重学习过程的参与、课堂讨论、社会调查及老师反馈。转变传统会计课堂以核算为主的教学理念，教学中坚持解惑理念，强调业务处理的经济后果，讲清楚会计业务处理背后的理论渊源，启发学生思考会计处理方法的历史变迁，思考变迁的原因与合理性，探讨现行会计处理可能存在的需要进一步改进之处。培养大学生学会质疑，引导学生不“唯书”，要紧扣基本理论，对专业知识大胆提出疑问，进行反向思考，培养大学生发散思维，激发其求知欲，拓展思考问题的角度和视野。

2. 教学方法创新

建构主义认为教师所教授知识结构与学生的认知结构之间存在差距，教学的本质不在于知识传授，而是教师与学生共同构建、发展学生认知结构的复杂过程。积极践行基于建构主义的研究导向型教学，站在学生的角度思考其接受能力和学习能力，课堂教学重点是启发学生进行自觉探索的精神，获得持续学习的兴趣和动力，培养批判性思维和创造能力。通过充分利用课堂内外活动，创设不同情境，激发学生自主学习的兴趣，通过分组讨论，与同伴相互交流、协商一致、认知共享，掌握知识系统及应用知识，培养学生发现问题的好奇心和批判思维，教师积极支持学生对各种新知识新现象的看法，引导学生积极思考，培养创新思维。

3. 学习情景创新

会计学科具有很强的应用性特征，而现行学习情境仍然主要局限于传统教室。建构主义的学习强调情境塑造，创建有利于学生对所学知识、意义建构的学习环境，创设情境是教学设计的重要前提。借鉴国外开放式大学教育改革经验，拓展学生学习情境，以“社会实践”为重心进行财务会计课程教学改革。将财务会计教学划分为“课堂外线上教学”“以学生为中心的课堂教学”“校外实践教学基地社会实践教学”三部分，所涉及的出纳、往来、投资、存货、纳税、收入、财务报告等岗位都与校外实践基地直接对接，让学生真正深入基层进行社会实践，将所学习专业知识都通过具体岗位得到实践应用。

4. 教学内容创新

会计教学强调要严格遵循法规体系和会计准则，造成会计专业大学生往往过于严谨，创新能力较差，不能满足社会对经管类创新人才的需求。从应用型本科院校的发展历程看，最缺乏的是对大学生创新能力的培养。会计人才创新能力具有特定内涵，构建包括会计人才创新能力在内的会计人才质量评价体系，围绕“教师—学生—学校”三方主体，提出培养会计大学生创新能力的应对策略。同时，会计学专业课程思政教学改革具有紧迫性，通过梳理课程思政教学应当包括的内容，明确教学改革思路，实施教改的条件准备，并结合具体教学案例，总结财务会计课程思政的实施实践，提出顺利实施思政教学改革需要处理好的现实问题。

诚然，教学改革之路注定不会一帆风顺，现行大学以科研为主导的资源配置与教师评聘考核、长期以来满足于把所有知识点讲懂讲透的以教学为中心的教学模式，以及大学生长期形成的“等靠要”被动学习习惯都是阻挠教学改革创新的障碍。“路漫漫其修远兮，吾将上下而求索。”我们相信，只要有决心和信心坚持进行会计教学创新实践，就能培养出更多具有终身学生能力，健康成长的会计人才。

会计人才培养为会计信息质量持续提升提供了人才保障。从研究生阶段学习以来，本人持续关注会计信息质量问题，具体包括公允价值信息披露质量、公允价值计量的脱手价格属性、非金融资产公允价值计量、公允价值相关性以及其他综合收益、收益计量理念等会计基本理论问题，对这些问题的关注直接服务于会计教学之需，为笔者所从事的会计理论、财务会计、高级财务会计、会计制度设计等课程教学提供了深入思考的源泉，也为引领大学生关注会计理论研究、培养初步研究能力提供了基础。

本书的内容主要是本人长期从事会计教学实践的总结与思考，

以及对近年来独立发表的会计教育教学、会计信息质量相关学术研究文献的梳理。本书编写过程中，借鉴和参阅了大量相关论文与文献资料，在此谨向这些论文和文献的作者表示最诚挚的谢意。由于本人的教学经验和学术水平有限，源于教学实践的思考难免有不足或偏颇之处，恳请各界同仁予以批评指正。

专题一　会计人才培养研究

专题二　公允价值信息质量研究

专题三　收益信息质量研究

专题一

会计人才培养研究

应用型本科会计人才培养模式改革研究——基于建构主义的理论与实践*

何为应用型本科？应用型本科应当主要培养学生的哪些能力与素质？应用型本科会计人才应当如何培养？本文围绕这些问题展开论述，提出应用型本科会计学人才培养的“知识—能力—素质”结构。基于建构主义的学习理念，借鉴国外开放式大学改革尝试，从大学生认知结构视角探讨“以学生为中心”的会计人才培养模式改革，分别从会计学专业课程研究导向型教学应用实践、基于学习情境拓展的财务会计教学设计两个教学实践进行了研究。

一、应用型本科

本文探讨的是应用型本科（或称应用技术型本科）会计人才培养问题。那么，什么是应用型本科？其与其他普通本科院校的区别是什么？

按照百度百科的解释，应用技术型本科是对新型的本科教育和新层次的高职教育相结合的教育模式探索，其是以应用技术型为办学定位，而不是以学术型为办学定位的普通本科院校，是区别于学术型本科的本科类型。应用技术型本科是由部分省属普通本科院校

* 本文系河南省教育科学“十四五”规划一般课题——《基于社会实践的高校财务会计教学改革研究》（2021YB0299）的阶段性研究成果。

与国家级示范性高等职业院校、国家大型骨干企业联合试点培养适应社会经济发展需求的应用技术型本科专业人才。

陈小虎等（2018）在提出应用型本科院校进行界定需要遵循的实践性、学理性和指导性原则后，提出应用型本科院校要有准确的服务域定位、精准的功能域定位、精确的内容内涵选择、高效匹配的办学体制机制、高质量的贡献度满意度评价导向，并逐步在办学上形成自己的体制机制、模式范式，形成特色。

改革开放以来，我国高等教育取得长足发展，初步形成适应国民经济建设和社会发展需要的多种层次、多种形式、学科门类基本齐全的社会主义高等教育体系，为社会主义现代化建设培养和培训了大批专门人才，在国家经济建设、科技进步和社会发展中发挥了重要作用。据教育部发布的 2019 年全国教育经费投入情况显示，全国高等教育经费总投入为 13464 亿元，比上年增长 11.99%，不仅高等教育单位（包括普通高校、研究生培养机构）数量逐年增加，而且 2019 年我国高等教育毛入学率①为 51.6%，标志着我国高等教育已进入国际公认的普及化阶段。我国已经建成世界上最大规模的高等教育体系，为中国特色社会主义现代化建设作出了巨大贡献。

但是我们也应当看到，随着经济发展进入新常态，人才供给与需求关系出现深刻变化，面对经济结构调整、产业升级步伐加快、社会文化建设不断推进，尤其是我国实施创新驱动发展战略，高等教育结构性矛盾更加突出，同质化倾向严重，毕业生就业难和就业质量低的问题仍未有效缓解，生产服务一线紧缺的应用型、复合型、创新型人才培养机制尚未完全建立，人才培养结构和质量尚不适应经济结构调整和产业升级的要求②。高等教育所面临的严峻形

---

① 高等教育毛入学率是指高等教育在学人数与适龄人口之比。通常认为，高等教育毛入学率在 15% 以下为精英教育阶段，15% －50% 为高等教育大众化阶段，50% 以上为高等教育普及化阶段。

② 中华人民共和国教育部 http：//www. moe. gov. cn/。

势为我国职业教育的发展提出了新要求。

20 世纪 80 年代以后，国际高等教育界逐渐形成了一股新的潮流，那就是普遍重视实践教学、强化应用技术型人才培养。国内诸多高校近年来也纷纷在教育教学改革的探索中注重实践环境的强化，并逐步认识到，实践教学是培养学生实践能力和创新能力的重要环节，也是提高学生社会职业素养和就业竞争力的重要途径。

有学者研究认为，我国应用型人才培养的源头可追溯到 19 世纪 60 年代的福建船政学堂，其以应用型人才培养为目标，分系科、专业培养人才，坚持厂校一体的办学体制，培养了大量造船与驾驶人才，人才培养过程符合近代高等教育分系科、专业培养应用型人才的特点（潘懋元、石慧霞，2009）。

20 世纪 80 年代末，我国高校专科与本科分开招生，一批专科学校从自身特点出发率先提出了应用型人才培养问题并进行了积极的探索，一些本科院校也提出了应用理科、应用文科、应用性学科发展等问题。

教育部 2014 年度工作要点明确提出，要加快发展现代职业教育体系建设，改革创新高等职业教育，探索本科层次职业教育，引导一批本科高校向应用技术型高校转型。2014 年 6 月 22 日，国务院印发《关于加快发展现代职业教育的决定》（以下简称《决定》），提出当前职业教育还不能完全适应经济社会发展的需要，结构不尽合理，质量有待提高，办学条件薄弱，体制机制不畅，进而全面部署了加快发展现代职业教育。《决定》明确了今后一个时期加快发展现代职业教育的指导思想、基本原则、目标任务和政策措施，提出“到 2020 年，形成适应发展需求、产教深度融合、中职高职衔接、职业教育与普通教育相互沟通，体现终身教育理念，具有中国特色、世界水平的现代职业教育体系”；提出要采取试点推动、示范引领等方式，引导一批普通本科高等学校向应用技术类型高等学校转型，重点举办本科职业教育；大力引导普通本科高等学校转型发展，探索发展本科层次职业教育。

2015 年 10 月，为了进一步引导部分地方普通本科高校向应用型转变，教育部、国家发展改革委、财政部三部门联合发文，要求各地各高校要从适应和引领经济发展新常态、服务创新驱动发展的大局出发，切实增强对转型发展工作重要性、紧迫性的认识，摆在当前工作的重要位置，以改革创新的精神，推动部分普通本科高校转型发展。按照教育部改革发展规划，在全国普通本科高等院校中，将有半数本科院校逐步向应用技术型大学转变。

二、应用型本科会计人才培养

应用型人才培养有哪些特征？应用型本科应当主要培养大学生的哪些能力与素质？应用型本科培养会计人才的能力和素质与其他高校以及企业大学又有哪些不同？

区别于研究型大学主要培养学术研究型人才，应用型本科以应用型为办学定位，以培养适应经济社会发展需要的高层次应用技术型人才为目标，强调人才培养的应用型，所培养人才要能满足生产服务一线的需求，要具备应用能力，所学专业理论服务于创造性地解决社会实践问题①；强调人才培养的复合型，要掌握复合知识，培养复合能力和复合思维，不仅要对所学专业知识掌握较好，拥有相关专业技能，而且能对相关领域融会贯通，将理论与实践有机结合；强调人才培养的创新性，要富于开拓性，具有创造能力，能开创新局面，对经济社会发展作出创造性的贡献。因此，“应用型、复合型、创新型”是应用型本科人才培养的主要特征。

同时，需要注意的是，应用型本科首先属于本科层次教育，按照 2018 年修订的《高等教育法》第 16 条规定，“本科教育应当使

---

① 学术研究型本科以学术研究型人才培养为重心，所学专业理论主要应服务于研究能力提升。

学生比较系统地掌握本学科、专业必需的基础理论、基本知识，掌握本专业必要的基本技能、方法和相关知识，具有从事本专业实际工作和研究工作的初步能力”。因此，应用型本科与纯粹技能培养的高等职业院校、企业办大学也存在显著差异。与后者注重实践技能的培养与训练、强调熟练动手操作技能不同，应用型本科注重的是综合能力和素质的提升，强调知识、能力、素质全面发展，具有发现、分析、创造性解决实际问题的能力，而非单纯注重操作技能的培养。因此，高职院校所培养的应用型人才是操作技能型，应用型本科人才培养规格的设计必须遵循本科教育的普遍规律，所培养的应用型人才是知识技能型，强调高技能与高素质、理论知识与应用创新的统一。

那么，应用型本科究竟应当培养大学生的哪些能力和素质?

高校人才培养与市场需求之间存在严重错位，应用型人才培养质量标准制定面临地方本科高校办学同质化、学科导向在地方本科高校中依然占有重要地位、本科教育人才培养目标“知识、能力、素质”三要素如何在人才培养质量标准中量化与分配、动态的人才培养质量标准体系等现实问题，需要采取优化师资队伍，调整教师结构；推进产教融合，优化专业结构；对话国际视野，链接地方服务来实现应用型人才培养质量标准的制定（袁君煊，2017）。

作为一种人才类型，应用型本科人才应突出“学以致用”的特征，遵循应用型人才培养的社会需求导向、地域性特征以及以能力培养为核心的个性特点，强调“知行合一、重在行动”的能力培养（翁伟斌等，2018）。可以从知识技能方面、能力方面和情感、态度、价值观三个方面设计应用型本科人才的培养标准，并遵循“多主体参与、倒推法路线、一体化设计”的思路，以确保应用型本科人才培养标准的适切性和可实现性。

检验人才培养质量的重要标准之一是培养的学生能否实现高质量就业。当前形势下，高质量就业倒逼应用型人才培养模式改革。

高质量就业视域下的应用型人才培养目标就是要以高质量就业为导向，培养创新型、应用型、复合型人才（梁秀生等，2018）。

应用型本科人才不只是具备单一技术操作能力，还要有应用能力、创新能力、学习能力、就业能力等多方面的能力，从而适应经济社会发展对人力资源规格的需求。应用型本科人才培养标准的制定首先要确定明确的人才培养目标，基于人才培养目标制定科学合理的人才培养方案，制定和人才培养目标相契合的课程内容结构，要以改革“教与学”的方式为突破口，完善人才培养质量评价等推进策略（翁伟斌，2018）。

会计人才能力框架如何构建？应用型本科会计人才培养又应对标哪些能力与素质？

会计人员能力框架研究可追溯到20世纪，美国注册会计师协会（AICPA）在20世纪60年代就开始对会计人员应具备的能力进行研究，并于1967年发布了《职业知识框架》。1968年，AICPA所属的Beamer委员会发布了《会计职业的院校教育准备》，对美国会计教育有较大影响。1986年，针对会计教育无法满足社会要求的现状，美国会计学会（AAA）发表《未来的会计教育：为日益扩展的职业做准备》，倡导大学教育应强调技能培养。为响应AAA的报告，当时的“八大”国际会计师事务所于1989年联合发布《教育的视野：会计职业成功之能力》，提出审计师应具备的能力和知识框架，同时资助AAA成立会计教育改革委员会（AECC）。AECC在对800名会计师进行调查后，于1990年发布《会计教育的目标：第1号立场申明》，明确提出，会计教育的目的是培养学生未来成为专业人员应有的素质，并认为成功的会计人员应具备表达能力、信息处理能力、决策能力、基础（会计、审计和税务）知识、经营知识、职业道德及领导能力。1999年，AICPA发布了会计人员胜任能力框架——《进入会计职业的核心胜任能力框架》，该框架包括了会计行业普遍适用的能力，为会计教育由知识型向技能型转型提供了理论支持。该框架列示了包括功能性胜任能力、个人胜任能力和广泛的经营视野三类核心胜任能力。功能性胜任能力包括决策模型、风险分析、计量、报告、研究、技术；个人胜任能力包括职业行为、解决问题、人际交往、领导能力、沟通、项目管理、技术；广泛的经营视野包括战略性/批判性思维、行业/分部视野、国际性/全球性视野、资源管理、法律/法规视野、市场/客户中心、技术。

国际会计师联合会（IFAC）在 1996 年发布了国际教育指南修订版第 9 号（IEG9）《预备教育、专业胜任能力评价及职业会计师的实践要求》，将会计教育和实践的目标定位于使会计师能为职业界和社会作出贡献，提出会计教育应使会计师具备持续学习的技能以及对变化的适应性，同时还将会计人员的能力划分为知识、技能和职业价值，提出宽基础的会计教育；此后，IFAC 的教育委员会于 1998 年发布了名为《基于胜任能力的会计师职业入门方法》的讨论稿，讨论了"胜任能力"这一概念，介绍了基于胜任能力的方法；2001 年 5 月，IFAC 又发布了修订后的讨论稿，旨在为 IFAC 的会员提供指南，以运用这些方法来评估会计人员的能力。

IFAC 在系统总结各职业团体研究经验的基础上，于 2003 年发布了国际教育白皮书（IEP2）《成为胜任的职业会计师》，系统介绍了各国能力框架研究的成果，分析了能力框架研究的方法，倡导各监管机构或职业团体采用基于胜任能力的方法，进而构建了成为具有胜任能力的会计人员所应具备的能力框架。IEP2 提出，会计教育和培训的目标是培养有能力的职业会计师，能力包括态度（如职业行为和价值观）、行为技能（如行为能力）、广阔的企业视野（如战略性思维、批判性思维）、功能性技能（如风险分析）、技术知识（如审计）、智力能力（如知识、理解力、运用能力、分析能力、综合能力和评价能力）。

IFAC 认为与职业会计师相关的核心实务领域，至少应包括财务会计与报告、审计与鉴证（内部和外部）、管理和成本会计、税务、财务管理、一般管理、IT 技术、公司治理与伦理，职业团体也可视具体情况向现金管理、清算与公司重整、财务分析、组织与物流、公司理财、经管责任与控制、股东报告、战略规划与决策支持等方向拓展。与核心实务相关的核心知识是胜任能力的基础，要达到既定业绩目标，职业会计师至少还需具备一些素质，如正直公正、行为技能、广阔的经营视野、职业技能、技术水平及智力等。职业团体可扩展能力需求，如分析技能、问题解决技能、人际和交流技能等。除了核心知识外，职业会计师至少应具备法律、经济、数量方法、营销和行为科学等相关知识。IFAC 指出，知识、技能和态度分别适用不同的评价方法（考试、模拟现场、口试、自我评价、直接观察等）（许萍，2006）。

我国财政部于 2002 年成立了会计人员能力框架项目研究课题组，分别从会计岗位资格能力框架、会计专业技术资格能力框架和会计从业资格能力框架等不同层面研究会计人员能力框架问题，标志着我国全面构建会计人员能力框架的正式开始。

许萍、曲晓辉（2005）借鉴国际经验并结合我国会计人才实际情况，将高级会计人才的能力分为知识、技能和职业价值三个模块，构建的高级会计人才能力框架如表 1 所示。

表 1　　高级会计人才能力框架

知识	技能	职业价值
战略管理、公司治理、风险管理、公司理财、会计及与会计相关的知识（财务会计与报告、管理会计、税收、审计、企业法等）、信息技术、外语、价值管理、经济学、行为学、统计学、国际商务等	解决问题能力、开拓创新能力、领导能力、沟通与协调能力、团队精神、获取新知识的能力、国际竞争能力、逻辑思维能力、灵活性等	遵循法律、法规及职业道德、诚信、客观、保密、社会责任、终身学习的责任、政策水平

周宏等（2007）分别从初级、中级和高级三个层次构建了企

业会计人员能力框架。中级会计人员定位为会计主管，职能包括会计核算与控制、财务状况分析与预测、审计与内部控制、税收筹划；需要具备的胜任能力包括分析能力、管理能力、协作能力、灵活性；并分别从知识、技能和价值观三方面提出了如表 2 所示的能力要素。

表 2　　　　企业会计人员能力框架

层次		初级	中级	高级
定位		业务操作型	会计主管型	经营管理型
职能		日常会计业务核算、依法纳税并填写报告	会计核算与控制、财务状况分析与预测、审计与内部控制、税收筹划	决策支持、财务战略、资本运营、公司治理、业绩管理、风险管理、购并重组
胜任能力		执行能力、学习能力、原则性	分析能力、管理能力、协作能力、灵活性	决策能力、领导能力、战略规划能力、创造性
能力要素	知识	财务会计与报告、管理会计、审计、一般商业知识、信息技术知识、税务	项目管理、计划、分配与管理资源、业绩评价与监督	组织与战略领导、决策模型、公司治理、风险分析
	技能	观察能力、承受与应变能力、分析判断能力	沟通协调能力、问题解决能力、策划能力	政治与商业视野、系统分析能力、团队建设能力、人才培养能力
	价值观	遵循法律法规与职业规范；客观、独立、公正；致力于终身学习	财务信息保密、不提供虚假财务信息	维护公司正当权益、不参与舞弊或行贿受贿、关注公众利益和承担社会责任

现代信息技术与社会各行业的深度融合创造了一个全新的互联网时代，会计作为一种商业语言、信息系统以及社会职业，必须满足互联网时代经济与社会发展的要求，紧跟互联网、人工智能、大

数据、云计算等科学技术的发展。面对互联网、云计算等现代信息技术的迅猛发展，会计工作在得到强大技术支撑的同时，基础重复性的会计工作也逐步被财务机器人所承担，那么，新形势下会计人员素质与能力应当具体包括哪些内容?

王华等（2021）在梳理比较国内外会计人员能力框架后，提出互联网时代会计人员能力构建的原则、理论基础与主要维度，并以随机抽取的500家公司网络招聘信息为研究对象，采用功能分析法分析招聘信息中的岗位职责和任职要求，按照会计人员胜任特征模型的三维能力（职业道德、通用能力、专业能力）框架归纳总结各级会计人员的基本能力，并通过问卷调查进一步了解市场对初、中、高级会计人员的能力要求及其重要性的判断，最终构建了互联网时代各级会计人员能力框架，如表3所示。其所构建的会计人员通用能力包括互联网与信息技术、学习与行动、沟通与领导力，专业能力则包括核算、报告与分析，预测与决策，控制与评价能力。

表3　互联网时代会计人员通用能力与专业能力框架

能力维度	能力子维度	初级会计人员	中级会计人员	高级会计人员
通用能力	互联网与信息技术	数据收集能力、计算机能力、熟悉信息系统	信息系统分析能力、数据分析处理能力	设计信息系统能力、构建管理控制系统
	学习与行动	执行能力、学习能力、逻辑判断能力	执行能力、逻辑判断能力、解决问题能力、学习能力、熟悉生产运作	逻辑判断能力、理解能力、学习能力、熟悉生产运作
	沟通与领导力	表达能力、人际交往能力	抗压能力、表达能力、管理能力、沟通协调能力	管理能力、领导决策能力、表达能力、沟通协调能力、抗压能力、组织能力

续表

能力维度	能力子维度	初级会计人员	中级会计人员	高级会计人员
专业能力	核算、报告与分析	财务处理审核、编制财务报表、税务处理、会计核算、成本费用核算	编制财务报表、账务处理审核、熟悉财经政策法规、税务处理、经营分析	熟悉财经政策法规、经营分析
	预测与决策	数据分析处理	财务预算决算、决策支持与评估	投融资管理、资本运作能力、决策支持与评估、财务预算决算
	控制与评价	发票监管、内部审计、成本费用控制	成本费用控制与管理、现金流管理、内部审计	风险管理与内控机制设计、成本费用控制与管理、现金流管理

综合当前已有研究，应用型人才的培养具有应用型、复合型、创新型特征，应当满足经济社会发展和区域经济建设的需要，以社会需求为导向，要根据应用型本科自身条件和发展潜力，以能力培养为核心，培养特色鲜明的高素质专门人才。在互联网与人工智能时代，应用型人才培养不是简单地培养应用技能，而是要关注大学生的创新精神、思维能力、学习能力等的培养。具体到会计学人才培养，应用型本科会计学专业人才培养的目标定位是培养具有崇高理想信念和良好职业道德品质、理论基础扎实、实践能力突出、继续学习能力较强、具有创业精神和创新能力的高素质应用型专门人才。结合应用型人才培养的特征，参考工商管理类教学质量国家标准（会计学专业），应用型本科会计学人才培养的“知识—能力—素质”结构具体设计如表4所示。

表 4　应用型本科会计学人才培养的“知识—能力—素质”结构

	主要内容	具体要求
知识结构	政治理论、人文知识、专业知识	思想政治理论素养；人文社会科学知识（政治学、社会学、心理学、哲学、伦理学等）；数理统计知识（含数理运用、统计学知识、现代信息技术等）；学科基础知识（经济学、管理学、金融学等）；会计专门知识及理论前沿；相关法律规范和国际惯例；相近、交叉学科知识
能力结构	学习能力、专业理解能力、专业应用能力、沟通能力	财会实务操作能力；数据统计分析能力（定性和定量分析方法、撰写会计工作报告和财务分析报告）；职业判断能力；决策支持风险管理能力（较高专业水准，综合分析所生成财务信息，为决策支持和风险管理提出合理建议，发挥会计应具有的经济管理功能）；信息获取与沟通能力（知识与信息的获取能力、人际交往与团队协作、语言与文字沟通能力）；自主学习、终身学习与持续创新能力；学习能力（较强学习提高和知识转化应用能力、理论联系实际、不断探索理论与实践创新）；初步科学研究能力
素质结构	人文科学素养、思想道德素养、身心健康	人文和科学素质（坚定政治方向，社会主义核心价值观，良好道德修养，社会责任感，积极向上人生理念，爱国情怀，法治观念，公民意识，科学态度）；会计职业操守与道德规范；诚信品质；奉献精神；爱岗敬业；健康体魄和心理素质

应用型本科如何培养大学生的能力与素质？

华小洋等（2017）提出，应用型人才的培养是一个系统工程，首先需要从学校层面构建应用型人才培养体系，具体从人才培养中心地位的树立、科学定位人才培养目标、强化人才培养模式创新、提高教师教学与实践能力、制定落实相应政策与机制、加强学生职业规划指导六个方面来落实。

其次，需要构建符合应用技术型大学发展特色的人才培养质量内部保障体系，需要以科学的人才培养计划、完备的专业能力体系、“双师型”的师资队伍和成熟的就业能力体系为基本架构，建立配套的人才培养计划管理跟进机制、学生专业能力监控机制、教师队伍提升机制和学生就业能力培养机制（邱均平、徐蕾，2017）。

从满足外部企业需求看，应用型本科人才培养不能完全满足产业结构调整、企业转型升级的要求，人才供需脱节问题制约着应用型本科人才培养质量的整体提高。从供给侧角度分析，主要是校企双方思想认识不一致、信息交流不充分、资源共享不全面、合作动力不匹配所致，需要积极推进应用型本科人才培养在专业结构与产业结构、专业标准与职业要求、教学资源与产业资源、校园文化与企业文化、管理机制与企业市场等五方面实现要素融合（汤正华等，2020）。

翁伟斌（2018）认为，高质量应用型人才的培养，最终还是要在教师教学实践中予以落实。因此，在制定应用型本科人才培养质量标准后，应基于人才培养目标制定科学合理的人才培养方案，制定与人才培养目标相契合的课程内容结构，并以改革“教与学”的方式为突破口，不断完善人才培养质量评价，以质量评价倒逼人才培养质量的提升。

总之，学者们将应用型人才培养作为一项系统性工程，需要调动校内校外各方面资源和积极性来共同实现。现有文献关注人才培养的学校层面制度、内部质量保障、教师素质提升、效果评价等方面，同时对于校企共同培养人才的要素融合也进行了深入探讨。而当前研究关注的仍然是传统学校教学与管理中的重复性问题，这些问题想要实现的主要目标是如何调动各方面资源、完善各种制度，以确保教师能够把知识结构完整清晰地传递给学生，知识结构与学科结构是关注的重点，而将学生的认知结构当作“黑箱”来对待，缺乏对学生认知结构的探索，对立足于学生端的教学改革研究较少。而建构主义认为教师所教授知识结构与学生的认知结构之间存在差距，教学的本质不在于知识传授，而是教师与学生共同构建、发展学生认知结构的复杂过程。正如席酉民教授（2018）所提出，针对在互联网中成长起来的一代人，解决大学和教师如何为学生创造一个乐于学习与探索的环境变得十分紧迫。

三、建构主义的学习

建构主义的最早提出者可追溯至瑞士心理学家皮亚杰（J. Piaget）。他所创立的关于儿童认知发展的理论充满唯物辩证法的科学思想，其坚持从内因和外因相互作用的观点来研究儿童的认知发展。认为儿童是在与周围环境相互作用的过程中，逐步建构起关于外部世界的知识，从而使自身认知结构得到发展（钟毅平等，2010）。

皮亚杰提出的建构主义认为，儿童与环境的相互作用涉及两个基本过程："同化"与"顺应"。同化是指把外部环境中的有关信息吸收进来并结合到儿童已有的认知结构（也称"图式"）中，即个体把外界刺激所提供的信息整合到自己原有认知结构内的过程；顺应是指外部环境发生变化，而原有认知结构无法同化新环境提供的信息时所引起的儿童认知结构发生重组与改造的过程，即个体的认知结构因外部刺激的影响而发生改变的过程。可见，同化是认知结构数量的扩充（图式扩充），而顺应则是认知结构性质的改变（图式改变）。认知个体（儿童）就是通过同化与顺应这两种形式来达到与周围环境的平衡：当儿童能用现有图式去同化新信息时，他处于一种平衡的认知状态；而当现有图式不能同化新信息时，平衡即被破坏，而修改或创造新图式（即顺应）的过程就是寻找新的平衡的过程。儿童的认知结构就是通过同化与顺应过程逐步建构起来，并在"平衡—不平衡—新的平衡"的循环中得到不断的丰富、提高和发展（高文等，2018）。

区别于传统对人类知识学习的认知，建构主义认为，知识不是通过教师传授得到，而是学习者在一定的情境即社会文化背景下，借助其他人（包括教师和学习伙伴）的帮助，利用必要的学习资料，通过意义建构的方式而获得。由于学习是在一定的情境即社会文化背景下，借助其他人的帮助即通过人际间的协作活动而实现的意义建构过程，因此建构主义学习理论认为"情境""协作""会话”和“意义建构”是学习环境中的四大要素或四大属性。“情境”：学习环境中的情境必须有利于学生对所学内容的意义建构。这就对教学设计提出了新的要求，也就是说，在建构主义学习环境下，教学设计不仅要考虑教学目标分析，还要考虑有利于学生建构意义的情境的创设问题，并把情境创设看作是教学设计的最重要内容之一。“协作”：协作发生在学习过程的始终。协作对学习资料的搜集与分析、假设的提出与验证、学习成果的评价直至意义的最终建构均有重要作用。“会话”：会话是协作过程中不可缺少的环节。学习小组成员之间必须通过会话商讨如何完成规定的学习任务的计划；此外，协作学习过程也是会话过程，在此过程中，每个学习者的思维成果（智慧）为整个学习群体所共享，因此会话是达到意义建构的重要手段之一。“意义建构”：这是整个学习过程的最终目标。所要建构的意义是指：事物的性质、规律以及事物之间的内在联系。在学习过程中帮助学生建构意义就是要帮助学生对当前学习内容所反映的事物的性质、规律以及该事物与其他事物之间的内在联系达到较深刻的理解。这种理解在大脑中的长期存储形式就是前面提到的“图式”，也就是关于当前所学内容的认知结构。

通过建构主义对学习理论的认知发现，学习者所获得知识的多少取决于学习者根据自身经验去建构有关知识的意义的能力，而不取决于学习者记忆和背诵教师讲授内容的能力。因此，建构主义对学生学习与教师教学提出了新的要求。

建构主义提倡在教师指导下的、以学习者为中心的学习，也就是说，既强调学习者的认知主体作用，又不忽视教师的指导作用，教师是意义建构的帮助者、促进者，而不是知识的传授者与灌输者。学生是信息加工的主体、是意义的主动建构者，而不是外部刺激的被动接受者和被灌输的对象。以学生为中心与以教师为中心的对比如表5所示。

表 5　　以学生为中心与以教师为中心的对比

对比项目	以学生为中心	以教师为中心
对知识的理解	知识是学习者在特定情境中基于自身的背景构建而来的，因此知识具有个性化特征	知识是不以个人特征而改变的一种朴实的客观存在，对每个人都具有一致性
学习过程	学习是学习者基于自身经验的一个自我构建过程	学习是学习者的记忆过程
学习情境	学习情境需要依据学习内容来灵活构建	只通过课堂来传授知识
学习者的背景	不同背景的学习者在同一情境中的学习结果并不相同	在同一情境中的不同背景的学习者，其学习结果相同

学生要成为意义的主动建构者，就要求学生彻底改变长期以来被动学习的“等、靠、要”思想，在学习过程中要主动采用探索法、发现法去建构知识的意义；主动去搜集并分析有关的信息和资料，对所学习的问题要提出各种假设并努力加以验证；要把当前学习内容所反映的事物尽量和自己已经知道的事物相联系，并对这种联系加以认真的思考。“联系”与“思考”是意义构建的关键。如果能把联系与思考的过程与协作学习中的协商过程（即交流、讨论的过程）结合起来，则学生建构意义的效率会更高、质量会更好。协商包括“自我协商”与“相互协商”两种，自我协商是指自己和自己争辩什么是正确的，相互协商则指学习小组内部相互之间的讨论与辩论。

建构主义认为，教师要成为学生建构意义的帮助者，就要改变传统课堂单纯知识传授的功能，变单向的知识传授为双向互动与沟通，不但要激发学生的学习兴趣，帮助学生形成学习动机，而且要通过创设符合教学内容要求的情境和提示新旧知识之间联系的线索，帮助学生建构当前所学知识的意义。

为了使意义建构更有效，教师应在可能的条件下组织协作学习

（开展讨论与交流），并对协作学习过程进行引导使之朝有利于意义建构的方向发展。引导的方法包括：提出适当的问题以引起学生的思考和讨论；在讨论中设法把问题一步步引向深入以加深学生对所学内容的理解；要启发诱导学生自己去发现规律、自己去纠正和补充错误的或片面的认识。

桑新民（2018）认为，建构主义对传统教育产生深远影响。

第一，可以促使教师走出自我中心的误区。建构主义提出，学习是学习者在原有经验基础上，主动积极进行意义构建的过程，其认知受到原有经验、文化背景的支持和限制。学生总是依据原有的概念、知识、技能、信仰和习惯进行学习，影响他们对学习内容的理解和内化。因此，教师就必须认真研究学生认知结构发展的阶段，以此为依据进行教学设计，走出教师以自我为中心的误区。

第二，打破千篇一律的教学设计模式。建构主义不仅强调对学习者个性的尊重，而且强调对学习对象不同特点的区分和把握，并根据不同学习类型在教学设计中选择不同的教学模式。学习对象可分为知识的学习、动作技能的学习和社会规范的学习三种。知识学习和动作技能学习属于不同性质的学习行为，前者属于人的认知活动，是对概念的理解；后者属于人的实践活动，是比知识的学习高一层次的学习行为，是对一系列操作程序的掌握和驾驭，是“知与行”的统一。动作技能学习的教学设计就需要有真实的任务驱动，不能仅停留在抽象讲解。

第三，强化教师和学生对认知结构的自我意识。建构主义的学习认为，教学的本质不在于知识的传授，是教师与学生共同构建、发展学生认知结构的复杂过程。教学过程实质是要完成三种结构两次转化（如图 1）。教师对学生认知结构的研究是教学备课的重要内容，直接影响教学质量的好坏。学生对自身认知结构的自我意识，则是其成为学习主体的必要条件。

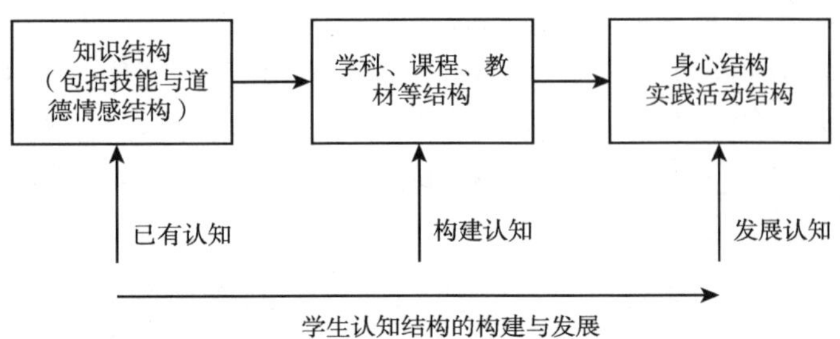

图1　教学过程的实现

第四，倡导教学活动中的交往与对话。区别于传统教学把教师与学生的注意力都集中在对知识的传授、理解和记忆上，建构主义认为，学生知识的增加不等于智力发展。建构主义的智力观认为，智力源于外部动作，是外部动作在头脑中的内化；如果学生没有在现实活动中形成对世界的把握，就不可能真正获得对知识的深刻理解，所获得的知识就是外在的，没有转化为学生的智力发展。人们总是以自己的经验为基础来建构或解释现实，由于每个人经验及对经验的信念不同，对知识的理解必然存在个体差异。所以，学习是个性化的行为。由于每个人都以自己的方式理解事物的某些方面，通过对话与协商，可以使人们对知识的理解更加丰富、全面。因此，合作学习、研究性学习得到建构主义者的广泛重视。

第五，推动对学习环境的研究、选择与创设。自印刷术普及以来，学校教育对于书本知识的学习给予了过多偏爱。传统课堂教学也把师生禁锢于抽象的知识牢笼中，使书本、班级授课制教室成为主要的学习环境。学习环境的单调与枯燥将知识获取与日常生活的丰富多彩相割裂，也抑制了学生创造性发挥和学习兴趣激发。建构主义强调学习情境的重要性，认为学习应发生于真实的学习任务。知识学习不能满足于教条式的掌握，需要掌握其在各种具体环境中的复杂变化。客观环境和与环境相互作用的活动是个体智力发展的源泉。建构主义下的情境认知理论，大大推动了教学理论与实践对学习环境的研究、选择与创设，拓展了教学活动的视野，使学校、家庭和社会更加有机融合。

四、会计学专业课程研究导向型教学应用实践

随着网络技术和信息技术的迅速发展，大学生获取专业知识的渠道增多，大学教育已经由单纯的知识传授向促进大学生健康成长的目标转变，培养大学生自主学习和创新能力成为大学教育的重要任务。研究导向型教学强调学生自主学习，教师只是起到引导、支持与服务的作用，重在培养大学生的批判性思维和创新能力。通过在会计学专业学年论文课程教学实践中应用研究导向型教学，更新了教育教学理念，激发了学生学习专业课的兴趣，提高教学效果的同时，有益于大学生健康成长。研究导向型教学实践应用中，还需要关注大学生学习习惯的改变、过程性评价的客观公正、团队沟通的积极高效、大班教学的应用难题、育人环境的构建等问题。

我国高等教育进入了新时代，人们对高等教育呈现多样化、个性化需求，“互联网+”、大数据技术对高等教育带来冲击，高等教育的对象也是在互联网中成长起来的一代人，而反观我们的教育，除了运用到信息技术、多媒体等手段，传统的以知识传授为主要目的灌输式课堂教学整体没有变化。会计学专业课程由于理论性强、内容繁杂琐碎、专业知识更新快等特点，加之会计学专业大学生人数众多①，专业课教学改革推进缓慢。会计学专业大学生学习缺乏动力、课堂积极性不高、创新能力不足等问题比较突出（王

---

① 2019年全国“两会”期间，全国人大代表胡少先提出将会计学提升为一级学科的建议中提到，全国在校就读会计类专业的大学生为260万余人，约占在校大学生总数2695.8万人的10%，数目庞大。

艳，2016），如何改变传统教学方法，创新会计专业教育教学模式是迫切需要解决的问题。什么是研究导向型教学？研究导向型教学的目的是什么？在会计学专业课教学实践中如何应用研究导向型教学？本部分以会计学本科专业学年论文课程为例，探讨研究导向型教学实践，以期通过课程教学改革，激发学生专业课学习兴趣，整合财会专业知识，训练发现问题、分析问题、解决问题的能力，培养自主学习能力和创新精神。

（一）研究导向型教学

研究导向型教学以建构主义为理论基石。建构主义是认知心理学的分支，将学习界定为行为和思想的永久改变，通过将外部信息融入学习者原有认知结构或者改变原有认知结构以适应外部信息的方式来建构知识。建构主义认为学习是学习者自身的事情，强调学习者对知识的主动探索和发现，最终目标是主动获取和建构意义①。

建构主义理论下的学习，强调以学生为中心，在一定的社会文化情景下，借助于教师和同伴的帮助利用各种资源自主获取知识；教师应担当引导者和资源提供者的角色，而不应是知识的传授和灌输者。建构主义下的学习强调情境塑造，要创建有利于学生对所学知识意义建构有利的环境，创设情境是教学设计的重要前提；强调互助协作，协作对于学习者形成意义的过程及结果都产生重要影响，并强调学习小组成员间的沟通，将个体的认知在成员间共享，最终完成意义建构的目标。

基于建构主义的研究导向型教学，与其说是一种教学方式和方法，不如把其视为一种教学理念，要求教师站在学生的角度去思考学生的接受能力和学习能力，传授知识之外，关键是要启发学生进行自觉探索的精神，获得持续学习的兴趣和动力，培养其批判性思

① 意义指事物本身性质、内在规律及相互间的必然联系。

维和创造能力。研究导向型教学实质是要求教师转变传统以知识传授为主的灌输式教学方法，充分利用课堂内外活动，创设不同情境，激发学生自主学习的兴趣，通过分组讨论，与同伴相互交流、协商一致、认知共享，掌握知识系统及应用知识，培养学生发现问题的好奇心和批判思维，教师积极支持学生对各种新知识新现象的看法，引导学生积极思考，提升创新思维。同时，研究导向型教学也将学生教育教学作为一个系统工程，核心是“以学生为中心”，要转变学校围绕上级考核和评估指标为中心的教学管理和服务模式，营造一个潜移默化影响学生的优良文化和校园环境，培养大学生应有的素养和智慧，最终促进学生的健康成长。理解领悟研究导向的教学理念，就可以针对不同授课对象采用不同教学方式，如采用问题导向的教学方式，强调学生积极参与教学，培养学生运用专业知识解决实际问题的能力；如将专业最新研究成果纳入课程内容进行教学，让大学生了解学科前沿，更新知识，培养思辨能力、批判学习精神；再如带领学生一起进行科学研究，让学生熟悉科学研究的基本过程，培养创新能力等，这些都可以称之为研究导向型教学。

（二）研究导向型教学在学年论文课程中的应用实践

1. 课程现状

学年论文课程是会计学本科专业开设的专门讲授论文写作的课程，该课程开设的基本依据源于我国高等教育法中对本科教育应当使学生具有从事本专业实际工作和“研究工作的初步能力”的要求。该课程一般放到大四第一学期开设，属于专业选修课性质，共32个学时（周2学时，2个学分），直接服务于本科生最后一学期进行毕业学位论文写作需要。该课程具有综合性、创新性特征，要求学生在学习会计、审计、财务管理等会计学专业课程后，对其中感兴趣的内容进行深入研究。与其他强调对会计审计准则严格遵循的专业课程比，学生在该课程学习中可以自由选择的余地较大，最终需完成的目标明确，较适合进行教学改革。

具体教学中，除了讲解规范学位论文的基本结构与规范框架外，还要介绍论文选题、文献收集、文献综述、写作技巧、数据处理、参考文献等论文写作的常识性知识，重要的是要求学生自行完成一篇规范的专业论文，最终评定成绩。

以往教学中，该课程主要采用传统课堂讲授的方法，整体教学周期内主要由专业教师就学位论文的格式规范、选题、文献综述、数据分析等不同环节进行理论讲授，讲授期间分阶段布置课后作业，要求学生自行收集数据、查阅文献、撰写专业论文。课程期末，由学生课堂汇报撰写的专业论文，学生互评，教师打分，给定最终课程成绩。

尽管该课程属于专业选修课，由于毕业论文写作的重要性，基本上全部毕业生都选修学习。通过教学，大学生对于专业论文的重要性、基本写作规范与格式等基本理论有了一定了解，而最终结业论文展示的效果整体却不如意：一些论文的格式不正确或存在残缺；文献收集标准理解有偏差；文献综述评价部分缺乏针对性；整体文章前后逻辑关系缺乏等。

2. 学年论文课程中应用研究导向型教学的实践

为了提升学年论文课程教学效果，按照研究导向型教学理念，课程组成员对该课程的教学进行改革尝试，重构课程教学模式，对课程教学实施流程再造，充分发挥学生学习主体作用，激发学生学习兴趣，组建学习小组，完善评价标准，在连续两届毕业生课程教学中进行改革尝试，经过结业论文展示及随后进行的毕业论文撰写，毕业论文辅导教师和毕业生反馈良好，达到了提升学生专业论文写作能力的课程教学目标，而且在教学改革实践中也锻炼了学生能力，培养了创新精神。学年论文课程教学运用研究导向型理念进行流程再造如图 2 所示。

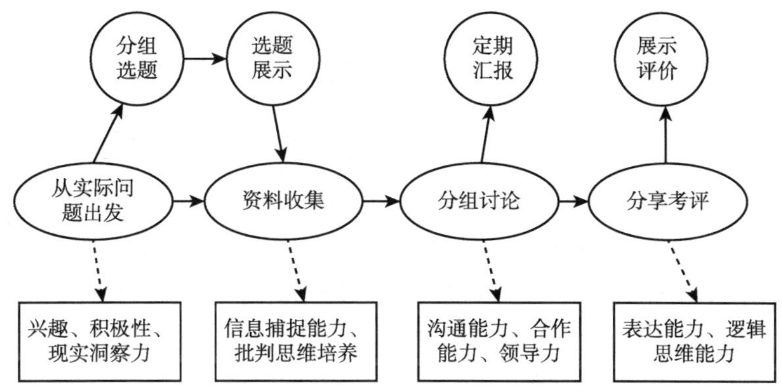

图2　研究导向型教学理念在课程教学实践中的应用

整学期（16 个教学周）划分为如下三个教学阶段：

第一个阶段（第 1 – 6 周，共 12 个学时），基本理论讲解。利用传统课堂讲授式教学，主要讲解专业论文的格式与规范、论文选题、数据文献收集网站与方法、数据处理技巧、文献综述撰写等基础知识，讲解该课程最终工作成果的主要标准和具体要求（要求每个小组集体完成一篇规范的专业论文，并进行集中展示和报告）。该阶段教学的目的是使学生了解论文撰写的基本常识及该课程需要完成的最终成果的标准样式。

第二个阶段（第 7 – 12 周，共 12 个学时），研究导向教学的重要组成部分，充分利用课堂外的“非正式学习”进行教学，学习的主要方式是实地调研、网络调查、分组研讨、专家访谈、定期汇报、互助学习等。该阶段教学目的是要培养学生的发现、分析、解决问题能力，沟通合作能力、批判性思维、领导能力、创新精神等。

首先对学生进行分组，采用平均分配的办法，保证每组专业课学习成绩优秀的与一般的学生相结合，根据入学以来的专业核心课总成绩进行排名，保证每组的专业水平大致相当，并发挥优等生的带动作用，每组学生一般为 5 人，组内选举出组长（负责召集组内成员集体讨论、传达老师指令、每周初上报本周任务、周末上报任务完成情况等），组内成员可以按论文写作模块，如数据收集、文献综述、数据分析、逻辑推理、实践应用对策等进行分工，也可以在论文撰写的每一阶段都进行分工，让成员参与全部论文撰写的过程。具体分工需要由组员协商决定，并报告负责教师，不允许随意变更角色；在论文撰写过程中，分工有变动的需要书面撰写变更理由及说明，可以锻炼学生勇于面对困难的坚强毅力和优良品格，以及集体决策和应变能力。

小组分工完成后的第一个工作是论文选题。由于课程最终只要求每个小组集体完成一篇规范的专业论文，如何选择组内全部成员共同感兴趣的话题，是论文撰写成功、出色完成课程目标的关键，也是小组成员下一步密切沟通协作，共同参与论文写作工作，锻炼能力的关键。研究导向型教学就是要激发学生学习积极性，提倡学生从感兴趣的经济社会实际问题出发，以问题的解决为导向，通过数据、文献等信息收集，团队成员间相互学习，最终解决问题。在教学实践中，有的小组很快就上报了自己的选题，结果最终由于选题难度较大或者数据验证结果不理想，最终专业论文成绩只得到及格成绩。给足学生选题时间，就是让学生认真阅读文献，收集部分数据，进行初步的数据检验分析，初步验证所选题目的可行性；鼓励学生深入企业进行实地调研，了解企业业务流程，参与财务会计、内部控制等工作实践，以评价研究理论内容的可行性。因此，给各小组 2 周选题时间（第 7 – 8 周，共 4 个学时）。

第 9 周（2 个学时）汇报选题确定论文写作题目。由各小组长提名的汇报人对本组选题过程进行描述，汇报选题的背景、选题的理论与实践意义、选题的可行性及具体下一步工作计划，证明选题可行的资料介绍（调研图片、收集数据分析、权威文献等）展示，最后由全班同学及任课教师对该组选题进行打分，作为该组过程性评价分数的组成。

第 10－12 周（共 6 个学时）小组开始撰写论文工作。按照既定分工，系统进行文献收集、实地调研、数据整理、文献综述，每周初和周末都要汇报实施进度与计划完成情况，作为过程性评价的组成部分。此阶段充分发挥学生学习的主动性和自觉性，辅之以必要的监控，可以在建立的微信群内实施监控，也可以建立专门的课程网站，要求各小组每天上传论文撰写进程。

通过教学方法改革前后的比较，越来越证明：课堂只是学习的一部分，大量的学习可以在课堂以外；学生在课堂以外对自己感兴趣的内容收集资料，分析数据，进行社会调研，向与研究方向相近的教师咨询，小组集体讨论，学习效果有时候完全出乎教师的意料。如一个小组选择审计报告关键审计事项的研究，在向审计教师咨询后，他们竟然把近 3 年来上市公司披露的关键审计事项从行业类别、披露数量、具体内容统计等方面整理出来了 7 个关联表格，并综述近年来的相关文献，选择其中资产减值内容进行深入分析。尽管没有运用太复杂的文本分析方法，而作为本科生，不是直接从网络上下载公开数据，而是自行收集和整理数据，并得出初步有价值的研究结论。在赞叹学生科研潜力的同时，也感慨学生从传统被动学习模式解脱后潜能的发挥，更坚定了应用研究导向型教学改革传统授课模式的信念。

第三个阶段（第 13－16 周，共 8 个学时），论文展示与汇报。由各小组长提前在会计学院网站上做海报进行宣传（汇报现场人气作为最终小组评价的参考指标）。一个小组进行展示汇报的时间一般为 1 个学时，汇报完毕还要有现场提问环节，最终由现场参与学生进行打分，综合教师评价给出期末成绩。最终展示汇报的具体形式由小组自行决定，不局限于传统规范的专业汇报，也可以采用视频、图片等形式。汇报中，一些小组甚至把才艺表演也搬上讲台，向同学们展示他们的“实力”；一些小组则把他们平时收集资料、小组讨论、企业调研、专家访谈等工作视频资料展示给大家。

（三）研究导向型教学实践中需要关注的问题

1. 大学生学习习惯的改变

研究导向型教学实质可以分为研究导向的“教”与“学”。研究导向的“教”主要是教师改变传统教学方法，转变传统以教师教学为中心的课堂教学，教师成为学生学习的资源提供者，学生进行探索学习的引导者，支持学生自主学习的服务者。同时，尽管受过良好教育，对事物有自己的见解和看法，现代大学生在专业知识学习上还是缺乏兴趣，学习动力普遍不足。在传统“填鸭式”教学模式下，养成了“等、靠、要”的被动学习习惯，自主学习和独立思考能力差，普遍缺乏创新意识。这就要求教师在教学中要向学生强调养成自主学习习惯，培养批判思维的重要性。通过密切联系当前经济社会的热点问题，通过积极的启发引导，启迪学生积极思考，通过头脑风暴式的课堂讨论，激励学生参与课堂教学。同时，Ming－Zher 等（2010）利用可穿戴式传感器来监测学生整周大脑的活跃状况，发现传统讲授式课堂上学生大脑最不活跃，而在做实验、考试、自主学习、课外实践时大脑更活跃。所以，在改革课堂教学外还要注重发挥课堂外“非正式学习”的作用。通过实地调研、专家访谈、资料查阅等方式，将专业学习拓展到课堂以外，不再局限于学校。通过主动自觉学习，积极思考，团队沟通协作，培养批判思维、沟通表达能力，最终养成终身学习习惯，促进大学生健康成长。

2. 过程性评价的客观公正

研究导向型教学更强调过程性评价与期末评价相结合，尤其突出过程性评价在学生评价中的重要性，不再单纯依靠期末考试分数来评价学生，如何客观公正对学生的学习过程进行评价就显得尤为重要。除了增加过程性评价的次数外，教学中如何防止组内差生

“搭便车”行为，防止学生打分时主观随意性强或出于某种需求有意歪曲对方等行为发生。防止组内差生“搭便车”，主要还是依靠多与各组学生的交流沟通，如教研组要求课程教师要及时了解学生写作进程，最好是见面沟通；防止部分学生故意的歪曲评价，主要是通过技术手段，设置学生评价离差指标来进行，如果某生评价分数与全部参与者评价均值的离差越大，则说明其可能存在某种程度的主观故意行为，直接会影响其个人分数。

3. 团队沟通的积极高效

团队沟通协作在研究导向型教学中占有重要地位。通过小组成员分工沟通协作，将个体知识在成员间实现分享，不仅可以通过将学会的知识教授给他人提高自己对专业知识的理解，还有助于培养沟通能力、表达能力，锻炼大学生的领导才能。而如何保证团队沟通协作效果，首先要平均分组，优等生与较差生要均匀分组，以能够相互协作。其次，组长要合理选择好沟通时间和频次，在大家共同进行一项愉快活动后再进行分组讨论效果较好。如一些小组经常把学校食堂作为小组讨论场所，在共同进餐后，大家共同来探讨一个专业问题。沟通频次应根据专业问题的难易进行确定，如果问题难度较大应当增加沟通次数。最后，对于需要完成的专业任务不能简单分工，较简单的专业问题适合分工，而如果专业难度较大就要在一起共同探讨，通过互助协作共享。否则，最后生硬地把各人的研究结果拼凑到一起，缺乏整体协调一致性。

4. 大班教学的应用难题

会计学专业学生众多，对于选修性质的课程很多时候是进行大班教学，往往一个教学班达到百人以上的规模，在这种情况下如何实施研究导向型教学是对任课教师的考验。一些有效的教学方法有时候可能会起到意想不到的效果。同伴学习是大班教学中可以尝试采用的一种方法。依据 Edgar Dale（1946）提出的学习金字塔理论，不同学习方式产生的学习效果（以两周后学习内容平均留存率表示）不同，如果是自己学会后再教授给其他人的学习留存率则可以达到90%，学习效果最佳。在教学进程中，学生在听讲了一段时间后注意力开始有些分散，教师就可以将课前准备的专业问题展示出来，要求每位同学必须有自己的答案。由于有一定的难度，第一轮统计下来可能正确率不高，紧接着让同学们进行讨论，这时候一个同学往往是想说服有不同见解的同学，讨论得异常激烈，一番争论下来进行第二轮回答，能够回答正确的同学比第一次多了，一般不需要第三轮，同学们对这个问题基本上已经掌握了。再在这个问题的基础上去引导讲解下一个知识点，同学们的学习积极性又被调动了起来。当然，同伴互助学习要求教师一定要精心准备问题，问题太难或过于简单都不能起到调动同学们积极沟通讨论的效果。

5. 以学生为中心育人环境的构建

学校教学是以上级评估考核指标为中心、以教师教学为中心，还是真正以学生的健康成长为中心，这是研究导向型教学的根源所在。需要学校转变传统的教学管理和服务模式，整体营造以学生健康成长为中心的育人环境，营造一个潜移默化影响学生的优良文化和校园环境，培养大学生应有的素养和智慧，最终促进学生的健康成长。

构建以学生为中心的育人环境，不仅要求任课教师转变教学理念，还要求学校围绕促进大学生的健康成长来转变办学理念，各院系专业结合大学生实际情况，紧紧围绕学生的健康成长，调研社会需求，制定明晰化的育人目标，而不是盲目照抄照搬一些所谓名校名专业的培养目标。育人目标的明确为制定促进学生健康成长的策略指明了方向，将传统完全依赖课堂教学来传授专业知识转变为课堂内外有机融合，使课堂外的“非正式学习”成为培养大学生健康成长的重要阵地。

育人目标的实现，不只是教学部门的职责所在，而是需要学校

全部职能部门共同为实现育人目标提供支撑与服务，以保障教育策略顺利实施。如学校图书馆、信息中心围绕为学生学习提供支持，服务于学生学习；教务管理、教学督导等部门主要服务于各院系、教学部的课堂教学；招生就业、学生事务部门则主要服务于学生课外事务；校园管理部门应立足于构建一个以学生为中心的良好校园，从校内基础设施、校园环境建设等方面塑造有利于学生健康成长的氛围。

五、学习情境拓展研究——基于社会实践改革财务会计教学

（一）引言

会计学虽然属于工商管理下二级学科［也有学者认为应当属于经济学大类中的应用经济学（栾甫贵，2019）］，但是由于其广泛的应用性、专业性，近年来一直受到大学生追捧，会计学专业大学生占到在校大学生总数的约1/10（胡少先，2018）。财务会计是会计学专业核心课程，主要讲解财务会计准则体系，内容繁杂、理论性与实践性均较强，财务会计课程教学质量的好坏直接影响会计学专业人才培养质量。

改革传统财务会计课堂教学模式，精心设计课程和课堂教学，发挥学生自主学习能力，采用翻转课堂进行教学，课堂教学质量提高效果显著（黎富兵，2016）。面对强化通识教育及课时压缩的背景，财务会计教学需要克服传统教学中存在的教师教学为中心、侧重技能知识传授、教学内容繁杂陈旧等不足，通过转变教学理念、与“慕课”建设有效结合、融入思政元素、修订教学内容、改革教学方式等手段提升课程教学效果（杨瑞平等，2019）。

信息技术发展对于会计人才培养带来的机遇与挑战并存，唐运舒等（2019）基于系统视角提出会计专业建设和教学改革的思路框架，提出通过调整专业定位和培养目标、制定和完善培养方案、提升人才培养能力来推进会计专业人才培养的教学改革。财务会计

课程具有人文教育精神，是研究企业经济活动规律的科学，业务处理背后有经济学、管理学的理论渊源。面对财务会计机器人的冲击，应加强而不是弱化财务会计教学，尤其是强化财务会计理论或概念框架的教学，提高财务会计人员对复杂经济业务的职业判断能力、对财务信息的解读与运用能力（商思争等，2018）。

应用型本科重在培养大学生的应用能力，实践教学是培养应用能力的重要环节。国外高校将会计实践教学的目标定位于经济管理综合素质能力的提升，会计实践教学学时达到总学时的一半以上，还普遍重视专业教师的实务工作经验，会计实务行业专家兼职教师现象也非常普遍（董梅，2015）。应当同步进行财务会计理论与实训教学，分岗与综合实训有机结合，校内模拟实训与真账实践相统一，切实提高会计专业大学生的实际业务水平（孙琪瑛，2017）。财务会计实践教学分为校内实践教学与校外实践教学基地实践教学两部分。杨瑞平等（2016）探讨了“慕课”背景下校内会计实践教学的开展，提出转变教学理念提高教师改革自觉性、与翻转课堂有效结合、建立仿真实验教学平台、提升课堂教学效果等措施来提高财务会计教学质量。

就现有研究财务会计教学的文献看，学者们普遍认识到，面临信息技术、人工智能的挑战，需要强化财务会计教学，改革传统财务会计教学模式，强调财务会计理念培养，提升会计人才职业判断能力，以适应新形势的变化；通过财务会计实践教学，培养大学生实践应用能力，而对于如何在课程教学中培养应用能力，学者们主要探讨的是校内实践教学环节，对于校外实践教学的研究较少；尤其是如何充分发挥校外实践教学基地的作用，将校外实践教学基地实践教学、线上课程教学与课堂教学有效衔接的系统化研究较少。而社会实践教学对于大学生应用能力培养有直接效果，通过激发大学生自主学习能力，与校外实践教学基地紧密合作，分岗位、按模块、系统化进行社会实践教学，真正让大学生走出教室深入企事业单位进行社会实践，彻底改革传统以课堂教学为主的教学模式，对于提升财务会计课程教学质量，培养紧贴社会需求的高素质应用型财会专门人才具有借鉴价值。

本部分以应用型人才培养为目标与指引，基于社会实践进行财务会计课程教学改革，构建“课堂外线上教学—以学生为中心的课堂教学—校外实践教学基地社会实践教学”为一体，以培养学生健康成长为核心的“三位一体”财务会计教学模式，对于培养学生自主学习和创新思考能力，促进会计专业大学生健康成长具有积极意义。

（二）改革财务会计教学的路径与设计思路

从应用型高校、应用型人才培养出发，分析面对信息技术、网络课程等的挑战未来应用型大学的育人目标与发展方向，借鉴国外斯坦福大学 2025 开环大学教学模式的设计、密涅瓦大学的全球沉浸式学习、芬兰的主题教育改革等模式，基于建构主义对财务会计教学进行“以学生为中心”的教学改革设计。

1. 应用型人才的育人目标

前已述及，区别于传统学术研究型本科教育，应用型本科是为满足我国经济社会发展对高层次应用型专业人才的需求，以“应用型”为办学定位，以实践教学为核心环节，宗旨是培养学生职业素养，提高学生实践能力与创业创新能力。应用型本科教育能有效促进我国高等教育大众化水平，提升社会整体劳动力素质。由于应用型本科院校主要是近年来普通专科新升的本科院校，相对而言，这些院校专科教育的思维仍然比较严重，教学观念有待更新，教育管理有待完善。在财务会计教学中广泛采用社会实践教学，就是要改变传统财务会计课堂教学只注重知识传授，强调专业知识本身重要性的做法；充分发挥社会实践教学作用，与校外实践教学基地深入合作，让学生真正深入企事业单位，利用所学财务会计专业知识解决实际问题，培养应用能力，完成培养高素质应用型财会人才的目标。

应用型本科培养的是服务于区域经济发展的应用型人才，应用型本科会计学专业的培养目标可描述为“培养德、智、体、美、劳全面发展，适应社会主义市场经济建设需要，具有崇高理想信念和良好职业道德品质，掌握管理、经济、法律等方面基础知识和会计实务操作、财务信息分析及职业判断能力，理论基础扎实、实践能力突出、继续学习能力较强、具有创业精神和创新能力，能在各类企事业单位、政府部门、会计师事务所及其他相关部门从事会计、审计、财务管理等方面工作的高素质应用型专门人才”。尽管各培养单位对于应用型本科会计学专业培养定位在表述上存在不同，而培养高素质、应用型、专门财会人才的定位基本一致。

我们面对的授课对象是2000年后出生的一代人，他们完全在互联网中成长起来，具有超强的网络学习能力，喜欢接受新事物，个性强，需要引导而不是灌输。反观我们的财务会计教学，仍然以“专业性强，难度大”为由，固守以课堂教学为主，重在专业知识传授的传统教学模式，不符合学生认知规律和接受特点，很难开启学生内在潜力和学习动力，“以学生为中心”只能停留在宣传栏。必须改革财务会计教学才能实现应用型本科会计人才培养目标。

2. 国外开放式大学教育改革的借鉴

（1）《斯坦福大学2025计划》。《斯坦福大学2025计划》对未来大学模式进行了大胆“设计”。开环大学是《斯坦福大学2025计划》中最关键的计划之一。该计划创新性地解除了入学年龄的限制，17岁以下的天才少年、进入职场的中年以及退休后的老人都可以入学。这是区别于传统闭环大学（18－22岁入学，并在4年内完成本科学业）的最主要一点（见表6）。另外就是延长了学习时间，由以往连续的4年延长到一生中任意加起来的6年，时间可以自由安排。开环大学中的学生很有可能是处于各个年龄段以及从事不同工作的一群人，他们可能是天真的孩子，也可能是富有经验的长者。因此，开环大学形成了独特的混合学生校园，打破了年龄结构。学生之间更容易建立起合作、强劲与持久的社会网络（孟艳，2019）。

表 6　　　　开环大学与闭环大学的区别

闭环大学	开环大学
学生在成年之初就要接受4年的大学教育	一生中充满学习的机会
18－22岁的四年	一生中任意6年
正式的学习仅仅发生在课堂上	可以从课堂以及实践活动中汲取知识
毕业后基本上很难接触到学术环境	经验丰富的成年人回到学校、改变职业以及再次与社团对接
学生在18岁前需要证明自己的能力	学生在任何年龄段都可以学习
校友偶尔回到学校参加特定活动	校友作为返校实践专家，丰富了校园生活

《斯坦福大学2025计划》打破陈旧的大学本科四年级划分，学生根据他们的个人意愿按照自己的节奏来完成各阶段的学习。学生可以自主调节长短，采取个性化、适应性以及可调控的三阶段学习：调整、提升、启动。调整阶段目的在于让学生知道怎样才能最好地学习。提升阶段将带领学生进入一个专门领域，斯坦福大学将取消大型的演讲教室，代之以小型的学术讨论空间，从而形成有助于教师与学生深度互动的混合环境，帮助学生获得成就。启发阶段是在学习了如何获得深度的专业知识后，学生将知识转化到几个实际应用活动中。学生将自身所学的知识应用到实习、项目服务、高水平研究和创业中。

《斯坦福大学2025计划》提出轴翻转（Axis Flip）的概念，将“先知识后能力”翻转为“先能力后知识”，能力成为斯坦福大学学生本科学习的基础。改变传统大学中按照知识来划分不同院系归属的方法，按照学生的不同能力进行划分，重新建构院系。

《斯坦福大学2025计划》提出，使命感是大学生职业生涯中指引方向的航标。因此，从在校期间开始，斯坦福大学的学生就要基于一定的使命进行学习，学生不仅要了解自己的专业，更要将专业的使命深深烙印在脑海中。学生有长远的愿景和使命，将自己的兴趣融入问题解决过程中，通过学习和做项目实现意义和影响，而不是盲目选择专业。

《斯坦福大学 2025 计划》将在全球建立一系列有影响力的实验室，主要研究一些全球性的问题，例如健康、全球治理、可再生能源等。在这些实验室里，师生们一起学习和讨论，学生们体会自然环境、社会环境中实际存在的问题。学生带着长久的愿景和使命去学习，学习目标更明确、学习动力更强，对于培养学生社会责任心和历史使命感有积极促进作用。

（2）密涅瓦大学的全球文化沉浸式学习。密涅瓦大学最大胆的举动是学习情境的创新，其创造了名为“全球文化沉浸式学习（Global Cultural Immersion）”的全球游学制。密涅瓦大学没有固定的校园，其校区分布于全球各地。学生于第一年在美国旧金山接受通识教育基础课程，之后每半年分别在全球选择 6 个不同的城市居住和学习。这些城市分布于世界各大洲，均为全球技术创新、经济、政治、文化中心，包括美国旧金山、阿根廷布宜诺斯艾利斯、德国柏林、印度班加罗尔（或海德拉巴）、韩国首尔、中国台湾（或香港）和英国伦敦等地。师生以城市为校园，每个城市都为学生带来截然不同的科技、艺术和文化学习新体验，沉浸其中的学生能够深切地感受全球文化多样性带来的冲击。

密涅瓦大学的“全球文化沉浸式学习”创造了大学教育在动态式开放中回归现实文化生活环境的学习新模式。这种全球游学制的核心价值，在于与课程学习相结合，能有效地将理论学习与实践学习、正式学习与非正式学习、大学的象牙塔和真实的全球化社会生活联通起来。这些全球性的、动态的“居住式学习”“体验式学习”活动，将密涅瓦大学的学生带入了真实的、多元化的全球化学习、生活和工作之中，能有效帮助学生深刻理解人类生活方式的复杂性，为其成为未来全球的领导者与创新者做好准备（李海花、桑新民，2017）。

密涅瓦大学构建了“以学生为中心”的教育理念、以能力为本的课程体系、以学习为中心的教学方法相互呼应的教育模式。其首任校长柯斯林就认为，“课本知识是学习思维方式的载体。思维方式，才是学生可以终身受用的工具”。密涅瓦大学摒弃了传统的以内容取向的通识教育模式，另辟蹊径地以能力取向，对通识教育进行了彻底的改造。依据学习科学的研究成果，密涅瓦大学确立了“四种核心能力”：创造性思维、批判性思维、有效沟通、有效互动。大学一年级有针对性地开设四门通识教育核心课程：实证分析（培养创造性思维）、形式分析（培养批判性思维）、多元沟通（培养有效沟通能力）、复杂系统（培养良性互动能力）。大学二年级开始探索研究方向，在人文艺术、社会科学、自然科学、商业、计算科学五大学科中选择其一；三年级选择专业，攻读专业课程，四年级综合训练，递进式掌握四种核心能力。

通过信息技术平台进行高强度的在线教学互动，是密涅瓦大学最重要的教育特征之一，也是支持全球文化沉浸式学习、连接“三个世界”① 学习经验的关键。借助硅谷根据“以学习为中心”研发的“主动学习平台”，密涅瓦大学强化了“四种核心能力”的目标达成和全球化学习体验。分散到世界各地的师生通过该平台，结合课程学习与实践参与，围绕共同的主题进行个人观点碰撞或团队合作，开展实时的翻转式教学。翻转式教学要求高强度的学习参与和互动，学生必须学会主动学习，并在主动学习中成为真正的思

① 传统学习是在“经验世界”与“语言文字世界”两个世界中进行，互联网时代下现行教育模式使得这两个世界脱节（理论脱离实际），而信息技术正在创造出的“虚拟现实世界”成为沟通前两个世界的重要桥梁。

考者。为保证“以学习为中心”，密涅瓦大学摒弃了具有工业时代特征的大班讲授方式，所有的课程都是严格控制在20人以内的小班研讨课（Small Discussion – Based Seminars）。分散在全球各地的师生通过“主动学习平台”特别是远程互动视频功能，进行互动式、翻转式学习。

通过《斯坦福大学2025计划》和密涅瓦大学的全球文化沉浸式学习分析，可以总结出“开放学习”“自主学习”“终身学习”“能力本位”“全球学习”“场景体验”“翻转学习”等关键词。《斯坦福大学2025计划》提出的开环大学，通过自定节奏教育、有使命的学习等变革，实现人才培养的开放、多元理念，使自我适合的教育成为可能，实现能力为本的教学模式和肩负着使命感的学习目的，将传统大学引向开放的终身学习体系。互联网技术的发展与广泛应用为教育教学开创新时空提供了可能，密涅瓦大学的全球文化沉浸式学习，则彻底摆脱了传统的以教室为主要学习情景的禁锢，提供了在信息技术支持下构建的全球移动式学习的图景。

3. 基于建构主义的财务会计教学改革思路

作为认知心理学的分支，建构主义将学习界定为行为和思想的永久改变，通过将外部信息融入学习者原有认知结构或者改变原有认知结构以适应外部信息的方式来建构知识。建构主义认为学习是学习者自身的事情，强调学习者对知识的主动探索和发现，最终目标是主动获取和建构意义。建构主义理论下的学习，强调以学生为中心，在一定的社会文化情景下，借助于教师和同伴的帮助利用各种资源自主获取知识；教师应当担当引导者和资源提供者的角色，而不应是知识的传授和灌输者。建构主义下的学习强调情境塑造，要创建有利于学生对所学知识、意义建构的环境，创设情境是教学设计的重要前提；强调互助协作，认为协作对于学习者形成意义的过程及结果都产生重要影响，并强调学习小组成员间的沟通，将个体的认知在成员间共享，最终完成意义建构的目标。

改变传统财务会计教学模式，借鉴国外开放式大学教育改革经验，拓展学生学习情境，推动教学理论与实践对学习环境的研究、选择与创设，拓宽教学活动视野，把学生从教室的禁锢中解脱出来，以“社会实践”为重心进行财务会计课程教学改革。在这样的教学理念指导下，课程设计思路如下：

首先，确认课程目标。秉承新商科和基于学习产出的教育理念（Outcomes－Based Education，缩写为 OBE），围绕应用型人才培养，确定财务会计学教学目标是：理解财务会计理论体系，掌握财务报告要素项目的确认、计量与报告，掌握会计各个岗位的实务操作，培养分析解决实际财务问题能力，培养自主学习能力，培育会计职业道德素养和诚信品质。

其次，在课程教学内容设计上，紧扣资本市场，体现学科前沿，围绕出纳、往来、投资、存货、纳税、收入、财务报告等岗位进行教学，每个岗位都与校外实践基地直接对接，让学生真正深入基层进行社会实践，对所学习专业知识都能通过具体岗位得到实践应用。

最后，全面采用案例教学，将思政教育贯穿于教育教学全过程。案例教学灌输爱国、诚信理念，将课程育人与思政元素自然融入教学，促进学生德智体美劳全面发展。

由此，改革后的财务会计教学主要包括“课堂外线上教学”“以学生为中心的课堂教学”“校外实践教学基地社会实践教学”三部分内容。

（三）财务会计教学改革实践

基于建构主义的学习理念，以学习情景的拓展为核心改革传统财务会计教学模式是教学改革的核心。而财务会计的特征是高度专业性、应用性，因此探讨以社会实践为核心改革传统财务会计教学模式，首先要掌握财务会计专业知识。正如图 3 所示，课堂外进行专业知识的自主学习，课堂教学关注财务会计理论问题及通过相关案例理解专业理论，应当与社会实践教学有机统一。

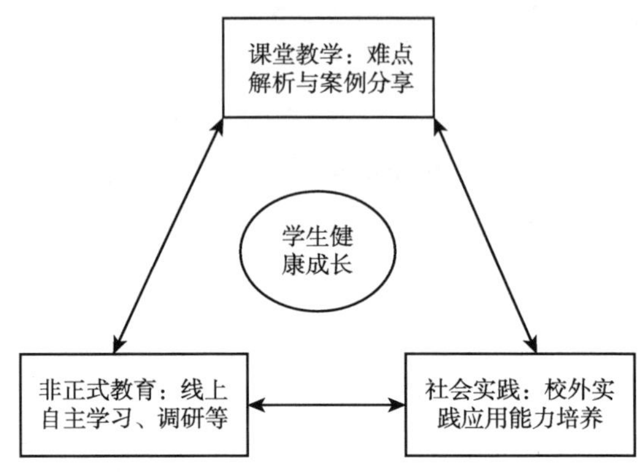

图 3　财务会计教学改革

1. 课堂外线上教学的有效开展是财务会计教学改革的基础

建构主义认为学习是学习者自身的事情，是学习者对知识的主动探索和发现，是将外部信息融入学习者原有认知结构或者改变原有认知结构以适应外部信息的方式来建构知识。建构主义下的“学”应当是以学生为中心，在一定的社会文化情景下，借助于教师和同伴的帮助利用各种资源自主获取知识；而作为传统“教”的主要角色的教师，应担当引导者和资源提供者的角色，而不应是知识的传授和灌输者。

在现行信息技术迅猛发展背景下，如何充分发挥网络教学的作用，适应互联网中成长起来的一代大学生的实际情况，利用网络教学的优势培养大学生自主获取知识的自主学习能力是财务会计教学改革的重要一环。

以学生为中心积极备课、准备网络教学资源是课堂外线上教学有效开展的前提和基础。课前一定要深入了解学生，只有如此任课教师在教学内容呈现、教学方法及教学工具等方面才能充分反映学生的需求、喜好与兴趣。了解学生的具体方式可以采用向班主任了解、与学生座谈或者是网络问卷调查等方式，熟悉教授对象的专业基础、信息获取方式、职业选择等。网络教学内容的准备，除了采用常规文字、表格方式，应增加能够反映经济社会热点的经典案例视频，互动式的问答讨论，并注意及时回复学生自主学习中的提问与关注。教学实践表明，对学生及时的回复与关注对于学生自主学习能力的培养起到促进作用。

通过设置的慕课等网络课堂资源，让学生明确财务会计课程教学目的、意义、学习任务与考核方式，引导学生积极思考，进行有目的的学习。每个章节教师设置有固定的任务点，完成任务点后系统自动给出成绩，作为学生平时成绩的重要内容。在财务会计基础知识内容发布后，应增加专题研讨内容，为下一阶段课堂研讨学习作准备。可以在学生观看相关专业知识点微视频之后，在教学平台上设置与发布存货、金融工具、固定资产、长期股权投资、负债、所有者权益等方面的专题；同时发布相关案例、背景知识以及专题讲座视频，供学生学习与思考，这些都为学生开展组内研讨学习、合作研究奠定了基础。

在课堂外进行线上自主学习，目的是让大学生在正式课堂开始前就掌握财务会计基本专业知识，准备课堂教学研讨学习的素材，为以学生学习为中心进行课堂教学改革作准备。

2. 以学生学习为中心的课堂教学是财务会计教学改革的关键

2018 年 11 月 24 日，在第十一届“中国大学教学论坛”上，教育部高等教育司司长吴岩提出要“建设中国金课”。吴司长将“金课”的标准界定为“两性一度”，即高阶性、创新性、挑战度。高阶性强调知识能力素质有机融合，培养学生解决复杂问题的综合能力和高级思维。创新性是要求课程内容反映前沿和时代性，教学形式呈现先进性和互动性，学习结果具有探究性和个性化特征。挑战度则强调课程要有一定难度，老师备课和学生课下有较高要求。与此相对应，“水课”指低阶性、陈旧性和不用心的课。

“金课”的理念已经深入人心，关键是怎么在课堂中贯彻。以学生学习为中心，就要把握住学习的六个层次“记忆—理解—应用—分析—评价—创新”，记忆和理解属于低层次，“应用—分析—评价—创新”属于高阶创新层次，那么就要思考课程教学如何培养学生“应用—分析—评价—创新”层次，特别是评价和创新环节的高阶性。

就财务会计课堂教学而言，课本知识掌握（是什么）属于记忆和理解的范畴，是以传统知识传授为重点的教学模式的根本要求。而对于财务会计专业知识，尤其是简单专业知识的记忆与理解，要求学生在课堂外自主学习完成。

财务会计课堂教学的重点是比较难的专业理论讲授与案例分析，尤其是会计业务处理背后的理论渊源、制度变迁等（即“为什么”）以及最新资本市场的业务实践（最新业务发展）。作为管理学（有学者认为是经济学）的二级学科，会计学有深厚的理论背景，业务处理背后是值得深思的财务影响以及经济后果，对这些理论基础的讲解可以启发学生思考。

具体财务会计课堂教学大体上包括以下环节。通过课前资本市场案例分享，把学生积极性调动起来，让学生课下去收集上市公司关于学习项目的最新公告，了解所学理论的资本市场上市公司的最新“应用”，开拓学习视野。通过课堂案例教学，案例分析，应用实际上市公司案例场景，提高学生利用专业知识“分析”解决实际问题的能力，引导学生如何利用所学知识、依据会计准则体系，以专业人士眼光，站在专业视角，对案例公司业务处理作出专业判断与“评价”；适时融入社会主义核心价值观、职业道德、家国情怀、法治观念与意识、科学精神等，进行课程思政教学，培养学生对案例公司行为的价值判断与评价。会计学不应当仅仅是专业的技术规范，会计是有人文精神、有人文关怀、有价值判断的。教学中，始终运用研讨教学的方式，引发学生思考，鼓励学生发散思维，培养“创新”精神，激发学生创新能力。

教学的本质不在于知识的传授，而是教师与学生共同构建、发展学生认知结构的复杂过程。按照此理念，以固定资产一章的课堂教学为例进行如下课堂教学设计。固定资产属于传统财务会计知识，只是近年来增加了现值计量、实际利率法、弃置费用、公允价值计量等知识点，本章讲解内容包括固定资产概述、固定资产的初始计量、固定资产的后续计量、固定资产的处置、固定资产的期末计量 5 个部分。讲授时间预计为 3 个课时，每课时 50 分钟，主要内容在前两个课时完成，其课堂教学设计环节如表 7 所示。

表 7　　固定资产章主要教学内容课堂教学设计示例

课时安排	设计项目	时间分配	讲课备注
第一课时：固定资产确认与初始计量（50 分钟）	导入新课：资本市场案例分享	5 分钟	资本市场关注固定资产的热点问题有哪些？为什么会关注这些方面
	翻转课堂：固定资产的确认与初始计量	15 分钟	教师提供学习资源、任务与目标、线上辅导，学生课前分组讨论，充分准备
	重点研讨 1：分期付款购置固定资产	10 分钟	现值理念、实际利率法；研讨交流，分析总结
	重点研讨 2：自营工程领用自产产品、原材料等	5 分钟	理论基础，法律背景，制度变迁
	启发思考：预付工程款记入“预付账款”科目是否合适	5 分钟	鼓励质疑，培养创新
	重点研讨 3：存在弃置义务的固定资产	10 分钟	课程思政：生态文明，会计贡献；家国情怀

续表

课时安排	设计项目	时间分配	讲课备注
第二课时：固定资产后续计量（50分钟）	导入新课：案例分析	5分钟	分析不同固定资产折旧处理方法的财务影响
	翻转课堂：固定资产折旧	10分钟	教师提供学习资源、任务与目标、线上辅导，学生课前分组讨论，充分准备
	重点研讨1：选择不同折旧方法的财务后果	15分钟	评价不同折旧方法，思考与创新：财政部、税务总局加速折旧新政的财务影响
	重点研讨2：固定资产后续支出的资本化与费用化	15分钟	案例分析；经济后果理念
	课堂总结、课下任务安排	5分钟	1. 课后作业，课前预习 课堂案例分享（二选一） 2. 查阅“渝钛白”公司案例，分析支出费用化与资本化的不同财务影响 3. 查阅“宇通客车”财务报告，分析其固定资产折旧政策变更及财务影响

通过固定资产主要内容的教学，应让大学生理解会计业务处理背后隐含着深厚的管理学、经济学理论，现行业务处理伴随着耐人思考的制度变迁，理解不同会计政策、会计估计的选择存在不同的经济后果；将学习专业知识与思考问题相结合，学习中引导学生多思考“为什么”，总结会计业务处理背后的会计理念；并要求学生将专业知识学习与经济社会热点问题相联系，体会所学会计专业知识对经济社会发展的贡献和价值。

3. 积极准备和有效保障的校外实践教学是财务会计教学改革的重要内容

借鉴国外高等教育改革的尝试，基于建构主义的理念，基于财务会计的应用性特征，拓展财务会计教学情景，积极进行校外实践教学是财务会计教学改革的重要内容。

实践教学是大学教育的必要环节，为理论教学提供有力支撑。高校建立校外实践基地、完善校企合作的协同育人模式，是培养大学生实践能力的有效途径，为学生就业、创业提供有力保障。校企合作共建校外实践教学基地，可以互补学校与企业在信息、科研、人才、技术等方面的优势，搭建产学研相互交流合作的平台，实现人才培养与企业需求无缝对接，培养大学生的创新实践能力与就业竞争能力。与投入巨资大量建设的校内财会虚拟仿真实验室相比，规范建设、运行良好的校外实践教学基地真正能够让学生接触到单位实际业务，融入财务实践活动，迅速提升实践能力。

根据学校会计学专业确立的“理论基础扎实、实践能力突出、继续学习能力较强、具有创业精神和创新能力，能在各类企事业单位、政府部门、会计师事务所及其他相关部门从事会计、审计、财务管理等方面工作的高素质应用型专门人才”的培养目标，制定了会计学专业大学生从入学到毕业贯穿于每个学期的多层次递进实践教学体系①（见图 4）。其中，校外实践教学分布于平时课程实践与毕业实习。

会计专业应用性强，实践教学是专业教学的重要内容。而长期以来，由于会计专业大学生人数众多，而很难有企业能够大量接收众多大学生进行社会实践，选择适合的企事业单位成为校外实践教学基地建设的首要任务。与普通企事业单位相比，大型会计师事务所在人才需求规模、实践能力培养上的优势非常明显，成为会计专

① 完整的实践教学体系一般应包括独立实验课程、课程实验、集中实践教学环节、素质拓展与创新创业教育等部分，具体包括独立实验课程、课程实验、专业实践周、生产（毕业）实习、入学专业教育与军事训练、社会调查、社会实践、就业与毕业教育、素质拓展与创新创业教育、毕业论文（设计）等环节。本处只探讨专业课程实践教学问题。

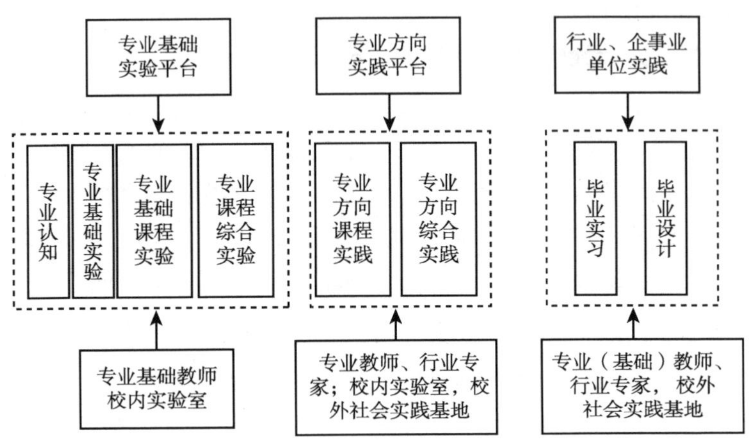

图 4　会计学专业多层递进的实践教学体系

业校外实践教学基地的首选。通过与大型会计师事务所签订合作协议，联合组建社会实践教学团队，团队成员包括财务会计专业教师与会计师事务所项目经理，充分利用会计师事务所的服务客户群，将财务会计教学内容按财会岗位分为出纳、往来、投资、存货与固定资产、纳税、收入、财务报告等岗位进行教学，制定财务会计实践教学大纲与实践教学操作实施细则，教学团队及时沟通专业知识讲授与校外社会实践教学的时间，保证大学生在学习专业理论知识后，都能在实际工作岗位中得到实践应用，切实提升了大学生的社会实践能力。

利用大型会计师事务所在客户资源上的优势进行财务会计社会实践教学，获得了大学生和同行的普遍认可。财务会计社会实践教学的目标逐步确定为：培养大学生综合能力，通过系列化、主题化、功能化的社会实践活动，推动思想政治教育、专业教育与社会服务紧密结合，培养学生认识社会、研究社会、理解社会、服务社会的意识和能力。

为了满足会计学专业社会实践教学的实践岗位需求，以合作大

型会计师事务所为依托，成立了会计师事务所合作联盟，吸引了众多会计师事务所和大型企事业单位加入，提升了社会实践教学的效果，扩大了校企合作的影响力。同时，校企持续沟通，在前期合作的基础上，创新校企合作形式，提高合作层次，探索成立类似于产业学院的合作形式。积极利用合作会计师事务所在省注册会计师协会的影响，利用注册会计师协会成立的大数据中心、档案中心等开放性部门，拓宽会计专业大学生社会实践的渠道，提高了社会实践效果。

通过近年来以社会实践教学为重点进行财务会计教学改革的实践，深切体会到当前财务会计教学改革势在必行，也深深体会到财务会计教学改革的有效实施，必须依靠学校—院系层面制定支持社会实践教学的制度，给予课堂教学改革足够的支持与保障。因为社会实践教学突破了传统校内教学的限制，拓展了大学生的专业认知与专业视野，而且增加了任课教师的教学难度，如何从制度上激发任课教师教学改革的积极性需要探讨。财务会计教学改革的有效实施，还有赖于校企联合教学团队及时、有效的沟通与合作。如提前沟通社会实践教学的内容、时间，理论讲授与实践教学内容的衔接等。专业任课教师的精心备课、悉心组织也是有效实施财务会计教学改革的重点。如社会实践前制定明晰的教学大纲，认真制定与落实社会实践教学细则，考虑如何分组以减少组内“搭便车”行为的发生，指导实习总结的撰写、社会实践成果的汇报与评价等。最后，财务会计教学改革的有效实施还在于大学生自主学习、积极思考等良好学习行为的培养。尽管学生在社会实践教学前已经学习了专业理论知识，但是财务会计岗位所需专业知识非常详细具体，与理论讲解的框架性还存在较大差异，需要大学生在社会实践中勤于思考、积极提问，将理论与实践相结合，才能培养分析解决实际问题的应用能力，真正成长为高素质应用型财会专门人才。

参考文献：

陈小虎，黄洋，冯年华，2018. 应用型本科的基本问题、内涵与定义［J］. 金陵科技学院学报（社会科学版）（04）：1－5，28.

潘懋元，石慧霞，2009. 应用型人才培养的历史探源［J］. 江苏高教（01）：7－10.

袁君煊，2017. 地方本科高校应用型人才培养质量标准的制定［J］. 职业技术教育（05）：15－17.

翁伟斌，徐立清，2018. 应用型本科人才培养质量标准的制定［J］. 中国高等教育（17）：16－19.

梁秀生，顾永安，王中教，2018. 回归与创新：应用型人才培养模式改革探析——基于高质量就业视角的审视［J］. 职业技术教育（34）：37－42.

翁伟斌，2018. 应用型本科人才培养质量标准：基本特性和推进策略［J］. 四川师范大学学报（社会科学版）（03）：62－68.

许萍，曲晓辉，2005. 高级会计人才能力框架研究［J］. 当代财经（11）：101－105.

周宏，张巍，宗文龙，杨霁，2007. 企业会计人员能力框架与会计人才评价研究［J］. 会计研究（04）：83－89，96.

王华，蔡祥，张程睿，刘善敏，陈明，2021. 互联网时代会计人员能力框架分层构建［J］. 财会月刊（02）：16－24.

华小洋，蒋胜永，朱志勇，2017. 试论应用型人才培养体系的建构［J］. 高等工程教育研究（06）：100－104.

邱均平，徐蕾，2017. 应用技术型大学人才培养质量的内部保障［J］. 重庆大学学报（社会科学版）（01）：71－75.

汤正华，周泽民，张兵，2020. 要素融合：高质量培养应用型本科人才的关键之策［J］. 江苏高教（05）：77－81.

高文，徐斌，吴刚，等，2018. 建构主义教育研究［M］. 北京：教育科学出版社.

王艳，2016. 会计教育理念与创新能力培育—基本经管类非会计专业会计教育的视角［J］. 会计研究（02）：89－94.

黎富兵，2016. 财务会计课程“两课设计”及“翻转课堂”改革创新研究［J］. 财会月刊（27）：126－128.

杨瑞平，吴秋生，王晓亮，2019. 慕课下《中级财务会计》研究性教学改革模式研究［J］. 会计之友（12）：156－160.

唐运舒，马雯，姚禄仕，2019. 从系统视角看会计专业教学改革［J］. 财会月刊（14）：104－108.

商思争，陈建芸，戴华江，骆阳，2018. 会计机器人时代应用型高校会计专业财务会计课程地位探讨［J］. 财会月刊（05）：132－136.

杨瑞平，吴秋生，王晓亮，2016. “慕课”背景下财务会计实验教学改革研究［J］. 财会月刊（36）：109－113.

孟艳，2019.《斯坦福大学 2025》计划：高等教育人才培养模式的革命式变革［J］. 现代教育管理（11）：124－128.

李海花，桑新民，2017. 全球文化沉浸式的大学发展新模式——以密涅瓦大学为例［J］. 现代教育技术（06）：51－56.

孟佳娜，焉德军，郑海旭，逯波，代启国，2019. 校外实践基地在学生实践能力培养中的作用［J］. 实验室研究与探索（04）：227－229.

许萍，2006. 会计人员能力框架问题研究［D］. 厦门大学.

论财务会计课程思政教学改革*

会计学专业课程思政教学改革具有紧迫性。本文通过梳理课程思政教学应当包括的内容，明确教学改革思路，实施教改的条件准备，并结合具体教学案例，总结财务会计课程思政的实施实践。最后，提出顺利实施思政教学改革需要解决的转变教育教学理念、完善教学方法、培养自主学习、改革评价制度等问题。

一、课程思政及其教育教学内容

在2016年年底召开的全国高校思想政治工作会议上，习近平总书记指出，高校思想政治工作关系到培养什么样的人、如何培养人以及为谁培养人，要把立德树人作为中心环节，将思想政治工作贯穿教育教学全过程，实现全程育人、全方位育人。积极发挥课堂教学主渠道作用，思想政治理论课是落实立德树人根本任务的关键课程，其他课程应与思想政治理论课同向同行，形成协同效应。提出我国的高等教育发展要为人民服务，为中国共产党治国理政服务，为巩固和发展中国特色社会主义制度服务，为改革开放和社会主义现代化建设服务。以马克思主义为指导，坚持不懈传播马克思主义科学理论，抓好马克思主义理论教育，为学生一生成长奠定科学的思想基础。坚持不懈培育和弘扬社会主义核心价值观，引导广大师生做社会主义核心价值观坚定的信仰者、积极传播者、模范践

* 本文核心内容发表于《商业会计》，2021年第4期。

行者。坚持不懈促进高校和谐稳定，培育理性和平的健康心态，加强人文关怀和心理疏导，把高校建设成安定团结的模范之地。坚持不懈培育优良校风和学风，使高校发展做到治理有方、管理到位、风清气正。

全面推进课程思政是落实立德树人根本任务的战略举措，影响甚至决定着接班人问题、国家长治久安、民族复兴和国家崛起。而课程思政建设也是全面提高人才培养质量的重要任务，让学生掌握事物发展规律，通晓天下道理，丰富学识，增长见识，塑造品格，成为德智体美劳全面发展的社会主义建设者和接班人。

那么，究竟什么是课程思政？

韩宪洲（2020）从发展维度、理论维度、实践维度对课程思政进行了界定，认为课程思政是对高校落实立德树人根本任务，铸就教育之魂的理念创新和实践创新。从发展维度看，课程思政是对新时代教师教书育人职责的深化和拓展。课程思政要求课程门门有思政，教师人人讲育人。教师不能只做传授书本知识的教书匠，而要成为塑造学生品格、品行、品味的“大先生”。从理论维度看，课程思政是对教育理念的发展。课程思政具有形而上的属性，是指导各类课程与思想政治理论课同向同行，充分发挥其所承载的思想政治教育功能，形成“全课程育人”格局的一种教育理念。其核心是围绕“做人做事的基本道理、社会主义核心价值观的要求、实现民族复兴的理想和责任”深入挖掘课程所蕴含的思想政治教育元素，并有机融入各类课程教学，实现价值引领、知识教育和能力培养有机统一。从实践维度看，开展课程思政建设，既不是增开一门课或增设一项活动，更不是课程“去知识化”，而是要通过优化课程设置、修订专业教材、完善教学设计、加强教学管理等手段，挖掘各门课程所蕴含的思想政治教育元素，并融入课堂教学各环节，实现思想政治教育与知识体系教育的有机统一。

课程思政的教育教学应当包括哪些内容？

“课程思政”最早由上海市委、市政府于2014年提出，现已形成可复制、可推广的“上海经验”。其实质并不是单独再增开一门新课，也不是增设一项活动，而是一种教育理念，是将思想政治教育融入课程教学和教学改革的各个环节，实现立德树人、润物无声，与思想政治理论课同向同行，构建“三全”育人体系，形成全方位协同育人效应的一种教育理念。

正如习近平总书记所提出的那样，“好的思想政治工作应该像盐，但不能光吃盐，最好的方式是将盐溶解到各种食物中自然而然吸收”。也就是说，要学会把思政元素融入专业教学、提高教书与育人融合度；要学会如何把育人的“盐”放进教学的“汤”里，掌握“用盐”的技巧和奥秘，解决好“加什么样的盐、怎么加好这个盐、由谁来加这个盐”的问题。

梳理习近平总书记关于课程思政的系列讲话，参照教育部印发的《高等学校课程思政建设指导纲要》，课程思政的教育教学内容应当主要包括以下内容：

1. 坚定理想信念与政治信仰。引导大学生从社会运动发展及其比较中坚定社会主义共同理想、弘扬共产主义远大理想；在国家发展和个人前途的交汇点上思考人生、增强政治认同。坚持不懈用习近平新时代中国特色社会主义思想铸魂育人，引导学生了解世情国情党情民情，增强对党的创新理论的政治认同、思想认同、情感认同，坚定中国特色社会主义道路自信、理论自信、制度自信、文化自信。

2. 培育和践行社会主义核心价值观。教育引导学生把国家、社会、公民的价值要求融为一体，提高个人的爱国、敬业、诚信、友善修养，自觉把小我融入大我，不断追求国家的富强、民主、文明、和谐和社会的自由、平等、公正、法治，将社会主义核心价值观内化为精神追求、外化为自觉行动。树立科学、积极、正向的世界观、人生观、价值观，引导学生站在人类社会、国家发展和个人前途的交汇点上思考人生的价值，思考对自己、对家庭、对国家、对人类的价值，增强社会责任感。

3. 加强中华优秀传统文化教育。大力弘扬以爱国主义为核心的民族精神和以改革创新为核心的时代精神，教育引导学生深刻理解中华优秀传统文化中讲仁爱、重民本、守诚信、崇正义、尚和合、求大同的思想精华和时代价值，教育引导学生传承中华文脉，富有中国心、饱含中国情、充满中国味。

4. 强化职业素养教育。培养专业精神、职业规范、认同专业、敬业忠诚、情系苍生、淡泊名利、团队意识、终身学习、学术诚信。通过专业课程来培育学生求真务实、实践创新、精益求精的精神，踏实严谨、吃苦耐劳、追求卓越的品质，使学生成为心系社会、有时代担当的专业人才。在实践教学环节中培养学生的职业道德，养成良好的职业习惯，认真遵守职业规范，努力钻研业务，做到爱岗敬业、诚实守信。

5. 巩固哲学与人文素养教育。坚持辩证唯物主义和历史唯物主义，在课程教学中坚持对立统一、质量互变、肯定否定辩证法三大规律，运用归纳和演绎、分析和综合、抽象和具体、逻辑和历史等基本方法，原因与结果、必然和偶然、内容与形式、现象和本质等基本范畴。培养大学生具有高尚的文化素养、健康的审美情趣、儒雅的风度气质等人文素养。

6. 培养大学生健全的人格。包括思想、情感、态度、行为、心理、性格等方面，具有正确的自我意识、良好的情绪控制、和谐的人际关系、乐观的生活态度等。

二、财务会计课程思政教学改革背景与思路

实施课程思政不仅与立德树人的根本教育任务高度统一，而且是培养德智体美全面发展的社会主义事业建设者和接班人重大任务

的必然要求。据统计，会计人才数量达 2000 万，会计专业大学生人数占全国在校大学生 10% 左右，做好会计专业大学生思想政治工作，在会计专业课程教学中融入思政元素，对于提升大学生政治思想素质，完成高等教育培养全面发展的社会主义事业建设者和接班人的重大任务具有重要意义。财务会计是会计学专业核心课程，主要是围绕企业会计准则体系，重点讲解会计要素的确认、计量与报告问题。如何将更多思政元素纳入课堂教学，在财务会计教学中实施课程思政值得深入探讨。

（一）财务会计课程思政教学改革背景

财务会计课程作为会计学专业核心课程，在思政教学方面存在不足，需要进一步改革现有课程教育教学体系。

首先，谈起会计思政教学，会计教育工作者经常盲目自诩，认为会计课堂从来不缺少思政元素，如从会计专业第一节课就开始谈“诚信”问题，有些财经院校还把“诚信”作为校训让大学生铭记在心。尤其是随着近年来案例教学的全面推广，几乎所有的会计教学案例都涉及诚信问题，因此，会计教育工作者总是会自豪地对别的专业教育人士讲：会计课堂一直以来都在进行思政教学。

确实如此，“诚信”是会计精神的重要组成，也是会计思政教学的重要内容，是会计专业大学生必须要具备的最基本品格。而习近平总书记在全国高校思想政治工作会议中指出，“我国有独特的历史、独特的文化、独特的国情，决定了我国必须走自己的高等教育发展道路……必须坚持以马克思主义为指导，坚持不懈传播马克思主义科学理论，抓好马克思主义理论教育，为学生一生成长奠定科学的思想基础。要坚持不懈培育和弘扬社会主义核心价值观，引导广大师生做社会主义核心价值观的坚定信仰者、积极传播者、模范践行者”。因此，正如前文所述，课程思政教学的内容非常广泛，至少应包括中国传统文化教育、马克思主义哲学理论、社会主义核心价值观等具体内容。

中国传统文化存在的精华内容，如儒家思想的核心体系“仁、义、礼、智、信”，其中“信”指待人处事的诚实守信、言行如一，贤能者必备诚信。儒家的“中庸”思想，绝非教人要“平庸”“折中”，提倡的是社会“和谐”，世界大同。还有党的十八大报告提出的“积极培育和践行社会主义核心价值观”，所包括的国家层面“富强、民主、文明、和谐”、社会层面“自由、平等、公正、法治”以及个人层面“爱国、敬业、诚信、友善”的价值准则同样是课程思政教学的重要内容。因此，主要强调“诚信”的传统会计课堂教学，实施的课程思政教学的内容并不完整，没有呈现出专业课程思政教学的应有体系。

其次，长期以来，作为会计学专业核心课程，财务会计课程的教学主要强调应用性与专业性，注重学生实务操作能力的培养；一些院校甚至将会计师、注册会计师等职称考试、各种执业资格考试以及研究生升学考试作为导向和目标，偏重专业知识的传授，而对于大学生世界观、人生观与价值观的培育处于弱化地位。因此，财务会计课程涉及思政教学的内容主要是第一章总论部分，如在讲解财务会计目标、会计信息质量特征、会计法律规范体系、会计环境等内容时强调会计职业道德、会计伦理与责任担当等；后续章节主要讲解资产、负债、所有者权益等六大会计要素的业务处理与信息披露，由于专业知识内容较多，很少再有涉及思政教学内容的讲解，主要靠学生自己去具体案例中体会，课程思政教学效果可见一斑。

最后，会计思政教学出现了新情况。2017 年 11 月 4 日，第十二届全国人民代表大会常务委员会第三十次会议通过了关于修改《会计法》的规定，取消了会计从业资格考试和认定工作。会计工作传统的“入门”资格考试被取消，《会计法规与职业道德》专门进行会计思政教学的课程被取消，会计思政教学出现的“真空”需要及时进行弥补。

这些情况的存在，导致会计教学中注重专业教育，忽视人文教育，忽视会计人格培养及价值塑造的现象比较突出，这与党中央提出的高等院校培养全面人才的战略目标与定位存在较大差距，也难以适应经济社会发展的现实需求。因此，在财务会计课程教学中实施思政教学改革具有紧迫性。

（二）财务会计课程思政教学改革思路

财务会计课程思政教学的总体改革思路，就是要将马克思主义辩证唯物主义和历史唯物主义作为指导财务会计思政教学的基本方法，强化社会主义核心价值观在财务会计课程思政教学中的引领作用，积极探寻中华传统文化中的思政元素融入具体案例教学。

具体来说，针对会计学本科专业培养中高层次财会专门人才的目标定位，作为专业核心课程，要在财务会计教学中贯穿马克思主义哲学基本问题，培育哲学素养，提升大学生的精神境界和认知能力（王军，2007）。如利用实践、认识、真理等哲学范畴，思考会计实践与会计准则发展、会计认识与会计准则变迁、会计真理与会计准则改革等的关系；采用唯物辩证法的基本规律（对立统一规律、质量互变规律、否定之否定规律）来揭示会计准则的发展演变。用唯物辩证法的基本范畴（现象与本质、内容与形式、原因与结果、必然性与偶然性、可能与现实性等）来从更深层次来理解业务处理背后的理论渊源及内容变迁。

课程思政教学中，探索从社会主义核心价值观的国家、社会、个人三个层面来挖掘课程教学中的思政元素，密切联系中华优秀传统文化中的精华，结合财务会计课程教学特点，将这些思政元素融入贴近经济生活的真实案例，采用研讨式教学，启发学生思考，让思政元素与专业知识传授密切结合，提升会计专业大学生的爱国情怀、职业道德、社会公德，凝聚会计精神，塑造健全人格。

三、财务会计课程思政教学的条件准备

改革传统财务会计课堂，实施课程思政教学，需要做好全方位条件准备。

首先，修订财务会计教学大纲。课程教学大纲是财务会计教学的总规则，在教学大纲中应将马克思主义辩证唯物主义和历史唯物主义作为指导财务会计教学的基本方法，应明确将社会主义核心价值观作为课程教学的总指针，强调作为财会人员首先应当在日常业务处理中秉承“爱国、敬业、诚信、友善”的价值理念，作为社会大家庭中的一员，人人都践行核心价值观，必定会促进整个社会的“自由、平等、公正、法治”，个人努力学习专业知识、提高专业技能、塑造良好道德情操，将个人价值实现与祖国强大发展密切联系，将个人发展与民族复兴的大业密切联系，为祖国的“富强、民主、文明、和谐”作出贡献。

其次，修订完善财务会计教学目标。围绕课程思政改革的总要求，明确财务会计课程在知识、能力和素质三个层面的教学目标。知识目标上，除了掌握会计要素的确认、计量与报告，掌握财务报表的填制原理与方法，重点强调社会经济环境与会计准则发展变化的关系，强调会计认识与会计业务处理的变化，强调从哲学基本范畴来理解会计准则的变迁。能力目标上，注重会计业务处理能力，提升职业判断能力，强调经济后果意识，注重理解财务报表项目的变化思考。素质目标上，注重财会人员职业道德修养，从国家、社会、个人三个层面引领大学生价值取向，促进大学生健康成长。

再次，全面收集思政教学资料。课程思政教学最终要落实到具体课堂内外的教学实践中，如何准备教学资料直接决定思政教学效果。教学资料除了传统财务会计教学中要用到的会计法规体系（含会计法、企业会计准则、公司法、证券法、税法等）、相关网络资源，重点需要准备马克思列宁主义、毛泽东思想、邓小平理

论、“三个代表”重要思想、科学发展观、习近平新时代中国特色社会主义思想相关文件及论述，社会主义核心价值观相关文件及论述等。收集好这些资料后，关键是要在备课中如何根据具体教学主题内容进行选择，在课堂上融入专业教学内容。

最后，精心选择财务会计教学案例，在具体案例中融入思政元素。随着案例教学在财务会计教学中的推广与普及，教师需要有针对性地收集经典案例，改变既往收集案例时主要关注知识性的内容，应当增加对思政元素的深入挖掘与思考，做到不同案例有不同的思想政治素质提升，有不同的思想启迪。具体教学实践中，也可以发挥学生自身的作用，利用他们网络资源占有优势，让大学生自己找寻兼具专业知识与思政教学内容的典型案例与大家分享，提高学生参考课堂教学的积极性。

四、财务会计课程思政教学具体案例分析

（一）财务会计课程思政教学举例

现就财务会计教学中的部分内容来探讨如何进行课程思政教学。

如财务会计的总论，主要是就财务会计的概念、财务会计的目标、会计信息质量特征、会计要素、会计计量与报告等基本问题进行阐述，体现的主要是会计基本准则，是整体会计准则体系的大纲。总论中进行思政教学的内容较多，如可以从哲学基本问题——精神与物质（思维与存在的关系问题）谈会计制度与会计实践的关系。会计制度作为会计核算的行为规则，是会计实践这一社会存在的抽象与总结，是科学理性思维的结果，其源于具体会计实践；会计制度是以会计行为归纳、总结、分析后的规范，是对会计行为的能动反映；会计行为又是通过会计人员职业判断，对特定经济活动所作出的符合会计规律和要求的反映（栾甫贵，2003）。也可以用哲学基本观点解释会计准则体系的产生与经济社会发展的关系：

如资本市场发展与金融创新对会计准则发展的影响；会计环境的变化对会计本质认知的影响，进而影响会计基本概念的界定，如资产、负债的基本理念界定重心的变化；人们对会计认知的发展是一个不断追求会计真理的过程，与会计本质相结合，会计就是要提供高质量信息满足信息使用人的需求。如对会计信息质量中的可靠性、相关性的认知发展历程正是体现追求会计真理的过程。理解实质重于形式原则，可以运用哲学中的现象与本质的关系，教会学生能够透过现象看清楚交易的本质，学会运用马克思主义哲学立场与观点来思考问题，同时深入理解马克思主义是我们立党立国的根本指导思想。可靠性的讲解也可融入坚持准则、诚实守信的会计职业道德，以及诚信、敬业的社会主义核心价值观。讲授财务会计课程的信息质量特征时，还可以让学生积极收集中国传统文化中的精华内容，如联系儒家思想中“诚信”品质的要求，理解“仁、义、礼、智、信”的我国传统儒家思想的核心理念，将这些传统文化与可靠性、谨慎性等信息质量特征相结合学习，激发大学生对中华传统文化的热爱，培育大学生的家国情怀。

货币资金一章主要内容是讲授货币资金的概念、内容、货币资金的管理、银行结算方式等，专业内容相对简单，完全可以转变传统讲课模式，将课堂教学作为课程思政教学的主战场，要求学生课下进行专业知识自主学习。课堂教学中，通过货币资金内部控制案例研讨，在案例评价中贯穿“爱国、敬业、诚信、友善”的价值理念，提升大学生对会计工作的敬畏感。通过结算方式从传统到现代微信、支付宝等的变更，培养同学们家国情怀以及文化自信。现金盘点、银行存款清查业务讲授中，教育学生廉洁自律、清白做人、干净做事的职业道德和高尚情操。

应收款项与投资类金融资产教学中，可围绕商业信用、计提准备金（谨慎性、诚信、不设置秘密准备）来实施课程思政教学。资产减值准备的计提也体现了哲学中偶然与必然的对应统一关系

（为什么要提减值？账面价值能不能真实反映现实？从两项减值到八项减值到全面计提的思考，体现哲学中的现象与本质）。另外，可按照发展的观点来认知投资性金融资产分类的变更，按照会计系统要与国际和谐发展的原则来看待与国际金融资产等准则的趋同；按照物质运动的时间和空间性来确定金融工具的公允价值。

存货教学中，围绕存货确认与初始计量，通过虚开增值税发票等抵税凭证骗取国家税款的案例，培养大学生客观公正、诚实守信、爱岗敬业的会计职业道德。通过不同存货发出计价方法的选择，理解其不同计价方法产生的财务影响，理解会计政策选择的经济后果，提高专业水准，服务经济社会发展，培养将个人价值实现与国家发展相结合的责任意识。

固定资产、无形资产等长期资产，专业内容主要是长期资产的确认、计量和报告。思政教学要点包括资产计价、折旧计提、减值计量等会计计量要实事求是，符合经济业务的实际情况。借鉴马克思《资本论》中关于折旧的论述，宣扬马克思主义的理论精髓和科学观点，学会运用马克思主义的科学立场、方法解决现实问题。运用哲学观念中的时间观念，理解延期付款购置长期资产需要考虑货币时间价值；思考按照时间价值理念，如何处理长期资产预计净残值。通过自主研发无形资产的教学，深入理解“创新是引领发展的第一动力”的经典论断，讲解国家对企业自主科技研发的鼓励政策，激发学生勇于承担创新发展的历史使命与时代责任，勇于承担创新报国的爱国热情。运用会计空间和时间价值，思考不同区域、不同时点投资性房地产公允价值的获取；结合国家或区域性的房地产价格走势，引导大学生关注国家经济运行规律，关注国家经济生活中的大事，培养家国情怀。

负债包括流动负债与非流动负债两部分，主要内容包括应付职工薪酬、应交税费、长期借款、应付债券等。通过职工薪酬范围讲解、概念界定、历史沿革梳理，引导学生思考扩大职工薪酬核算范围的现实意义和经济后果，进而与国际财务报告准则相比较拓展国际视野。通过学生收集社会热议的偷逃税款案例，讨论工作实践中如何遵守社会主义核心价值观，树立法治观念，做自觉纳税、守法守纪的社会公民。通过让学生课外收集上市公司融资渠道，了解银行借款仍然是企业最常见的融资方式，理解直接融资与间接融资的差异，结合我国大力发展多层次资本市场，发展“注册制”的大胆实践，激发大学生坚持爱党、爱国、爱社会主义，进而深入理解习近平总书记在纪念五四运动100周年大会上所指出的“当代中国，爱国主义的本质就是坚持爱国和爱党、爱社会主义高度统一”这一重大论断，激发当代青年的爱国热情。

收入确认，从马克思主义哲学的角度讲，要反映认知和改造客观世界必须从物质运动的实际出发，反映会计真实性，处理经济业务的过程、要素要符合客观实际。从社会主义核心价值观的角度看，通过资本市场案例分享，总结收入确认在会计事项中的重要意义，培养大学生诚实守信、坚持准则、不做假账的会计职业道德操守。

财务报告依据会计等式编制，不仅反映了会计系统各构成要素相互联系的哲学观念，还体现会计要素之间的对立统一规律。以财务报告形式对外披露财务会计信息，体现的是事物由量变到质变的发展规律，公开财务会计信息也是对会计真实性的外部检验。

（二）高级财务会计课程思政教学举例

作为财务会计学科体系的重要组成部分，财务会计教学内容的拓展与延伸，高级财务会计课程思政教学元素的设计仍然要以习近平新时代中国特色社会主义思想为指导，结合财务会计学课程教学特点，坚持以马克思主义的科学立场、方法解决理论与实践问题，强化社会主义核心价值观在财务会计学课程思政教学中的引领作用，积极融入中华优秀传统文化思想，通过启发思考、案例分析、视野拓展等栏目将思政元素自然融入课程内容，以润物细无声的方式传递给学习者先进的思想引领与正确的价值追求，全面提高大学生缘事析理、明辨是非的能力，助力培养德智体美劳全面发展的高素质应用型财会专门人才。

具体到教学中，由于高级财务会计学课程具有很强的专业性特征，设计的思政元素都由专业知识点展开，将专业知识传授与思政育人有机结合。每个思政教学活动都包括专业知识导引、思考与研讨、总结分析、凝练提升等环节。课程思政教学中，可参考表 1 中的专业知识导引，针对相关知识点或案例，启发学生进行思考与研讨。

表 1　　高级财务会计中的思政元素及教学设计

序号	专业知识导引	思考与研讨	思政元素
1	记账本位币变更	1. 你认为记账本位币变更属于会计政策变更还是会计估计变更？ 2. 通过分析不同性质变更所产生的财务影响，你认为如何才能做到坚持准则，不做假账，诚实守信？	传统文化 职业道德
2	区分外币货币性项目与非货币性项目	1. 你认为外币货币性项目和外币非货币性项目会计处理的差异有哪些？ 2. 针对二者期末处理的差异，你认为会计人员如何才能提高服务技能，提供高质量会计信息，服务经济社会发展？	爱岗敬业 服务社会
3	外币报表折算	1. 你认为外币报表折算的核心问题是什么？ 2. 你认为我国选用现行汇率有哪些缺陷？	质疑理念 科学精神
4	借款费用的界定	1. 因借款而发生的折价或者溢价属于借款费用吗？ 2. 据此研讨，如何在会计工作中做到爱岗敬业，坚持准则，提高技能？	职业道德
5	借款费用披露	1. 讨论扩大借款费用资本化范围对企业经济活动有何影响？ 2. 谈一谈你是如何理解会计工作对社会经济文明进步承担的基础性保障与促进作用的？	经济发展 大国复兴

续表

序号	专业知识导引	思考与研讨	思政元素
6	股份支付的范围	1. 你认为不构成股份支付的常见情形有哪些？ 2. 它们与股份支付处理有何区别？	职业规范 专业精神
7	限制性股票的禁售期	1. 公司员工取得限制性股票后的禁售期具体有哪些规定？ 2. 为什么要对限制性股票规定禁售期？	诚信敬业 传统文化
8	股份支付公允价值计量	1. 权益结算与现金结算股份支付下公允价值确定的差异有哪些？ 2. 你认为如何才能提供高质量的公允价值信息？	职业道德 服务社会
9	或有事项概念	1. 你认为如何处理或有事项的不确定性？ 2. 谈一下如何在风险应对中弘扬会计精神？	风险意识 会计精神
10	或有事项披露	1. 或有事项的披露主要遵守何种会计信息质量要求？ 2. 需要充分披露的具体内容有哪些？	客观公正 诚实守信
11	划分货币性与非货币性金融资产	1. 哪些金融资产属于货币性金融资产？ 2. 哪些金融资产属于非货币性金融资产？ 3. 你认为二者业务处理的差异是什么？	专业精神 诚信敬业
12	权益性交易	1. 你认为权益性交易与损益性交易的区别是什么？ 2. 你了解到的权益性交易的具体业务有哪些？	职业能力
13	债务重组界定	1. 债务重组现行准则与以前规范的差异有哪些？ 2. 你认为债务重组变革的原因是什么？	科学精神
14	债务重组业务管理	1. 你了解我国债务重组准则的历史变迁吗？ 2. 通过债务重组准则的变迁，你对现行准则规范有何认知？	会计发展史 学史明理
15	所得税会计处理方法变迁	1. 你了解所得税会计核算有哪些方法吗？ 2. 谈一下资产负债表债务法相较于应付税款法的优势有哪些？	发展观 会计真理

续表

序号	专业知识导引	思考与研讨	思政元素
16	无形资产的计税基础	1. 你了解企业自主研发无形资产的税收优惠政策吗？ 2. 谈一下这些税收优惠政策对企业经营活动的影响有哪些？	创新发展 科技强国
17	递延所得税资产的确认	你认为无需支付的应付款项转入应纳税所得额后能否确认递延所得税资产？	服务社会 实践能力
18	所得税费用	1. 暂时性差异及其分别确认的资产与负债有何关系？ 2. 所得税费用的构成因素有哪些？	对立统一
19	追溯调整法	1. 你了解追溯调整法与未来适用法的不同吗？ 2. 谈一下你认为追溯调整不同会计报表有何差异？	专业水准 职业精神
20	会计估计变更	1. 你认为会计估计与会计政策变更有哪些差异？ 2. 你如何理解准确把握准则，提高职业素养，提供高质量会计信息的重要意义？	爱岗敬业 提高技能
21	会计差错	根据中国证监会作出的行政处罚书，分析案例公司的财务造假手段有哪些？	不做假账 诚实守信
22	会计信息披露	1. 你认为会计政策、估计变更与差错更正需要披露的信息有哪些？ 2. 会计信息充分信息披露的价值是什么？	现象与 本质
23	资产负债表日后事项的界定	1. 什么是资产负债表日后事项？ 2. 谈一下严格界定资产负债表日后事项涵盖期间有何重要意义？	坚持准则 诚实守信
24	企业合并的会计处理方法	1. 我国企业合并会计处理方法是什么？ 2. 我国企业合并会计处理方法的选用与其他国家或国际组织有哪些差异？	国际视野 话语权 制度自信

续表

序号	专业知识导引	思考与研讨	思政元素
25	长期股权投资	1. 非同一控制下一次交易实现合并和多次交易分步实现控股合并时，长期股权投资的计量原则是否相同？ 2. 这种会计处理的理论依据是什么？	质疑理念 科学精神
26	合并理论	1. 我国合并财务报表所依据合并理论经历了哪些变迁？ 2. 这种变迁的原因是什么？	原因与结果
27	控制的内涵	如何理解控制概念中的“可变回报”？	他山之石

五、推进财务会计课程思政教学需解决的问题

（一）教师教育教学理念提升

习近平总书记提出，“高校教师要坚持教育者先受教育，努力成为先进思想文化的传播者、党执政的坚定支持者，更好担起学生健康成长指导者和引路人的责任”。进行会计思政教学首先要求专业教师树立思政教学理念。会计教育理念是会计教育工作者在会计教育过程中所应传授的理性认识及观念体系（栾甫贵，2013）。思政教学理念应是会计教育理念的重要组成。需要专业教师通过阅读马列主义经典文献，学习中华传统优秀文化，弘扬社会主义核心价值观，不断培养自身的思政教学观。另外，还需要在教学中坚持运用解惑、质疑等教育教学理念。课程思政教学需要教师引导学生去思考，探究会计业务处理背后的理论渊源、制度沿袭与哲学观念，让学生在解惑中树立正确的世界观、人生观、价值观和方法论，培养哲学素养，胸怀大志，追求会计真理。

（二）教育教学方式改变

从财务会计课程教学实践看，案例教学、研讨式教学是实施课程思政教学的有效方法。必须彻底改变传统说教式的以教师教学为

主的课堂教学方式，真正激发学生参与教学的热情，将教学转变为以学生学习为中心。让学生通过课堂讨论、头脑风暴，从哲学高度理解专业知识，拓展提升认识客观世界的视野和高度。课程思政教学的实施，对教学规模的要求尽可能要做到“小班化”教学，分组进行讨论，在研讨中提升教学效果。实施线上线下相结合的教学方式，充分运用新媒体技术，发挥大学生对信息技术及网络资源的占有优势，激发学生学习兴趣，推动思政教学与现代信息技术深度融合，增强课堂教学的时代感和感召力，真正让大学生回归课堂。

（三）自主学习能力培养

课堂教学中增加思政内容，研讨式教学的推广使用，必将增加课堂教学工作量。财务会计课程主要讲解会计准则体系，要体现专业性与应用性，还要紧跟会计改革的时代步伐。随着我国经济社会发展，新的经济生态逐步形成，金融创新不断出现，新业务新项目不断涌现，加上与国际财务报告准则趋同的要求，会计准则体系不断更新，导致财务会计课堂教学内容变化较快，必须培养学生自主学习能力。从会计专业大学生入学教育起，就要学生摈弃“等、靠、要”的被动学习模式，养成充分利用网络资源、主动收集专业素材、紧密联系资本市场等自主学习专业知识习惯。财务会计课堂教学之初，就要强调课堂外“非正式”学习的重要意义及具体要求，提供专业学习素材及资源，要求学生在课堂教学外即将专业知识的主体内容自主学习完成，课堂教学则是专业理论探讨与展开思政教学的场所。

（四）教师评价制度改革

课程思政的实施，需要转变教学理念，重构教学内容，选择会计案例，精心设计课堂教学，这些都需要任课教师在传统课堂教学基础上付出更多努力。教师在很大程度上决定教学改革的成败。而现行职称评定、评优评先等评价体系，“重科研、轻教学”现象非常突出，很多教师把论文、科研项目作为主业，教学成了敷衍了事的附属品，教学积极性普遍不高。必须优化教师评价体系，提升教学工作地位。要真正落实职称分类评价制度，探讨教学为主类别教师评价的具体细则。尝试建立基于大数据的课堂评价网络系统，根据互联网平台记录的任课教师上课状态，如课堂教学方法、教学效果、师生互动等数据，最终期末汇总教学评价数据，避免出现学生和评教专家打分中的个人主观成分，客观反映教学效果。对于专注于教学，专注教育科学研究，探讨教学改革的教师开通职称评定绿色通道，激发教师教学工作积极性。

参考文献：

王军，2007. 会当学哲学　一览明方向——让会计在哲学的意境中升华［J］. 会计研究（12）：3－14.

于玉林，2014. 会计人会计观：现代会计哲学［M］. 北京：经济科学出版社.

栾甫贵，2013. 论会计制度的哲学基础［J］. 北京工业大学学报（社会科学版）（12）：50－54.

章雁，2020. 关于本科“中级财务会计”实施课程思政教学的思考［J］. 商业会计（7）：103－105.

唐衍军，蒋尧明，2021. 跨界教育理念下的新文科会计人才培养［J］. 财会通讯（11）：161－164.

周谦，赵娟，2021. “课程思政”视阈下财务管理学课程教学改革探索［J］. 财会通讯（11）：165－168.

孟旭琼，汤志华，2021. 改革开放以来课程思政教育理念的历史演进［J］. 河南师范大学学报（哲学社会科学版）（03）：151－156.

许小军，2021. 高校课程思政的内涵与元素探讨［J］. 江苏高教（03）：101－104.

韩宪洲，2021. 全面推进课程思政建设的逻辑进路探析［J］. 中国高等教育（06）：31－33.

何玉海，于志新，2021. 新时代推进高校“课程思政”建设的四个维度［J］. 思想理论教育导刊（02）：132－136.

应用型本科会计创新人才培养研究*

创新是引领经济社会发展的第一动力，高等院校在创新人才培养上责任重大。会计专业大学生数量庞大，而会计人才的创新能力培养不容乐观。由于会计教学强调要严格遵守法规体系和会计准则，注重学习专业知识、训练操作技能，造成会计专业大学生往往过于严谨，创新能力较差，不能满足社会对经管类创新人才的需求。应用型本科院校最缺乏的是创新能力培养，培养适应经济社会发展的创新型人才是摆在学校发展面前的重要课题。会计人才创新能力具有特定内涵，构建包括会计人才创新能力在内的会计人才质量评价体系，围绕“教师—学生—学校”三方主体，提出培养会计大学生创新能力的应对策略。

一、引言

（一）研究背景与意义

2015 年 12 月 4 日，教育部网站刊登的《高等教育第三方评估报告》显示，我国高等教育规模在实现跨越式发展后持续增长，2014 年在校生规模达到 3559 万人，居世界第一位，高等院校数量为 2824 所，居世界第二，高等院校毛入学率达到 37.5%，提前完成了《教育规划纲要》预定 36% 的阶段目标。报告同时披露，高

* 本文系河南省教育科学“十三五”规划一般课题——《应用型本科会计人才培养模式创新——基于毕业生与用人单位跟踪调查的统计研究》的阶段性研究成果。

等院校毕业生占当年新增城镇人口的比例为61.62%，已成为促进经济社会发展的重要生力军。而报告同时也指出，我国高等教育还存在高校教师教学方法传统、学生内在学习驱动力不足、创新创业教育还缺乏长效机制等六个方面的问题。

我国高等教育取得巨大成就是不争的事实，但也应当清醒看到，在高等教育实现规模扩张的同时，高等教育质量并不令人满意，尤其在创新人才培养上缺乏持续动力支撑。在当前“大众创业、万众创新”成为中国的国家战略背景下，需要推动以强化学生创新能力为主线的教育综合改革，从制度建设、师资队伍、机制保障等方面深化人才培养模式改革，把创新创业教育贯穿于人才培养的各个环节。

创新是人类社会发展的本质特征，一切推动社会发展的因素在本质上都推动了社会的创新从而推动了社会的发展。知识经济时代，创新能力往往决定一个国家和民族的综合实力和竞争力，没有创新能力的人是无法在创新时代有所作为的，没有创新的国家和民族难以自强、自立，难以稳固发展。党的十六大报告提出了“创新是一个民族进步的灵魂，是一个国家兴旺发达的不竭动力，也是一个政党永葆生机的源泉”的经典论断，党的十七大报告也提出“实践永无止境，创新永无止境”。党的十八大报告进一步提出：“实践发展永无止境，认识真理永无止境，理论创新永无止境。”党的十九大报告更是将创新作为引领发展的第一动力，是建设现代化经济体系的战略支撑。

人才是强国之本，是我国经济社会发展的第一资源，人才资源的质量决定一个国家的未来。高校承担着人才培养、科学研究、社会服务、文化建设等重大任务，高校的根本任务是提高质量，特别是人才培养质量。1998年我国颁布的《高等教育法》明确指出：“高等教育的任务是培养具有创新精神和实践能力的高级专门人才。”

2010年发布的《国家中长期人才发展规划纲要（2010－2020年）》指出，当前我国高层次创新型人才匮乏，人才创新创业能力不强。应创新人才培养模式，突出创新精神和创新能力培养，大幅度提升各类人才的整体素质。探索并推行创新型教育方式方法，突出培养学生的科学精神、创造性思维和创新能力。《国家中长期教育改革和发展规划纲要（2010－2020年）》阐述了培养高层次创新人才的紧迫性和重要性，对创新型人才培养提出了明确的要求，要着力提高学生的学习能力、实践能力、创新能力。2016年1月15日，全国教育工作会议强调，按照“五位一体”总体布局和“四个全面”战略布局，牢固树立和贯彻落实创新、协调、绿色、开放、共享的发展理念，对于我国高等教育创新人才培养提供了新内涵。会计人才属于重要的管理人才，是我国人才资源不可或缺的重要组成部分。截至2015年年底，全国会计从业持证人员达到了2050万人（财政部会计资格评价中心），占我国人才资源总量的近10%，他们广泛服务于政府部门、企事业单位、会计师事务所、大专院校及其他各类组织，成为从会计大国迈向会计强国的有力智力支撑。《会计行业中长期人才发展规划（2010－2020年）》提出，到2020年，我国会计人才发展的战略目标是：培养和造就一支规模宏大、结构优化、素质较高、富于创新、乐于奉献的会计人才队伍，确立我国会计人才竞争优势，为经济社会发展奠定会计人才基础。

我国高校培养会计人才数量庞大，据统计，截至2012年，全国有586家高等院校设有会计专业，每年毕业的会计专业学生超过50万人①。而会计人才培养过程中，“重教有余、重学不足；灌输

① 2017年的统计表明，全国普通高校2595所，其中本科专业92个，设有会计学专业、财务管理和审计专业的高校分别为639、703和180所。全国会计学二级学科硕士点高校164所，开展MPAcc教育的单位199所，设有会计学二级学科博士点高校57所。2015年年末，我国已有会计从业持证人员2050万人。2017年年末，中国注册会计师执业会员105570人，非执业会员131633人，会计师事务所7523家。

有余、启发不足；复制有余、创新不足”，严重影响了学生的思维活力，压抑了学生的创新精神（刘永泽和孙光国，2004）。近年来，《中共中央关于制定国民经济和社会发展第十三个五年规划的建议》提出了“创新发展、协调发展、绿色发展、开放发展、共享发展”五大发展新理念，其不仅对“十三五”时期我国经济社会的发展具有纲领性的指导意义，而且为推动我国深化会计改革提供了科学的方法论，为我国会计界（包括会计教育界）指明了改革的路径和方向。这就需要会计教育界围绕创新型人才培养进行综合改革，构建“学校—教师—学生”三位一体创新型人才培养模式，对于培养适应时代要求，具有开拓创新精神的新型会计人才具有积极意义。

河南牧业经济学院前身是普通大专层次，主要强调实践专业技能的培养，升格后变为应用型本科，实践操作仍是学校的传统优势，而最缺乏的是创新能力的培养，培养适应经济社会发展的创新型人才是摆在学校发展面前的重要课题。而创新是学科发展的重要动力，是跻身同类财经院校前列的重要砝码。采用问卷调查、实验研究、逻辑推导等方法深入研究应用型本科创新人才培养模式，对于会计学院以及学校调整办学思路进行创新性教育，教师提升教学理念进行创新性教学，学生改变学习方法进行创新性学习，最终培养创新型人才具有重要的理论与实践价值。

（二）会计创新人才培养文献综述

何为创造性？创造性的实质界定为：根据一定目的，运用一切已知的信息，产生出某种新颖、独特、有社会意义或个人价值的产品的智力品质（林崇德，2010）。创造性人才可视为创造性思维加创造性人格。要培养和造就创造性人才，不仅要重视培养创造性思维，而且要特别关注创造性人格的训练；不能简单地将创造性视为天赋，更重要的是要将其看作是后天培养的结果；不要把创造性的教育限于智育，而是德、智、体、美、劳诸育的整体任务。

国际高等商学院协会（AACSB）认为商科教育（包括会计学）应该努力实现十个目标：有效的沟通能力、商业伦理、商学通识、批判性思维、有效的决策能力、解决问题的能力、整合不同商学专业知识的能力、全球性思维、团队能力、专业能力。其中，就重要性而言，应具备的专业能力列在最后，批判性思维能力的培养最为重要，而批判性思维是创造性思维的重要内容。

林志军、熊筱燕、刘明（2004）通过问卷调查，考察了中国会计从业人员、会计专业的教师和学生对会计教育中应注重的知识、技能和教学方法及其重要性或有效性的认识。会计从业人员应具备的最重要的十种技能就包括分析性（批判性思维）能力。同时，他们针对会计培训调查的结论是，信息分析、公司实习和案例分析被认为是在中国现有经济环境下培训专业会计人才的最有效方法。而书面作业和角色扮演被认为是最不重要的教学方法。在会计教育中，中国会计专业的教师和学生对于分析性（批判性思维）、决策能力、写作和交流能力的重要性的认识缺乏统一性，这可能是导致中国会计教育不能培养创新型人才的重要原因。

刘永泽和孙光国（2004）撰文指出，我国传统教育观念存在的“重教有余、重学不足；灌输有余、启发不足；复制有余、创新不足”问题，严重影响了学生的思维活力，压抑了学生的创新精神。高等院校培养出来的经管类非会计专业大学毕业生与用人单位需求存在一定差距，创新能力较差成为普遍问题（王艳，2016）。

当今中国高校，“应试教育”仍然大行其道，重成绩轻能力现象依旧突出。成绩仍然是学生孜孜追求的目标。而在追求成绩的过程中，很容易培养出学生的“背书能力”“做题能力”，而不是创新能力、解决实际问题的能力（张多蕾等，2019）。

如何培养会计专业大学生的创新能力？

杨政、殷俊明、宋雅琴（2012）通过对会计教育利益相关者（会计师、会计学生和会计教师）进行结构化访谈和问卷调查，研究不同利益相关者在会计专业毕业生能力项目和会计教学方法两个方面的期望认知。提出本科会计专业的教学应强调职业综合能力与素质的训练，尤其是其未来职业成长所需核心能力和基本素质的训练，而不仅是单一的具体职业技能的培训。大学会计教育应强调对终身学习所需的技能和能力的培养，强调让学生学会学习、学会思考及富有创造性。在专业教育中嵌入通用能力教育和职业道德教育。教学方法要更具多元化，使用研讨、模拟、书面作业、案例分析等多种形式，缩小人才培养目标与社会职业能力需求之间的缺口；进一步加强国际交流，引进先进的会计教育教学方法。

孟雪、林艺茹（2012）以中央财经大学会计学院为例，从人才分层培养方案的设计、学科建设与教学模式的改革、第二课堂学术竞技平台的搭建、实践基地的建设、学生成长助推体系的建立五个方面，探讨会计学专业应用型本科创新人才培养问题。

何玉润、李晓慧（2013）通过对美国东海岸十所著名高校会计学专业的实地调研，对比了中美两国高校在会计专业人才培养模式方面的突出差异，反思在中美两国大学同样崇尚通识教育的情境下，国内高校的通识教育只能培养出高分数的学生却很少能培养出高能力的学生等问题。他们指出在人才培养目标上，美国高校强调人才的通用性而非专业性，注重通识教育，会计专业核心课程都是人文与科学的基础课程，教育的重点是培养学生的独立思考、判断与沟通能力，培养学生对标准答案的批判性思维。而国内高校千篇一律都把培养复合型高级会计人才作为培养目标，会计专业课程都作为核心课程，对于通识教育在塑造人才能力方面缺乏重视，标准化的教学和考试方式压制了学生的创新精神。

栾甫贵（2013）对会计教育理念进行了系统梳理和深入挖掘。其首先从会计的经济性质、管理性质、文化性质、信号性质、哲学性质等论证入手，探讨了会计教育的含义，梳理了人们对会计教育理念关注的内容，提出了会计教育理念的概念及其内涵、外延，构建了会计教育理念的内容框架，分析了现行会计教育理念中的问题、误区及对策。解惑教育是解决“为什么”的重要途径，善于解惑将大大激发学生的求知欲、增强其创新意识和创造能力。建立质疑理念有助于激发学生的学习兴趣、提高其成就感和创新能力。

杜永红（2012）把我国大学生创新能力差的原因归结为：培养目标定位不明确、教学方式单一、课程体系不合理、科研氛围不浓、学生缺少创新机会等，提出应用型本科院校应准确定位，建立完善的应用型本科创新人才的培育体系，加强“双师型”教师队伍的建设，“产学研”紧密结合，倡导学生开展第二课堂，参与科研，开展科技竞赛，在校园内营造科技创新氛围，加强学生社会实践，从而实现培养学生创新意识和实践能力的目的。

敬采云（2012）认为高校会计创新人才的培养需要从模式和实现路径方面加强研究和应对。其在比较了六类会计人才培养模式后，提出会计创新人才的“工”型培养模式，提出构建具有特色的会计创新人才培养模式（“四教”“双师”“双课堂”和“两创”）、构建会计创新人才培养机制（选才机制、培养机制、对应机制）、对基础课程的教学进行改革等具体实现路径。

古淑萍（2008）从专业设置、教育方式、教材内容等方面分析了高校传统会计教学模式的弊端，从创新培养目标、创新课程设置、创新教育手段三方面来改革创新型会计人才的培养模式。王民治、李娟（2010）提出培养创新人才是教育上的薄弱环节，从未来教育发展和社会发展的需要来看，高校必须高度重视创新人才的培养，把培养创新人才纳入未来教育改革发展的重大战略目标。在分析会计专业人才培养方面的缺陷基础上，结合教学对会计创新人才培养进行了重新定位，并探讨了会计创新人才培养的途径。

李芸达等（2015）通过构建不同层次职业教育会计技能要求的框架，提出会计创新能力的培养要基于对会计专业知识的熟练掌握，再通过分阶段实施的会计实践教学，拥有扎实的会计技能为基础和前提。

付艳（2018）以转型背景下会计专业强化学生创新能力培养的必要性入手，分析现行高校会计专业创新能力培养的问题，提出树立创新意识、准确把握创新内涵、将专业教育与创新教育整合、提升教师创新意识等举措来培养具有创新能力的会计人才。

孙平等（2015）则从会计人才培养的创新型目标出发，剖析创新型会计人才特点，构建了创新观启蒙、创新能力团队提升、创新能力个性化提升等六个阶段创新型会计人才培养路径。高校必须设置适应创新人才培养的课程体系、构建实践性创新活动来培养会计专业大学生创新能力（程安林，2012）。另外，学科竞赛也是培养大学生创新能力的重要途径，与大学生创新能力培养密切相关（李国锋等，2013）。

就目前会计创新型人才培养研究文献看，首先，所提出的问题重复率高，如会计人才培养目标的设定问题、师资质量问题，一方面说明所提问题比较严重，另一方面也反映出研究成果的实践价值较低，研究改革的效果不好，缺乏可行性。其次，研究方法主要采用的是规范分析，调查研究、实证研究以及实验研究的文献较少。由于不同学者出于不同的职业判断，针对相同问题提出的对策和建议也各不相同，这也影响了研究结论及时转化为改革对策的可行性。最后，研究成果具体适用性需要改进。目前我国高校分为研究型大学、研究教学型大学、教学研究型大学和教学型大学四种基本类型，各个院校会计人才培养模式需要按照自身实际情况走特色发展之路，以适应地方经济社会发展对个性化高级应用型人才的需求。会计创新人才的培养应考虑教育主体及所在地域的实际情况。

本项目在研究中，对创新型人才的培养模式和路径进行逻辑推理，紧密联系应用型本科会计学专业实际情况，考虑中原经济区建设的实际需求，采用规范研究、调查研究等方法，以提高研究成果的实用性，切实服务教育教学改革的实际需要。

二、会计人才质量评价——基于文献综述与实地调研的调查分析

（一）不同历史阶段会计人才需求——基于文献综述视角

一定历史阶段的会计环境制约着人们的会计思想认识水平，又进一步制约会计组织、会计法制、会计理论建设水平及其会计方法技术、会计工作水平（郭道扬，1992）。会计是应用型学科，会计人才的培养要根据社会经济发展需求来决定培养人才的标准，要密切联系社会需要。而社会究竟需要什么样的会计人才？

20 世纪 70 年代末至 80 年代，党的十一届三中全会召开，拉开了我国改革开放的序幕，随着工作重心转移到经济建设上，急需包括会计人才在内的各类人才，而由于十年动乱期间，会计专业教育和会计人员培训工作基本中断，造成会计队伍素质下降和青黄不接（杨纪琬、余秉坚，1987），大量未经过专业教育的会计人员充实到财会机构中，远不能适应工作需要。会计人员普遍存在知识结构偏窄、学历水平偏低、素质参差不齐、上岗和职务任免缺乏必要监督制约等问题（刘玉廷，2008）。据 1983 年统计，会计人员中受过大学本科和大学专科专业教育的不到 3%，受过中等专业教育的不到 13%，加上受过短期专业训练的共计不到 50%，未受过任何专业训练的约占一半。

这个阶段，会计人才处于严重供不应求状况，尤其是接受过高等教育的会计人才奇缺。会计学历的含金量最高，拥有较高学历是会计就业的重要砝码。用人单位主要强调毕业生的会计专业知识，能够处理基本账务处理工作，能力与素质要求不高。

20 世纪 90 年代，经过 10 多年改革开放，引进外资、搞活经

济成绩显著，促进了经济发展和社会财富增加。现代企业制度的建立，经济进入快速发展时期。各地组建企业集团、经营权与所有权分离、多元化投资主体等现象不断出现，对国营企业一统天下的局面产生了强烈冲击，迫切需要改革传统只适用于国营企业的会计制度。尤其是“两则”“两制”发布，标志着我国会计由计划经济模式向市场经济模式转换，实现了我国会计与国际会计惯例的初步协调（郭道扬，2008）。1993 年《注册会计师法》发布，恢复注册会计师制度，为注册会计师行业发展奠定了基础。

截至 1993 年年底，在国有单位及县以上集体单位的会计人员中，具有大专以上文化程度的已达会计人员总数的 18.28%，至 1995 年统计，该类企业中具有中专以上学历的会计人员达到 60%。针对用人单位对会计人才的需求，秦玉熙（1996）的调查表明，用人单位除对毕业生会计专业知识要求外，还看重毕业生税收、金融、管理学、法律知识等。会计专业毕业生应具备的工作能力排序依次是实际操作能力、协调能力、创造能力、组织能力、交际能力和善辩能力。荆新、王建英（1998）就用人单位对会计专业毕业生能力需求和现状的调查也表明，用人单位在招聘中最看中的会计专业毕业生的能力是会计操作能力和工作经历，其次才是所学专业、判断应变、电脑操作、组织管理、语言文字表达、外语、人际沟通等。

这一阶段，具备会计实务操作能力成为用人单位招聘毕业生的首选，具备税收、企业管理、语言表述等相关专业能力也受到用人单位的关注，电脑操作能力开始受到用人单位的青睐。沟通协调、组织管理、灵活应变等职业素养也开始受到用人单位的关注。

进入 21 世纪，教育部于 2004 年在全国范围内进行的问卷调查表明，分析问题与解决实际问题的能力是会计类专业学生最应加强的。会计专业大学生已经具备一定的财经专业知识，而实际应用与综合实践能力较弱（张俊瑞，2005）。财务报表分析能力、资本运营能力都是会计人员需要提高的业务能力（王发仁等，2008）。

2018 年，我国会计人员达到 2000 万，实现从精英教育向大众教育的转变，建立了符合国情的会计考试评价制度，通过初、中、高级资格考试的人数达到 722 万（张多蕾等，2019）。而会计职能已由传统会计核算向资本运营、价值管理、风险控制等转型（王军，2011），迫切需要掌握现代企业经营管理、信息技术等专业技能的复合型会计人才，而不仅仅是要求具备微观的会计核算与业务处理能力。对会计职业能力和综合素质提出了更高要求。

目前对社会需求会计人员能力和素质的调查，主要采用问卷调查方式，优点是省时省力、结果易量化、便于统计分析，但存在问卷设计简短、调查结果不深入、回收率不高、调查质量难以有效控制和保障等不足。深入用人单位进行实地访谈，通过与用人单位相关人员面对面接触，通过有目的的谈话，可以更可靠地获取第一手资料。尤其是根据事先设计好的访谈主题问题进行访谈，能有效控制调查过程，提高调查结果的可靠程度。

（二）会计人才质量评价——基于实地调研视角

从 2012 年以来，会计学院坚持对毕业生和用人单位进行实地调研，这为本研究提供了第一手的分析数据。2018 年 4 月，按照 2017 年年底的工作布置，“以社会需求为导向”，会计学院辅导员带领部分学生干部，深入 43 家用人单位进行实地调研，客观听取用人单位对会计专业大学生的综合评价和客观需求。实地调研单位包括工程建设、银行保险、教育培训、汽车销售、金融投资、会计师事务所等行业，具有一定行业代表性。访谈对象均为财务部门负责人。

从单位性质看（见图 1），调研单位中有 29 家（占比 67.44%）属于私营、民营企业，其他均为金融单位、会计师事务所、国有企业、行政事业单位，企业性质具有代表性。

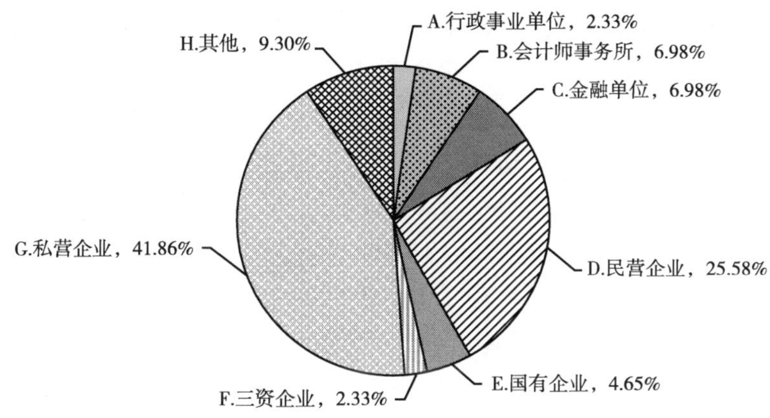

图1　调研单位的性质

用人单位招聘会计人才重在解决实际财务问题，调查表明（见图2），用人单位负责人在阅读会计专业毕业生简历时，最关注毕业生的“专业知识”和“社会实践经历”，分别占受访单位的81.4%和76.74%。可以看出，毕业生在求职应聘时所具备的专业和实践能力显得尤为重要。会计专业知识的掌握程度以及会计工作实践经历是能否干好具体会计工作的“硬核”，用人单位对于没有

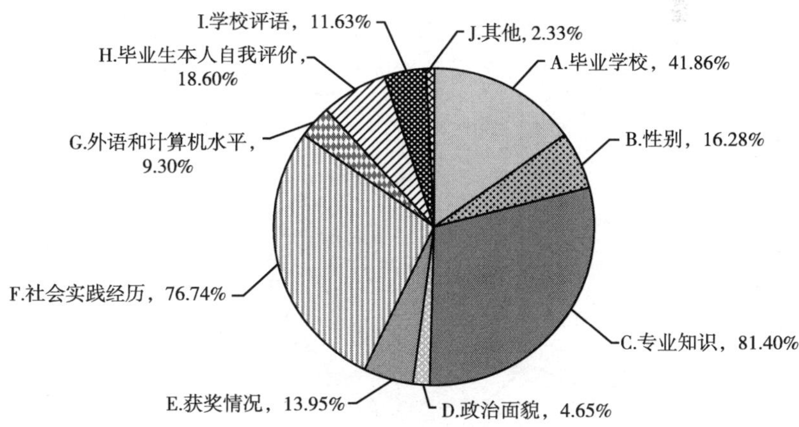

图2　用人单位对毕业生就业简历的关注

深入了解的大学毕业生，在翻阅简历时必然注重专业技能。这提醒大学会计教育，一方面要以专业知识的传授为基础，鼓励学生提升自主学习能力，拓展专业视野，不能局限于“会计”知识本身，而应与税收、法律、评估、决策等知识密切联系，夯实专业知识的根基，另一方面要利用学校内外的实践基地，从事实践锻炼，了解企业生产业务流程，将所学专业知识与企业生产实践密切联系，尽可能有社会实践经历，为更好就业打下基础。

用人单位在招聘时所注重较多的方面为（见图3）：“表达能力”占67.44%、“专业水平”占60.47%、“道德品质”占58.14%、“精神面貌”占44.19%。可见，随着现代社会交往的日益频繁和深入，会计专业毕业生就业时除毕业生自身的专业能力和道德品质要求外，作为一项外显性素质，良好的语言表达能力成为大学生求职面试的敲门砖。招聘毕业生时往往可以和毕业生进行接触，这就比简单看简历能了解毕业生的更多信息。毕业生的待人接物、言行举止、精神面貌都可以体现出其内在的修养。尤其是通过与毕业生的实际交谈，可以发现其考虑问题的思路是否清晰，处理问题的方法是否妥当，实质上考查的是毕业生的综合素质。因此，会计专业人才培养的重点除了专业能力，更应关注综合素质的培养，通过塑造有利于学生成长成才的校园环境，培养良好的职业道德素质和积极乐观向上的精神面貌。

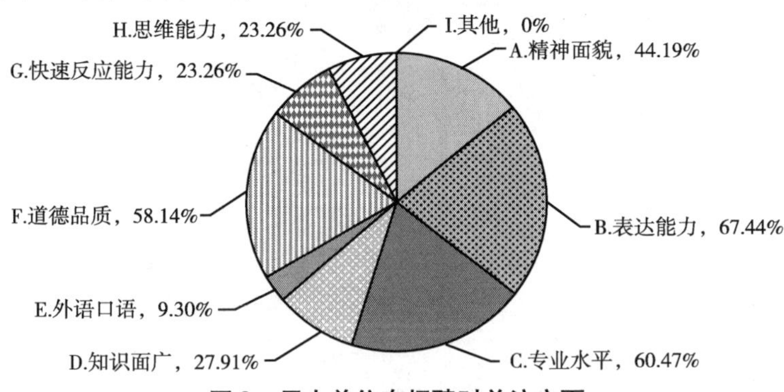

图3　用人单位在招聘时关注方面

会计学人才培养方案在制定时会强调人才培养的特色，强调会计学与审计学、财务管理、资产评估等相关财经类专业的培养差异，而在实践中，用人单位在招聘会计专业毕业生时是否注重专业方向对口？在该项调查中，“强调专业对口”的用人单位占受访总数的51.16%，“不强调专业对口”的用人单位占46.51%。可以看到，用人单位在招聘时对专业的要求并无固定的要求和限制，而是要结合单位整体用人规划、岗位需要、应聘毕业生素质等方面综合考量。因此，人才培养方案除了强调专业方向特色，更应该扩大学生相关专业视野，开阔眼界，增长见识。尤其是在会计专业大学生人数众多的情况下，为毕业生“广开门路”可能是更明智的选择。

站在需求方视角，用人单位对于高校会计人才培养所关注的方面非常值得高校在人才培养中借鉴。调查结果显示（见图4），用人单位对学校在知识与技能培养方面应注重的问题按选择比例高低排列依次为：实践能力、专业技能、专业知识、创新能力、基本知识。用人单位除对毕业生在道德品质和人文精神等内隐性素质方面有较高要求外，对实际工作层面的要求也更加务实，特别是针对会计专业，要求毕业生具备良好的实践能力和操作技能。

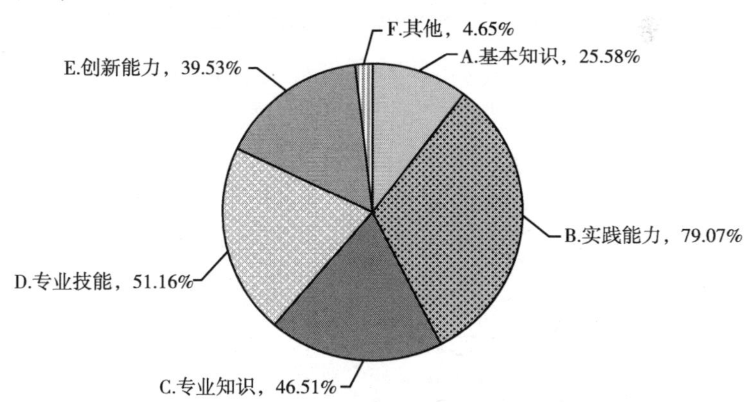

图4　用人单位关注的知识与技能的培养

上述调查发现，会计人才的培养不仅应关注知识与能力，更应当关注大学生综合素质培养，而用人单位具体关注的具体素质有哪些？调查结果显示（见图5），用人单位对学校在学生素质培养方面应注重的问题按选择比例高低排列依次为：团队协作、道德品质、敬业精神、心理素质、组织管理能力、人际关系。其中，前四项素质所占比重基本相当，可见用人单位对毕业生道德、人文、心理等内在综合素质方面的要求更加趋于明显。

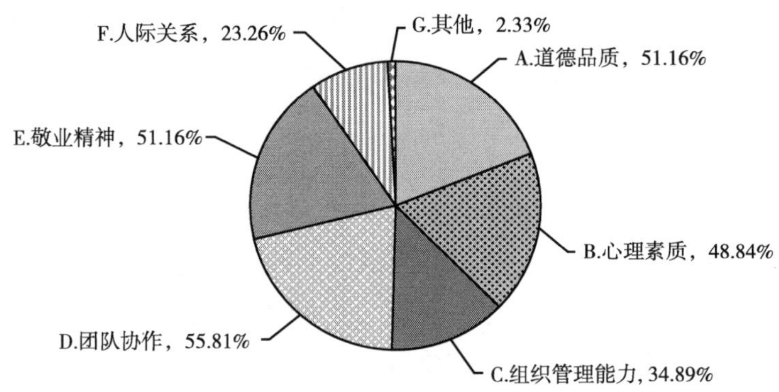

图5　用人单位关注的具体素质

基于对用人单位进行的实地调研，可以发现，由于会计学科的应用性，会计专业知识和实践操作能力仍是用人单位比较关注的内容，而语言表达、团队协作、心理素质、道德品质、精神面貌等“软实力”也开始受到用人单位的重视，大学生综合人文素质的培养不能忽视。会计专业要求并非完全“对口”说明会计人才培养时更要注重知识面的拓展，而非仅限于本学科知识的教授。会计人才的创新具有特定内涵，用人单位也开始关注会计专业大学生的创新能力培养，需要在人才培养中给予重视。

三、会计人才能力框架体系的构建

梳理会计人才培养的现有文献，结合本次对毕业生和用人单位的实地调研，新时代会计人才培养具有了新内涵，从业务核算到分析处理问题的能力，再到复合型人才的培养，最后到提出综合素质的要求，会计人才培养模式必须结合时代背景，紧扣经济社会发展的需求对会计人才培养进行模式创新。而创新的关键应当突出强调“胜任能力”① 培养。胜任能力是以五种能力的培养为核心，其间又灌输了各种专业素质的职业养成，最终旨在培养提升会计大学生的综合素质（见图6）。

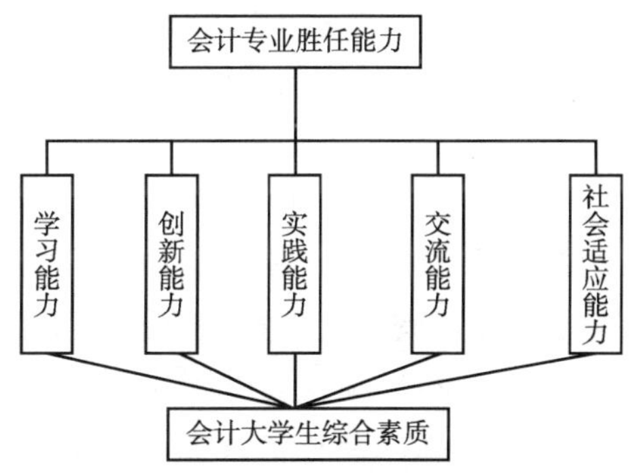

图6　会计人才能力框架体系

其中，学习能力指个体运用科学的学习方法，独立地获取、加工和利用信息，并能够分析、解决实际问题的能力。关于学习能力的具体内容存在不同看法。有学者将学习能力分解为学习专注力、学习成熟感、自信心、思维灵活度、独立性和反思力六大指标；也有学者将学习能力的核心内容概括为注意力、观察力、记忆力、理解力、语言表达、操作与运算等能力。可以看出，学习能力包括了

① 胜任能力不仅包括各种专业能力，还包括职业素质及其他综合素质。有人认为专科教育的任务是培养能力，本科教育的任务是提升素质。本研究认为，二者并未存在明显的区别，能力提升与素质培养二者相辅相成，不可能说大学教育只培养能力而没有注重素质培育，也不可能存在只培养综合素质而没有培养专业能力的“空洞”式说教式教育，因为能力提升本身也是综合素质的重要内容。因此，本部分仍用“胜任能力”，包括了专业能力及各种综合素质。

从获取与掌握信息，直至最后运用获取的信息来解决问题的各种能力。作为大学生，提高课堂学习效果是提高学习能力的有效手段。如课堂上积极主动地听课，有效的预习和复习等对提高学习能力不无裨益。而仅仅依靠课堂学习培养学习能力还存在一定弊端，如尽管有的同学课堂学习效率不高，而对实务工作非常有兴趣，实践业务完成效果很好。因此，教学中要注重充分利用课堂内外不同教学资源，尤其是发挥课堂外非正式学习的作用。

创新能力，简单地说，就是发明创造的能力。具体指个体运用所学知识，创造出新的理论、新的发明的能力。一个企业的核心竞争力是以创新能力为核心的，人才最可贵的特征即是创新能力。不同于其他学科的创造发明，会计学科的创新能力主要表现在灵活运用专业知识，分析解决新问题，参与决策管理的能力；不断学习新知识，掌握数据处理新技术，适应社会和环境发展的能力。创新能力培养对于应用型本科院校的学生来说，理论上创新相对较难，而通过各种创新活动，参与各种学术及实践交流，积极思考，进行头脑风暴，激发出对会计专业知识的兴趣，而进行研讨式教学、带领学生参加论文写作、课题申报等工作是培养创新能力的重要渠道。

实践能力指运用所学理论知识处理实际问题的能力。传统认为培养实践能力是中等、高等职业院校的特色，培养精英的本科教育不需要培养实践能力。而随着高等院校招生扩招、各层次高校就业面临的实际情况，打破了人们对高等教育的预期，本科教育中的大多数毕业生都需要具备实践能力，尤其是会计这样应用性非常强的学科。工作实践中，即使你已经取得博士学位，如果没有实践能力，对一些理论的理解也存在认知障碍。人的实践能力发展程度快慢不同，大学阶段是实践能力成长的关键时期。而在培养实践能力时不能仅强调实践操作技能本身，更应当通过实践技能的培养回归理论，加深对理论的认知，改变学生的思维方式，形成分析解决问题的思维方式。

交流能力指个体在事实、情感、价值取向和意见观点等方面采用有效且适当的方法与对方进行沟通的本领。交流能力时刻都影响个体或者组织的发展，很多问题的产生都是由于沟通不利所导致，拥有良好的交流沟通能力是成功人士的必备技能。交流能力的培养具有差异性，应因人而异。尤其是要摈弃仅开设提高交流能力的专门课程即认为可以提高交流能力了，实际上，仅通过课堂学习交流沟通的技巧，而不去实践，只能是纸上谈兵。因此，要从专业课堂出发，课堂注重发挥学生学习的积极主动性，多让学生参与到教学工作中。不仅是对沟通交流能力的培养，而且与会计工作相结合，更有利于学生毕业后尽快适应新的工作环境。

有人将大学校园比喻为象牙塔，意即大学是一个脱离现实生活的充满主观幻想的文学家和艺术家的小天地，一个梦幻境界。一般来说，大学生在大学中并没有真正踏入社会，所以各种思想、感情、人际关系都比较简单、纯洁。而即将步入社会，就必须提升社会适应能力，在心理上、行为上进行各种适应性改变，以能够在社会中更好生存，与社会达到和谐状态，融入社会，成为社会一员。社会适应能力的内容具有广泛内涵，不仅包括个人生活处理能力、基本劳动能力等的基本社会生存能力，还包括选择并从事某种职业的能力、与社会成员交流的能力、道德约束能力等促进个体发展的能力。对应会计工作而言，社会适应能力的培养，不仅是要思想成熟，尽量减少些书生气，更重要的是通过移动互联网等多种媒体形式，了解经济生活中的重大热点问题，了解社会生活实践，尽早让自己融入社会生活成为社会一分子。

而纵观这五种能力，作为应用型本科院校，尤其是如我们学校这样由以前的大专升格的本科院校，创新能力的培养是其中最为迫切的环节。创新能力也是应用型本科院校无论是学校管理、师资力量还是各方面教学资源，都比较薄弱的环节。

四、应用型本科会计专业大学生创新能力培养的思考

（一）重构会计学人才培养课程体系

根据对会计人才需求方的实地调研，需要重构会计人才培养的课程体系，以更好适应新形势下经济社会发展对会计人才的需求，尤其是要突出对会计人才创新思维与创新能力的培养。现行会计学课程体系以会计核算为核心，而随着大数据、人工智能兴起，传统核算被信息技术取代，会计工作逐步转向财务分析、资本运营、价值管理、风险控制等职能，应减少会计核算类课程设置，会计核心课程可整合为会计学、财务管理、成本管理会计、审计学概论、会计智能化（张多蕾等，2019）。增加数据处理、战略管理、商业模式、金融投资等课程，满足会计工作转型要求。同时，用人单位对毕业生人文综合素质关注增加，应增设人文素质培养课程，如心理健康、沟通技巧、生活哲学、职业道德与操守等，引导学生学会如何做人，学会处理自身心理、情感等方面问题。再者，会计专业大学生数量多，就业选择多样，应拓展专业视野，增加相关专业课程和选修课程，增强择业灵活性。另外，尤其应当强调“会计理论专题”课程的重要性，作为引导大学生进行理论创新思考的一门基础理论课程，要求所有会计专业大学生必须选修，专业教育中强调会计学科学习的重要性，同时对任课教师提出要求，紧紧围绕大学生创新思维和创新能力培养，课堂教学中突出问题导向，多让学生参与到课堂教学中，让学生“多思考、多总结”，为会计专业大学生创新能力培养打下基础，也将该课堂作为培养会计专业大学生创新能力的核心课程来重视起来。

（二）更新会计专业教师教学理念

传统以核算为主的教学理念下，会计专业课教学的课堂主要是会计业务处理的讲解，考核中会计业务处理也是最主要内容。通过调研发现，随着单位规模增大，业务复杂性增加，用人单位对于会

计专业毕业生创新能力的需求在不断增加。不同于其他学科技术创新、新产品发明，会计创新能力主要表现为能适应会计环境变化，灵活运用专业知识，以分析解决新问题，参与决策管理。这就需要会计专业教师更新教学理念，改变传统“填鸭式”讲授会计核算的理念，采用解惑理念、质疑理念，强调经济业务的经济后果，讲清楚会计业务处理背后的理论渊源，启发学生思考会计处理方法的历史变迁，思考变迁的原因与合理性，探讨现行会计处理可能存在的需要进一步改进之处。这些问题最能激发大学生潜能，培养其具有创造性。质疑理念就是要教会学生不要“唯书”，要紧扣基本理论，对专业知识大胆提出疑问，进行反向思考，“如果不是这样的话应该是什么样子?”培养大学生进行发散思维，激发其求知欲，拓展大学生思考问题的角度和视野，增强其创新意识和创新思维。

（三）倡导与培养会计专业大学生的自主学习能力

现代大学生普遍生活条件优越，思维活跃，基本受到良好的基础教育；随着移动互联网发展，大学生知识获取渠道多样，可以利用的网络资源更是丰富。而且，一旦对新生事物产生兴趣，大学生的学习效率非常高，往往能够取得意料之外的学习效果。在传统“填鸭式”教学模式下，养成了“等、靠、要”的被动学习习惯，自主学习和独立思考能力差，普遍缺乏创新意识。所以，任课教师要进行有效引导，以激发大学生创新意识。在课堂教学前，针对经济社会的热点问题，笔者曾经进行了多次试验，看学生能否与专业知识密切联系，自主学习会计专业内容，课堂上通过学生的自主汇报，的确发现个别学生自学能力非常优秀。因此，学生能否愿意主动学习是学生学好专业知识、养成自主学习的良好习惯、未来成长成才的关键。因此，课堂内外要积极利用研讨式教学、翻转课堂等多种教学形式，让学生积极参与教学工作，培养学生的自主学习能力。

提升学习能力，改变传统的会计教学模式，首先需要会计专业任课教师提高自身认识，意识到能力培养在教学工作中的重要性，认识到会计教学的工作重心应逐步从传统的记账、算账、报账为主，转向内部控制、投融资决策、企业并购、价值管理、战略规划、公司治理、会计智能化等高端管理领域，需要的是高层次复合型会计人才。因此在教学中可以会计业务处理为基础，时刻要求学生关注会计处理背后的财务后果，关注业务处理后的信息披露，关注业务处理对企业内部控制、价值评估等企业管理方面的影响，只“盯账本”已不符合现代会计发展的基本理念。另外，多采用启发式教学、案例教学，提升学生学习的兴趣。在专业课课堂上引入专业化的训练手段，提升学生的学习能力。如案例教学中，多发挥学生的作用，让学生提出问题，进一步分析和解决问题，主动进行思维训练；理论讲解中遇到需要进一步深化的理论，教师可以发挥学生的特长，让学生开展“头脑风暴”，提出自己的看法，进行发散性思维，而不是直接引入理论，导致学生只能被动接受。

要积极发挥课堂外学习（非正式学习）在会计专业大学生创新能力培养中的重要性。Ming - Zher 等（2010）利用可穿戴式传感器来监测学生整周大脑的活跃状况，发现传统讲授式课堂上学生大脑最不活跃，而在做实验、考试、自主学习、课外实践时大脑更活跃。所以，在改革课堂教学外还要注重发挥课堂外“非正式学习”的作用。通过实地调研、专家访谈、资料查阅等方式，将专业学习拓展到课堂以外，不再局限于学校。通过主动自觉学习，积极思考，团队沟通协作，培养批判思维、沟通表达能力，最终养成终身学习习惯，促进大学生健康成长。

（四）改革教师与学生评价制度

教师评价方面，重构会计教学课程体系，培养实践能力，转变教学理念，核心是要围绕社会需要培养具有创新思维与创新能力的会计人才，而教师在很大程度上决定教学改革的成败。现行的职称评定、评优评先等教师评价体系中，“重科研、轻教学”现象非常突出，导致很多教师把论文、科研项目作为主要工作内容，教学工作成了可以敷衍了事的附属品，教师教学积极性普遍不高。必须优化教师评价体系，提升教学工作在评价体系中的地位。要真正落实职称分类评价制度，探讨教学为主类别评价的具体细则。尝试建立基于大数据的课堂评价网络系统，根据互联网平台记录的任课教师上课状态，如课堂教学方法、教学效果、师生互动等数据，最终期末汇总教学评价数据，可以避免出现学生和评教专家打分中的个人主观成分，更客观地反映教学效果。对于专注于教学，持续进行教育科学研究，探讨教学改革的教师开通职称评定绿色通道，免于论文外审等科研项目评价，直接进行职称表决，激发教师进行教学工作的积极性。

如何对学生的课程成绩进行评价？受传统应试教育理念的影响，现行会计专业课考核主要是以期末闭卷考试为主的终结性评价，题型是传统附标准答案的单选题、多选题、名词解释等，学生通过死记硬背得高分，不利于培养学生分析解决问题的能力，压制学生个性和创新思维。应增加课堂考核、平时课外作业考核、实践制度设计考核等过程性评价，强化对学生课外获取知识和培养能力考核。必须改变传统的学生培养质量评价体系，重视过程性评价。以会计制度设计课程为例，经过改革后，会计制度设计课程考核就包括期末试卷、课堂参与、课程实验报告、调研报告、制度设计成果展示等多种形式，平时成绩占到总评成绩的50%，完全改变传统应试考核模式，重视对学生知识和能力形成性评价，有助于培养大学生创新能力。

（五）创新课堂教育培养模式，紧扣会计专业大学生创新能力培养

对于新升本科院校，培养创新能力需要从课堂教学和课外实践环节入手，注重从细节处着手。课堂教学一定要改革传统只注重理论传授，不注重引导的弊端。如讲到财务会计信息质量特征时，就可以围绕“就中国目前的环境而言，你认为哪一个信息质量特征更重要”的问题，让学生进行创新思维的训练，尽管不可能期望学生在初学财务会计时就有什么理论创新，但是只要学生能够进行认真的理论综述，了解别的学者们的观点，结合目前现实情况，分析可行性，得到是否合理的基本结论，即是为以后进行创新打下了扎实的基础。创新能力的培养离不开创新型的教学团队建设，要坚持外部引进与内部培养相结合。在完成必要的理论学分的同时，积极鼓励会计本科学生参加一定的科研创新活动，也是提升学生创新能力的直接手段。积极落实把学生参加科研创新的成果作为一种考核手段，对于一些公开发表的学术论文可以直接作为有效学分，提升学生进行科研创新的积极性。

（六）构建以学生创新能力培养为中心的育人环境

学校教学是以上级评估考核指标为中心，以教师教学为中心，还是真正以学生的健康成长为中心是研究导向型教学的根源所在。需要学校转变传统的教学管理和服务模式，整体营造以学生健康成长为中心的育人环境，营造一个潜移默化影响学生的优良文化和校园环境，培养大学生应有的素养和智慧，最终促进学生的健康成长。

构建以学生为中心的育人环境，不仅要求任课教师进行教学理念的转变，还要求学校围绕促进大学生的健康成长来转变办学理念，各院系专业结合大学生实际情况，紧紧围绕学生的健康成长，调研社会需求，制定明晰化的育人目标，而不是盲目照抄照搬一些所谓名校名专业的培养目标。育人目标的明确为制定促进学生健康成长的策略指明了方向，将传统完全依赖课堂教学来传授专业知识转变为课堂内外有机融合，使课堂外的“非正式学习”成为培养大学生健康成长的重要阵地。

育人目标的实现，不只是教学部门的职责所在，而是需要学校全部职能部门共同为实现育人目标提供支撑与服务，以保障教育策略顺利实施。如学校图书馆、信息中心则围绕为学生学习提供支持，服务于学生学习；教务管理、教学督导等部门主要服务于各院系、教学部的课堂教学；招生就业、学生事务部门则主要服务学生课外事务；校园管理部门应立足于构建一个以学生为中心的良好校园，从校内基础设施、校园环境建设等方面塑造有利于学习健康成长的氛围。

参考文献：

张多蕾，刘永泽，池国华，况玉书，2019. 中国会计教育改革 40 年：成就、挑战与对策［J］. 会计研究（02）：18－25.

王军，2011. 乘势前进　奋发作为　大力推动“十二五”时期会计人才建设再上新台阶［J］. 会计研究（10）：3－8.

于玉林，2014. 会计人会计观：现代会计哲学［M］. 北京：经济科学出版社.

郭道扬，2009. 郭道扬文集［M］. 北京：经济科学出版社.

刘玉廷，2009. 中国会计改革开放三十年回顾与展望（下）——我的经历、体会与认识［J］. 会计研究（01）：19－26.

秦玉熙，1996. 理想与现实的矛盾——来自基层单位会计的报告［J］. 会计研究（10）：39－41.

杨纪琬，余秉坚，1987. 新中国会计工作的回顾（三）［J］. 会计研究（04）：38－47.

孟雪，林艺茹，2012. 会计学专业应用型本科创新人才素质培养体系的设计与实践——以中央财经大学会计学院为例［J］. 中国大学教学（04）：31－34.

杨有红，2000. 二十一世纪的会计和会计教育［J］. 会计研究（08）：46－50.

刘永泽，池国华，2008. 中国会计教育改革 30 年评价：成就、问题与对策［J］. 会计研究（08）：11－17，94.

盛明泉，王烨，2010. 会计学专业人才培养目标及培养机制：问题与对策——中国会计学会会计教育专业委员会 2010 年年会暨第三届会计学院院长（系主任）论坛会议综述［J］．会计研究（12）：93－95.

张振华，2014. 应用型会计人才培养模式的借鉴与创新［J］．大学教育（04）：53－54.

王开田，2018. 高素质会计人才培养模式的探索和实践——以“三商、五能、七识”为视角［J］．会计之友（05）：2－6.

刘永泽，孙光国，2004. 我国会计教育及会计教育研究的现状与对策［J］．会计研究（02）：75－81.

陈海涛，2006. 我国本科会计教育问题研究［D］．上海海事大学.

鲍威，2007. 学生眼中的高等院校教学质量——高校学生教学评估的分析［J］．现代大学教育（04）：16－22，110－111.

樊明，2007. 学生课程成绩及学生对教师教学评价的影响因素——以劳动经济学课程为例的经验研究［J］．中国劳动关系学院学报（06）：102－106.

张学军，2007. 审计教学中学生职业判断能力培养之我见［J］．山西财经大学学报（高等教育版）（S1）：159.

许萍，2006. 会计人员能力框架问题研究［D］．厦门大学.

王艳，2016. 会计教育理念与创新能力培育——基本经管类非会计专业会计教育的视角［J］．会计研究（02）：89－94.

余华东，2011. 大学生创新能力的构成要素探究［J］．太原师范学院学报（05）：116－120.

朱红，郭胜军，2017. 我国本科生创新能力现状及影响因素的实证分析——基于院校研究性的比较视角［J］．教育学术月刊（12）：48－56.

李芸达，陈国平，范丽红，等，2015. 现代职业教育背景下会计技能教学改革与创新［J］．会计研究（02）：87－92.

会计专业大学生创新能力培养的教学实践研究*

创新是引领经济社会发展的第一动力，提升大学生创新能力是高等院校人才培养的重要目标。会计制度设计课程由于其综合性、实践性和应用性特点，在会计专业大学生创新能力培养中具有特殊地位。从引导大学生改变学习方式和方法、转变任课教师教学理念、丰富实践教学形式、改进课程考核方式等方面改革会计制度设计课程教学，更好地发挥其在会计专业大学生创新能力培养中的重要作用。

信息技术进步和经济社会发展赋予高等教育培养高素质创新人才的历史使命。金融市场迅猛发展，业务创新成为常态，交易事项日趋复杂，会计环境的变化也要求会计专业大学生具备较高综合素质和创新能力。而高校会计教学强调严格遵守法规体系和会计准则，注重学习专业知识、训练操作技能，造成会计专业大学生往往过于死板，创新能力较差，不能满足社会对经管类创新人才的需求（王艳，2016）。培养大学生创新能力是会计专业教育面临的重要问题。不同于传统会计业务处理，会计制度设计是一项理论性和实践性都很强的高层次管理活动，不仅要求会计人员充分把握相关法规和会计准则，具备丰富专业知识及一定实践经验，更要有广阔视野和开拓创新精神。大学生在掌握会计、审计、财务等专业知识基

* 本文发表于《商业会计》，2019 年第 18 期。

础上，通过会计制度设计课程学习对创新能力培养大有裨益。因此，本文从会计制度设计课程教学视角，探讨会计专业大学生创新能力培养问题。

一、创新能力及其培养文献综述

创新能力就是创造新思想、将新思想付诸实践创造一个新事物的能力（余东华，2011；陈林海等，2014）。在某领域提出新思想或新理论也被认为具有创新能力（应卫平等，2015）。对于创新能力构成要素，有学者认为包括创造性思维和创造性人格两个维度（朱红，2017），创造性思维包括聚合思维、发散思维、批判思维和辩证思维，创造性人格包括好奇、幽默、意志力、独立精神、社会责任感等。也有学者提出创新能力与知识、智力和非智力因素直接相关。知识与经验是产生创新能力的信息来源。智力是人们理解和解决问题的能力，主要表现为学习能力，智力水平是创新能力的必要而非充分条件。非智力因素则包括意志力、观察力等具体人格品质，在智力因素相近的情况下，具备好奇心、冒险性、想象力丰富等非智力因素是产生创新能力的关键（王汉清等，2005）。另外，要形成创新实践成果，除了具备创新思维能力和非智力因素外，还要具备能够将创新思想付诸实践造就新事物的能力，主要是处理好理论与实践、个人与社会等各方面关系的能力，即创新实践能力（余东华，2011）。

可见，创新能力的构成要素可分为两个层次，第一个层次包括专业知识和经验、一定的智力水平以及非智力因素，主要是形成创新思想，第二个层次为创新实践能力，主要是将创新思想转化为创新成果应具备的实践能力。

如何培养大学生的创新能力？

大学生个体创新能力培养与外部环境因素密切相关，在创新能力培养中教师提供有效引导至关重要（Jeffrey，2006），教师的知识水平、教学方法、价值观以及个人性格能有效激发大学生的创新思维（Van，2010；Bramwell 等，2011）。高校青年教师创新能力的强弱直接影响创新人才的培养，应从激发高校青年教师内在动力、培育创新能力发展的校园环境、完善培训体系、优化奖惩机制等方面加快高校青年教师创新能力发展，弥补高校创新人才培养的短板（应卫平等，2015）。

岳晓东（2004）指出大学生创新能力培养存在思维标准化和知识无活力化两大障碍，提出从思维训练、人格养成和智慧培养三个维度培育大学生的创新能力。教学实践中要多采用案例教学法、讨论教学法等方法，积极引导学生独立思考，采用独立报告、案例分析等考核方式，提高学生参与性与创新精神。王汉清等（2005）通过对江苏大学生的创新能力调查发现，大学生智力水平极高，而创造能力（非智力因素）并不出众，应加强大学生个性特质培养。朱红等（2017）基于大样本调查问卷，也发现大学生创新能力的培养不仅仅是知识和能力的培养，学习动机、科学兴趣、科学志向等非认知特征的提升与创新能力的提高存在显著相关关系。积极情绪对于大学生创新能力也具有正向影响和预测作用（许慧，2015）。居占杰、刘洛彤（2016）在对大学生创新能力问卷调查分析后，进一步提出从深化课程体系和教学方式改革、搭建师生学术交流平台、加强实验教学和改革考核评价等方面，培养大学生的创新能力。另外，采用研究性人才培养模式对创新人才培养更具有针对性（刘智运，2011）。

不同于其他学科技术创新、工艺再造、新产品发明，会计创新能力主要表现为灵活运用专业知识，分析解决新问题，参与决策管理的能力；不断学习新知识，掌握数据处理新技术，适应社会和环境发展的能力（王东清，2011；付艳，2018）。

如何培养会计专业大学生的创新能力？

李芸达等（2015）通过构建不同层次职业教育会计技能要求

的框架，提出会计创新能力的培养要基于对会计专业知识的熟练掌握，再通过分阶段实施的会计实践教学，拥有扎实的会计技能为基础和前提。付艳（2018）从转型背景下会计专业强化学生创新能力培养的必要性入手，分析现行高校会计专业创新能力培养的问题，提出树立创新意识、准确把握创新内涵、将专业教育与创新教育整合、提升教师创新意识等举措来培养具有创新能力的会计人才。孙平等（2015）则从会计人才培养的创新型目标出发，剖析创新型会计人才特点，构建了创新观启蒙、创新能力团队提升、创新能力个性化提升等六个阶段创新型会计人才培养路径。高校必须设置适应创新人才培养的课程体系、构建实践性创新活动来培养会计专业大学生创新能力（程安林，2012）。另外，学科竞赛也是培养大学生创新能力的重要途径，与大学生创新能力培养密切相关（李国锋等，2013）。

从会计制度设计课程研究看，学者们从案例教学的实施（宋艳敏，2006）、课堂教学结构的设计（石建萍，2009）、考核方式的改进（郑建伟等，2010）、实践教学体系构建（王清刚，2013）等方面进行了探讨。

综上所述，当前创新能力研究文献颇为丰富，成为本研究的良好文献基础。而现有文献要么围绕创新能力的内涵进行理论研究，构建创新能力理论框架，要么针对目前大学生创新能力欠缺的现状进行教育教学实践对策研究，而针对创新能力培养理论与实践对策之间的互动或衔接，将两者有机结合的研究较少，也尚未有文献针对会计制度设计课程的创新性特质，对其在会计专业大学生创新能力培养中的作用进行专门研究。基于此，借鉴学者们在创新能力培养上的理论成果，探讨会计制度设计课程在创新能力培养中的重要意义，提出教学中培养创新能力的改革举措，有利于提高该课程教学效果，充分发挥其在会计专业大学生创新能力培养中的独特作用。

二、会计制度设计课程在会计专业大学生创新能力培养中的特殊地位

会计制度设计课程具有综合性、实践性与应用性特点，课程的核心目标是要“设计”会计制度，该课程的内在特征决定了其在会计专业大学生创新能力培养上具有特殊地位。

（一）会计制度“设计”的课程定位与创新能力内涵不谋而合

会计是国际通用的商业语言，会计实践工作和会计人员行为必然要有会计法规体系来指导和约束，会计制度是会计法规体系的重要组成。会计制度按制定机构和适用范围分为统一会计制度和单位内部会计制度。统一会计制度由国家财政部门制定，强制实施，具有普遍指导意义，而会计制度设计课程的定位是研究和设计单位内部会计制度。

会计制度设计课程教学与学习的关键在于“设计”，要在国家统一会计法规体系下，设计出符合单位组织架构、管理要求、业务规模等情况，具有单位特色的会计制度，而创新能力就是要提出新思想、新观点，并付诸实践创造一个新事物。因此，设计的课程定位使得会计制度设计课程在创新能力培养中具有重要作用。

近年来，高等院校把创新能力作为人才培养的重要目标，并相应开设了创新创业、创造性思维与创新方法、创新技术等创新创业课程，这些课程强调的是通用创新创业能力培养，往往与专业课强调的专业能力相割裂，不能有效提升会计专业大学生创新能力；而会计制度设计课程则结合会计专业特点开设，按课程性质可归类为会计创新训练专业课，能够将创新能力与专业能力的培养有机整合。

（二）会计制度设计课程的综合性与创新思维培养密切相关

有别于会计学专业开设的其他会计理论与实务课程，会计制度设计课程需要综合运用会计、审计、财务、内控、法律等知识，培

养学生分析问题、解决问题能力，一般在大三或大四上半学期开设，学生有其他专业课程的知识储备，具备自主学习、独立思考的基础，而这正是创新能力培养的重要途径。

财务会计、审计、财务管理等会计学专业课程主要强调对会计审计准则、法律规范的解释或说明，要求学生严格遵循法律规范的要求，不允许个人随意发挥和想象，就制度讲制度；主要讲解“是什么”“应该如何做”，对于“为什么这么做”、业务处理的历史沿袭和制度背景等涉及较少，学生多处于被动接受，缺乏对知识好奇心，更谈不上进行创新性思考。而会计制度设计课程更强调专业知识的综合、灵活运用，要求学生结合单位具体情况进行创新，具有大胆开拓精神。经过正确引导，会计专业大学生完全可以在掌握专业综合知识基础上，在会计制度设计课程理论教学与设计实践中进行独立思考，培养创新思维，成为具有创新能力的复合型人才。

（三）会计制度设计课程的实践性、应用性与创新实践能力高度一致

创新能力培养的最终目标是要将创新思想付诸实践，创造一个新事物，因此，除了培养创新思维还应关注创新实践能力培养。现代大学生思维活跃，获取信息渠道快捷，智商较高，掌握知识丰富，也容易接受新事物，但常以自我为中心，沟通能力差，处理个人与集体、个人与社会关系的能力相对较弱；且由于参与社会实践活动较少，实践教学效果有限，实践能力较差，将所学专业知识应用到生产实践的能力较差，直接影响将创新思想形成应用于实践的创新成果。

会计制度设计课程的实践性与应用性特点，决定了其教学目标不仅要使学生具备会计制度设计所需的扎实专业知识，掌握会计制度设计的基本方法，关键还要培养学生的实践能力，通过多样化实践教学，仿真单位经营管理环境，使学生能够进行大胆创新，提出

自己的设计理念，并最终转化为可以规范单位经营管理工作的财务会计制度。总之，会计制度设计课程的教学重点就是要培养学生的创新思维与实践能力，这与实践能力培养高度一致。

三、改革会计制度设计课程教学的具体措施

（一）引导大学生改变学习方式和方法是培养创新能力的基础

大学生学习方式和方法与创新能力的养成存在正相关关系（居占杰等，2016），学习方式的科学有效会显著促进创新能力和水平的提高。现代大学生普遍家庭生活条件优越，受到良好教育，思维活跃，有自己的想法和见解，但缺乏对专业知识学习的兴趣，学习动力不足。从小学、初中到高中“填鸭式”教学，学生养成被动接受的学习习惯，逐渐被所学知识的经验性和规律性所束缚，所有想象力、灵感以及悟性近乎消亡，自主学习和独立思考能力差，普遍缺乏创新意识。

教学中要强调养成自主学习习惯，培养批判思维的重要性，让学生理解培养创新能力在人生成长成才中的重要价值，有意识引导学生独立思考，积极进行创新实践。如会计工作条件相关章节的教学中，课前让学生通过自主学习，熟悉会计科目、会计凭证、会计账簿基本理论，并运用网络或企业实地调研收集不同企业会计科目设计、会计凭证与会计账簿设置案例，课堂教学则完全采用案例教学、翻转课堂等形式，进行分组讨论，小组记录员记录每组讨论发言情况，每组推荐 1－2 名学生代表进行课堂案例展示和讲解，阐述案例企业会计科目等设计的原因、设计依据，以及可能存在的问题和改进建议。教师要认真倾听，鼓励差异化回答，引导学生思考案例背后的理论渊源，对于学生提出的问题及创新性建议给予积极表扬。

（二）转变任课教师教学理念是培养创新能力的关键

会计学是技术性、应用性很强的学科，而会计业务处理蕴涵着

深厚的经济学、管理学原理，传统“填鸭式”“灌输式”“一言堂”的教学方法，导致会计专业大学生普遍存在“知其然不知其所以然”，严重限制了创新思维的培养（栾甫贵，2013）。培养会计专业大学生创新能力，关键是要摈弃“会计纯粹是一种技术性工作”的传统认识，树立解惑、质疑等教学理念，授课中要加强解惑教育，启发学生思考业务处理方法的来龙去脉、隐含于业务处理的观点和理念、管理控制的可行举措等内容，而这些正是培养复合型会计人才所需，也最能激发大学生潜能，培养其具有创造性的内容。教学中还要经常采用质疑理念，培养学生进行逆向思维，对于专业知识提出疑问，思考“存在的原因、不这样的话应该是什么”，有助于培养学生进行发散思维，可有效激发大学生求知欲，拓展大学生思考问题的角度和视野，增强其创新意识和创新思维。

如会计科目设计章节的讲授，在讲解会计科目设计的原理、步骤和具体方法前，首先要启发学生思考“为什么”要对会计科目进行设计，结合我国现行全行业通用的会计科目产生的来龙去脉，讲清楚会计科目设计是现行通用会计科目的要求，要结合本单位的规模大小、业务繁简以及管理要求对会计科目进行增设、分拆、合并使用，才能使学生对会计科目的设计感兴趣，提高学习主动性，而兴趣源于对事物的好奇心，是个体从事创造思维的内在驱动力（Sternberg，1996）。那么，对于新出现的会计准则未明确规范的经济业务又应该如何进行会计科目设计？可以排污权交易为例启发学生进行思考，如何设置会计科目进行反映？是确认为存货、交易性金融资产还是无形资产？确认的基本原理是什么？再如，一般情况下需要设计明细分类账科目，总账科目为什么不能由单位自行设计？如果允许可能会对会计信息质量造成何种影响？

教学理念的转变会直接影响教师教学行为和方式的改变。教学中运用解惑、质疑等教学理念，才会改变传统“填鸭式”教学方式，采用启发式、互动式、鼓励创新性教学可显著提升大学生创新能力（朱红等，2017）。

（三）丰富实践教学形式是培养创新能力的必备环节

应用型本科人才培养强调对所学专业知识的实际应用能力，实践教学是大学教育体系中的重要环节。教育部组织编写的工商管理类教学质量国家标准（会计学专业）明确要求，实践教学学分至少应占总学分的15%。会计制度设计课程教学中设计和实施实践教学至关重要，不仅可以让大学生亲身接触企业会计工作实践，了解单位会计制度的实际情况，将理论知识与动手实践相结合，充实教学内容和环节，而且可以培养大学生的观察力，培养他们对学习会计制度设计课程的兴趣，引领大学生进入真正进行“设计”的现实环境，激发会计专业大学生制度设计的创新意识和创新思维。

现行会计制度设计课程实践教学素材缺乏、形式较单一，多是在课堂直接填充实践教学表格，教学工具是传统的纸笔，学生缺乏对实践教学兴趣。首先要修订实践教学素材，充分关注财务共享、财务服务众包等数字经济对会计制度设计的影响，可参与共同开发会计制度设计课程专门实践教学软件，满足不同类型企事业单位会计制度设计的模拟要求，提升学生参与实践教学的兴趣。

实践教学前，应要求学生利用课堂以外的时间深入企事业单位进行实地调研，调查企业业务流程，了解企业实际内部会计控制制度的现实情况，并撰写调研报告，锻炼学生观察和发现问题的能力，提升学生对会计制度设计的感性认知。教学中，可采用案例教学，通过精心设计案例，让学生置身于仿真企业环境，对复杂多变的情形独立进行判断和决策，设计符合单位实际情况的会计制度，通过案例讨论，鼓励学生发散性思维，有利于开发学生的判断性思维和创新能力。也可以设计与企业管理实践紧密联系的一个完整“项目”进行实践教学，项目组成员分别从感兴趣的问题出发，通过资料收集，在不同来源信息取舍中培养批判性思维，再通过项目组成员相互讨论，形成最终完整的项目制度设计方案进行公开展示，聘请企业高管及财务专家给予评价及改进建议，引导项目组成员完善制度设计，提升分析解决实际问题的能力。另外，还可以采取模拟实验教学、校外实训基地现场教学等进一步丰富会计制度设计的实践教学形式。

（四）改进课程考核方式是培养创新能力的重要保障

课程考核是实现课程教学目标的重要手段，科学设计会计制度设计课程考核方式对培养大学生创新能力起到导向作用。受传统应试教育理念的影响，现行会计制度设计课程考核形式单一，仍是以期末闭卷考试为主的终结性评价模式，题型局限于传统附标准答案的单选题、多选题、判断题、名词解释、简答等，学生通过死记硬背得高分，不仅不能培养学生分析解决问题的能力，还压制学生个性和创新思维。

应改进会计制度设计课程考核形式和内容，除期末试卷考核外还应增加课堂考核、平时课外作业考核、实践制度设计考核等过程性评价，增加对学生在课外获取知识和培养能力的考核。

期末试卷考核采用开卷形式，主要考核学生综合运用专业知识设计会计制度的能力，题型采用利于培养学生个性和创新能力的论述、案例分析和制度设计题，要保证答案不唯一，以充分发挥学生想象力，一般占综合考核成绩的50%。课堂考核主要评价学生对会计制度设计所需专业知识的熟悉程度，可采用课堂随机提问、案例讨论、课程实验等形式，培养学生运用专业知识分析解决问题能力，一般分值占到10%。平时课外作业主要考查学生在海量数据或资料中捕捉信息的能力、对经济社会或专业前沿的洞察力等。通过巨潮资讯、会计准则委员会等网站，收集国家统一会计制度及公司具体会计制度；分析财务舞弊案例，思考涉及的制度设计问题；关注会计行业最新发展，增加学习兴趣，拓展专业视野，分值可占到综合考核的20%。实践制度设计考核主要考查学生综合运用专业知识，结合调研单位具体情况进行制度设计的创新实践能力。通过深入企事业单位调研，了解企业业务流程，梳理现存制度规范，剖析设计缺陷，提出完善建议，撰写调研报告，鉴于课程实践应用性特征，此环节分值可占综合考核的20%。

由此，会计制度设计课程考核就包括期末试卷、课堂参与、课程实验报告、调研报告、制度设计成果展示等多种形式，平时成绩占比增加到50%，完全改变仅依靠期末考试进行终结性评价的传统应试型考核模式，重视对学生知识和能力的形成性评价，有助于培养大学生创新能力。

参考文献：

王艳，2016. 会计教育理念与创新能力培育——基本经管类非会计专业会计教育的视角［J］. 会计研究（02）：89－94.

余华东，2011. 大学生创新能力的构成要素探究［J］. 太原师范学院学报（05）：116－120.

朱红，郭胜军，2017. 我国本科生创新能力现状及影响因素的实证分析——基于院校研究性的比较视角［J］. 教育学术月刊（12）：48－56.

李芸达，陈国平，范丽红，等，2015. 现代职业教育背景下会计技能教学改革与创新［J］. 会计研究（02）：87－92.

王汉清，况志华，王庆生，等，2005. 大学生创新能力总体状况调查分析［J］. 高等教育研究（09）：88－93.

王清刚，钱琨，2013.《会计制度设计》课程实践教学研究［J］. 财会通讯（04）：44－46.

郑建伟，王国洪，2010.《会计制度设计》课程考核方式的改进和完善［J］. 会计之友（01）：94－97.

宋艳敏，2006. 会计制度设计案例教学的实施［J］. 财会月刊（02）：73－74.

应卫平，龚胜意，罗朝盛，2015. 地方高校青年教师创新能力发展现状及对策研究［J］. 中国大学教学（7）：73－76.

岳晓东，2004. 大学生创新能力培养之我见［J］. 高等教育研究（01）：84－91.

栾甫贵，2013. 论会计教育理念［J］. 会计研究（04）：20－25.

张晓军，席酉民，赵璐，2017. 研究导向型教育——以学生为中心的教学创新及案例［M］. 北京：机械工业出版社.

论管理会计人才培养的优化*

会计本质是一种管理活动。管理会计在会计体系发展中未得到足够重视，管理会计人才现状令人堪忧。通过营造培养管理会计人才的环境、改革高校教学模式、完善会计人才评价体系、增加后续教育内容等措施，改进管理会计人才培养模式，带动管理会计发展，全面提升会计工作总体水平，为经济社会健康发展提供支持。

一、管理会计的重要性——基于会计本质的再认识

我国关于会计本质的认识，始于20世纪五六十年代，尽管当时会计界重于对会计科学属性的争论，而从当时会计论著看，还是提到会计本质问题，占主导地位的是“管理工具论”或“管理方法论”，认为会计是一种“工具”或“方法”，即“管理经济的工具”或“方法”。而随着改革开放，逐渐打破计划经济的束缚，市场经济逐步建立，新的经济现象不断涌现，“管理活动论”和“信息系统论”出现。以杨纪琬、阎达五等为代表的会计学者将会计作为“人们管理经济的一种社会活动”，是一种管理活动。而以葛家澍为代表的学者认为会计是信息系统的一种，会计是旨在加强经济管理、有特定职能的经济信息系统。而从会计职能的演变和会计在现代通信和网络环境下的现实全面观察，会计的本质是核算与管理相融合的系统（于玉林，2014）。学者们关于会计本质的争论主

* 本文发表于《河南商业高等专科学校学报》，2015年第3期。

要是基于认识问题的角度不同，而透视关于会计本质的不同认识，可以得到一个基本结论：管理是会计本质的体现，是会计的重要内涵。

就会计从萌芽、产生到发展的阶段看，跨越了原始社会、奴隶社会到封建社会、资本主义社会各个社会形态，在社会主义社会，会计更重要。正如马克思所说："过程越是按社会的规模进行，越是失去纯粹个人的性质，作为对过程的控制和观念总结的簿记就越是必要；因此，簿记对资本主义生产，比对手工业和农民的分散生产更为必要，对公有生产，比对资本主义生产更为必要。"会计作为一项重要的经济管理工作，在企业经营管理和其他各项社会经济发展中有着举足轻重的地位，会计工作发展水平和发达程度已经成为衡量一个国家或地区经济基础设施好坏、投资环境优劣的一项重要指标。"经济越发展，会计越重要"的观念已经深入人心。

会计越重要就越需要得到和谐发展，才能发挥会计在经济发展中的重要作用。会计构成内容之间的均衡发展是会计和谐的重要内容。

管理会计是会计的重要分支，主要服务于单位内部管理需要，是通过利用相关信息，有机融合财务与业务活动，在单位规划、决策、控制和评价等方面发挥重要作用的管理活动。20 世纪初，随着西方经济社会环境、企业生产经营模式以及管理科学和科技水平的不断发展，管理会计逐步独立于财务会计而从会计中分离出来。在西方，经历了成本决策与财务控制、管理控制与决策、强调价值创造三个阶段，管理会计得到了很大发展。我国自改革开放以来，会计改革与发展取得显著成绩，尤其是进入 21 世纪以来，企业会计准则、内部控制规范等标准体系构建完成，会计人才队伍建设取得显著成效，有力地支持了经济社会发展。而回顾我国在会计标准体系建设上的成就，明显存在"不和谐"的成分，即过多考虑投资者、债权人、社会公众等企业外部信息使用人的信息需求，对企业内部管理决策服务考虑较少；较多关注财务会计理论研究与实务发展，管理会计发展相对滞后，导致管理会计自身所特有的规划、决策、控制和评价等方面的作用未得到有效发挥。

目前，我国经济正处于增长速度换挡期、结构调整阵痛期和前期刺激政策消化期“三期”叠加阶段，需要强化管理会计应用，充分发掘每个单位内部管理潜力，完善现代企业制度，增强核心竞争力和价值创造力，更加科学地衡量企业绩效，加快形成企业自主经营、公平竞争的市场环境，充分发挥市场在资源配置中的决定性作用。积极推广管理会计必须要有管理会计人才作支撑，通过培养一批适应需要的管理会计人才，才能带动管理会计发展。

二、管理会计人才培养现状分析

会计人才是国家人才体系的重要组成部分。我国会计人才众多，截至 2010 年年底，全国有近 1400 万人通过会计从业资格考试，意味着全国每 100 人中就有 1 名会计从业人员，为推动经济社会健康发展提供了重要的人才保障和智力支持。但是，我国虽然是一个会计人才大国，但不是会计人才强国。总体上看，会计人才的培养主要偏重财务会计，培养出的高端会计人才相对不足，管理会计人才更为匮乏，无法满足经济社会发展对管理会计人才的大量需求。一个典型的例子是，美国具备一定规模的企业，其经营部门（如生产和销售）都设有管理会计师岗位；90% 的会计人员从事管理会计工作，75% 的工作时间用于决策支持。管理会计工作对会计人员素质要求相对较高，要求既懂管理会计理论又有实践经验，我国管理会计人才奇缺的现状与长期以来管理会计人才培养环境与培养模式密切相关。

（一）忽视管理会计人才培养

随着改革开放的不断深入，企业除了要面对国内外市场、资金需求、技术创新等方面的挑战，更要面对企业内部管理战略和模式的挑战，企业只有注重挖掘内部管理潜力，才能实现持续良性发展，这就需要大量的管理会计人才作支撑。长期以来，首先就财政主管部门对管理会计的重视程度而言，远没有对财务会计、审计重视程度高。如就财政部网站中“政策发布”信息（2013 年 1 月 21 日 –2015 年 5 月 8 日）看，涉及会计与审计的政策发布多达 44 项，其中会计综合（如会计从业资格管理办法、企业会计信息化工作规范等）6 项，财务会计 13 项，注册会计师审计 12 项，行政事业单位会计 12 项，管理会计只有 1 项[①]。其次就用人单位而言，管理会计在企业中是不可或缺的一个重要职能，而单位管理层对管理会计重视不够，很少有企业单独设置管理会计部门。佟成生等（2014）通过对中国企业财务人员问卷调查，发现专门设立管理会计部门的公司占 26.49%，没有专门的管理会计部门的公司占 73.51%。不论是国营企业还是外资企业，设立专门的管理会计部门的企业都是少数，虽然外企中设立管理会计部门的相对比例会高些。由此可知，多数企业没有专门设置管理会计部门，管理会计工作主要由财务部门承担，从事会计核算工作仍是单位财务部门的主要任务。

（二）管理会计的理论研究较少

会计理论具有信息传递和经验总结、解释和评价、预见和实践三大功能。人们通过会计理论可以加深对会计实务的认识，并灵活开展会计实务工作，发展和创新会计实务。理论研究对人才培养同样具有重要意义。从学术研究领域看，对管理会计理论研究的重视程度远未达到发展和创新管理会计实务的要求。笔者收集整理了 2000 年以来在《会计研究》上发表的学术论文（见表 1）。

① 财政部于 2014 年 10 月 27 日发布财会〔2014〕27 号《财政部关于全面推进管理会计体系建设的指导意见》，可以预见文件发布必将带来管理会计理论研究与实务工作发展的新局面。

表 1　　　　2000 -2014 年刊发文章统计（部分）

项目＼年份	2000	2001	2002	2003	2004	2005	2006	2007	2008	2009	2010	2011	2012	2013	2014
综合	15	18	13	3	6	4	10	6	1	6	8	8	10	8	12
基本理论	24	20	15	29	38	22							11	10	7
财务会计	22	17	16	33	32	33	26	31	32	45	20	20	29	29	19
财务管理	32	15	25	38											48
管理会计	14	8													19
财务管理、管理会计					55	55	70	68	49	46	46	71	45	48	
内部控制		12									11	20	13	11	7
企业会计准则							16	9	10	14	10	12	7	11	6
国外会计研究动态	11	18	11	17	12	15	16	10	15	6					
审计	2	4	7	11	13	16	18	12	9	19	10	13	15	18	12
政府会计			3		16	2	8	4	6	5	6		11	6	7
会计教育	1		3	5	6	6	1	1	3	3			3	3	3

可以看出，作为财政部主管、中国会计学会主办的国家一级学术期刊，2000 年以来，《会计研究》刊发的财务会计方面文章保持一个比较均衡的水平，且占论文总量的 20% 左右，表明学者们对财务会计的研究始终保持较高热情。审计方面文章发表数量上升趋势较明显，2009 年达到最大值，与爆发国际金融危机，学术界探讨发挥审计监督作用，更好防范风险密切相关。而就管理会计的研究，2002 -2003 年没有刊发管理会计研究的文章，2004 -2013 年将管理会计与财务管理合并作为一个研究内容，而尽管刊发文章数量较多，就文章内容而言，大多是关于财务管理问题的研究，主要探讨公司财务管理制度、财务管理风险、公司治理、企业价值、资产重组、社会责任等，管理会计研究内容较少。

（三）高校管理会计人才培养机制不完善

就目前高校会计人才培养模式看，侧重的是财务会计领域人才的培养，管理会计人才培养得不到重视，如财务会计的开设往往分为初级会计学、中级财务会计、高级财务会计三个阶段，分三个学期每周四个课时进行教学，而管理会计一般只有三个课时，一学期即开设完毕。管理会计教材知识陈旧，不仅不能反映国外管理会计理论与方法的创新，即使是在国内一些大型企业采用的先进管理会计模式也得不到总结推广。管理会计师资队伍建设比较薄弱，缺乏管理会计实践经验，难以适应管理会计教学的要求；教师课堂教学方法较单调，仍然以“填鸭式”的课堂教学为主，忽视对学生分析解决问题能力的培养。而区别于财务会计固定的程序和方法，管理会计采用的程序与方法灵活多样，具有较大的变数，目前教学模式下学生学习重点是掌握应试技巧，死记课本上固定的公式和答题步骤，缺乏应用所学知识的能力，根本无法满足现代企业对管理会计人才的要求。管理会计教学、研究也经常脱离企业管理的实际情况，教学内容不能反映管理会计的经验、创造以及发展前沿上的问题。另外，会计的本质是管理，管理会计应最紧密服务于单位经营管理，而良好的管理依赖一个积极向上的环境，而人的素质对环境塑造至关重要。而现行管理会计教学过分重视会计准则制度、会计技能，忽略了会计人员职业道德的培养，不重视对会计数据处理的经济后果揭示，缺失会计人才所必需的人文素质教育。

（四）会计职业资格考试与会计后续教育忽视管理会计

我国目前会计人才评价制度主要分为会计从业资格、初级会计资格、中级会计资格、高级会计资格以及注册会计师执业资格等。其中，会计从业资格是对会计人员的“入门”要求，需要从业者具备会计基础知识和必要的财经法规知识，要遵守职业道德。初级会计资格评价要求能系统掌握会计实务原理，熟悉财务管理及财经法规，并能独立处理一般会计业务。中级会计资格评价的要求较高，要能根据掌握的会计准则体系、财务管理方法以及相关财经法规，独立负责和管理某一单位的会计工作。高级会计资格主要评价是否能胜任大中型企业的财务总监或总会计师，侧重点不是会计核算，更关注企业管理战略制度、全面预算管理、内部控制、绩效评价等方面。注册会计师执业资格则从报表审计角度评价是否具备从事审计工作所需要的会计、审计、税收、管理、战略规划等知识，是否能从事相关领域的管理咨询和业务分析工作等。

就现有会计人才评价体系可以看出，相关考试内容中对财务会计的知识和能力要求比较详细，而对管理会计要求则较少，没有通过人才评价制度把管理会计能力要求体现出来，没有发挥人才评价制度这个“指挥棒”的应有作用，导致不能培养出大批合格的管理会计人才，不能满足单位对管理会计人才的迫切需求。所以，改革现行会计人才评价体制和考试内容、提升会计人员综合素质势在必行。另外，由于新的经济业务事项不断出现，国际会计审计准则体制持续完善，进行必要的后续教育是会计人员（包括注册会计师）保持和提升专业素质、执业能力和职业道德水平的有效途径。现行会计人员的后续教育内容主要包括会计及审计理论、政策法规、业务知识、技能训练和职业道德等，对管理会计知识重视不够，需要增加相应内容，适应经济业务发展创新需求。

三、改进管理会计人才培养模式的建议

（一）营造培养管理会计人才的良好环境

以《财政部关于全面推进管理会计体系建设的指导意见》的发布为契机，从上至下营造重视管理会计人才培养的环境。首先，各级财政部门要提高自身认识，认识到推进管理会计体系建设，是建立现代财政制度、推进国家治理体系和治理能力现代化的重要举措。加强舆论宣传，制定管理会计人才培养的详细规划；加强与财经类高校、科研院所合作，加强管理会计理论研究，签订管理会计

人才培养协议，增加财政支持力度，奖励在培养管理会计人才方面成绩突出的院校；适时举行管理会计知识大赛，提高广大会计人员学习管理会计知识的热情。其次，企业要认识到管理会计发展对于建立和完善现代企业制度，增强价值创造力的重要意义，认识到管理会计人才培养的重要性。佟成生等（2014）通过对中国企业财务人员问卷调查的结果发现，企业高管的重视、职业规划的建设、职业道德、企业文化等环境的营造是企业管理会计人员得到有效培养的前提。最后，行政事业单位要充分认识到管理会计在推进预算绩效管理、决算分析和评价、建立事业单位法人治理结构方面的价值，重视管理会计人才培养。营造重视管理会计人才培养的环境，培养大批适应改革需要的管理会计人才，带动管理会计发展。

（二）创新高校管理会计人才培养模式

首先要增加管理会计及相关内容的教学。可以分为初级、中级、高级三个层次进行管理会计教学，增加管理会计课时，系统讲授管理会计理论。同时，认识到管理会计人才所需知识的广度，要多开设一些与管理相关的课程，如绩效评价、企业管理、财务战略等，扩大学生知识面。其次，强化实践教学在管理会计人才培养中的重要性。管理会计是一门实践性非常强的学科，理论教学必须与单位管理实践密切联系。可以选取一些具有代表性的企业进行长期合作，将管理会计理论教学与企业工作实践相联系，既可解决企业管理中遇到的问题，又可获得第一手的实践资料。再次，加强案例教学在管理会计教学中的应用。摒弃传统只讲授管理会计理论的课堂教学方法，通过精心选择管理会计案例，组建管理会计教学案例库，以案例介绍、案例分析、课堂讨论、案例解决作为课堂教学的主线，积极发挥学生的学习主体作用，激发学生思维，提升他们分析解决问题的能力，培养学生创造力。最后，提升管理会计教师素质。从学校到学校的经历使得多数专业课教师缺乏企业实践工作经历，而管理会计作为一项管理活动，其教学和科研都需要实践经验作支撑。提升教师自身的实践水平，鼓励任课教师深入企业积累实践经验；通过兴办学术论坛、参加学术交流等各种形式，了解国内外管理会计理论前沿与先进实践经验。有条件的高校可以设立管理会计系，借鉴国外先进管理会计理论与实践，密切联系国内企业管理实践，系统开展管理会计理论研究和教学。

（三）在会计专业各级资格考试和后续教育中增加管理会计内容

各级会计专业技术资格考试和注册会计师考试是目前我国主要的会计类考试形式，作为对会计人才评价的重要标准，现行主要是以财务会计、会计准则体系为考核内容，主要满足外部信息使用者的需求，在其中加入管理会计的内容，对广大会计人员学习管理会计知识，培养管理会计人才具有导向作用。同时，管理活动是一项复杂活动，其面临的客观环境时刻在发生变化，很少有现成的公式可以套用，要能够根据发展变化了的环境进行分析，找出问题所在，综合运用所学知识，解决问题，提出可行方案。而能力的培养是一个持续的过程，管理会计可以运用的管理理论也在不断发展创新。因此，在管理会计人才培养过程中，应当发挥继续教育的作用，鼓励企业管理人员和会计人员学习管理会计知识。承接会计人员继续教育的机构应在继续教育中增加管理会计知识，促进管理会计人才的培养，提升企业内部管理会计信息质量。财政部将管理会计知识纳入大中型企事业单位总会计师素质提升工程和会计领军（后备）人才培养体系，取得了较好效果，并准备逐步推动管理会计人才能力框架的全面贯彻落实，力争用3－5年在全国培养出一批管理会计人才，这为其他资格考试和后续教育提供了可供参考的经验。

参考文献：

陈信元，1999. 新中国会计思想史［M］. 上海：上海财经大学出版社.

于玉林，2014. 会计人会计观——现代会计哲学［M］. 北京：经济科学出版社.

财政部会计司，2012. 全面实施会计行业人才规则　不断提高会计人员素质——《会计改革与发展“十二五”规划纲要》解读之四［J］. 财务与会计(01)：16－20.

楼继伟，2014. 加快发展中国特色管理会计　促进我国经济转型升级［J］. 财务与会计（10）：4－10.

佟成生，许素兰，李扣庆，梁淑屏，2014. 中国企业管理会计人才培养模式研究——基于中国企业财务人员的调查问卷分析［J］. 会计研究(09)：13－20.

魏明海，龚凯颂，2001. 会计理论［M］. 大连：东北财经大学出版社.

财政部会计司，2015. 人才培养是关键　提升核心竞争力——《财政部关于全面推进管理会计体系建设的指导意见》系列解读之四［R］. kjs. mof. gov. cn.

论政府审计人才培养*

政府审计工作面临新形势，提升政府审计人才培养质量是有效应对挑战之根本。借鉴美国政府问责局（GAO）工作部署及其审计技能提升要求，建议尽快构建新形势下政府审计人才质量评价体系，作为人才培养与录用参考标准，并对政府审计人才培养提出完善建议。

一、政府审计工作面临的新形势

长期以来，我国政府审计机关的主要任务是保证财政财务真实性，维护国家财政经济秩序，查处违反财经纪律法规等问题。我国政府审计从 1983 年成立审计署，县以上各级政府设置审计厅局，到 1994 年由江泽民主席签署发布《审计法》，确立了政府审计的法律地位，明确国家实行审计监督。国务院和县级以上地方人民政府设立审计机关。国务院各部门和地方各级人民政府及其各部门的财政收支，国有的金融机关和企业事业组织财务收支，以及其他应当接受审计的财政收支、财务收支，依法接受审计监督。审计机关依法对财政收支或财务收支的真实、合法和效益进行审计监督。就审计工作的隶属关系看，审计法明确要求，审计署要在国务院总理领导下，对中央预算执行情况进行审计监督，向国务院总理提出审

* 本文系河南省审计科学 2019 年度研究课题——《新形势下政府审计人才培养研究》的阶段性研究成果。

计结果报告。

此种模式下，要求审计机关对同属于行政部门的其他行政机关进行监督，审计只能是“相对独立”。审计对象是财务财政收支，整体实施的是财政财务审计，关注的重点是真实合法性，尽管对效益性也有所提及，但是由于当时在我国财务领域内挤占挪用、虚假报账、违法财经法规制度甚至于贪污浪费、腐败案件比较普遍，因此，如何保证财政财务账目的真实性，“不做假账”，提供真实的信息反映，审计中对违背财经纪律、违反财经法规问题的查处是审计机关的首要任务。

随着审计法修订，政府审计还要审查财政资金使用效益，效益审计引起关注。2006 年 2 月十届全国人大常务委员会第二十次会议通过对审计法修订，提出审计工作除了要维护国家财政经济秩序，还要提高财政资金使用效益，开始着力关注效益审计的内容，而审计工作的主体仍然是财政财务收支审计；同时增加了经济责任审计的内容，增加了对社会审计进行监督，增加了审计机关的权力，明确了法律责任，结合新技术的发展提出电子计算机数据处理的规定。而审计工作的管理体制没有变更，甚至还特别提出，审计机关设立派出机构还需要经本级人民政府批准、经本级人民政府批准可在未按规定向被审计单位送达审计通知书情况下直接持审计通知书实施审计、被审计单位对审计机关作出的财政收支审计决定不服可提请同级人民政府进行最终裁决，对于政府审计工作的独立性没有根本改善。

在现行审计体制下，政府既是国家审计机构的领导者，又是国家审计机构的监督对象，造成政府审计独立性差，政府审计报告或公告的真实性、完整性其实得不到保障，这会直接影响政府审计作用的发挥，各级政府在人民群众中的威信也会受到影响。审计管理体制不解决，就造成我国政府审计实质是在政府领导下的内部审计，和西方国家政府审计就是要“审计政府”的职责定位差距较大，而就政府审计的本源而言，就应当是接受人民（全国人大及其常务委员会）委托，对各级政府部门是否履行好受托责任进行审计，最终要向各级人大提供审计报告或结果。因此，必须解决政府审计的职责定位，是要审计政府，为人民服务（张龙平，2010），也就要彻底改革政府审计的组织管理体制。

2018年2月28日，党的十九届三中全会通过《中共中央关于深化党和国家机构改革的决定》，对审计管理体制作出重新部署。“为加强党中央对审计工作的领导，构建集中统一、全面覆盖、权威高效的审计监督体系，更好发挥审计监督作用，组建中央审计委员会，作为党中央决策议事协调机构”。中央审计委员会的主要职责是，“研究提出并组织实施在审计领域坚持党的领导、加强党的建设方针政策，审议审计监督重大政策和改革方案，审议年度中央预算执行和其他财政支出情况审计报告，审议决策审计监督其他重大事项等”①。

2018年5月23日，中央审计委员会召开第一次会议，将审计监督定位为党和国家监督体系的重要组成部分，现阶段审计工作的目标是“要拓展审计监督广度和深度，消除监督盲区，加大对党中央重大政策措施贯彻落实情况跟踪审计力度，加大对经济社会运行中各类风险隐患揭示力度，加大对重点民生资金和项目审计力度”。

成立中央审计委员会，召开第一次会议，对我国政府审计工作有深层次影响，彻底改革了现行审计管理体制，使政府审计工作直接受中央审计委员会领导，摆脱了长期困扰政府审计“独立难、权威差”的问题，使政府审计可以放开手脚真正实现，接受人民委托“审计政府”，为人民服务（而非服务于政府）。另外，中央

① 引自《中共中央关于深化党和国家机构改革的决定》，2018年3月4日，新华社，http：//www. gov. cn/xinwen/2018 -03/04/content_5270704. htm。

审计委员会对政府审计也提出了更高要求，要求政府审计要“全面覆盖”“拓展监督广度”“消除监督盲区”“加大党中央重大政策贯彻落实审计”“揭示经济社会运行中各类风险”，这些字眼实际上在很大程度上拓展了原来政府审计的范围。单纯只是实施财政财务收支审计必将成为历史，要求政府审计真正监督政府，政府制定和实施的所有重大政策都应当是政府审计的工作范围，而这些已经远超出原来财政财务收支审计的范畴，需要政府审计真正关注政府运行的绩效，才能完成党中央对政府审计工作的定位目标。

另外，当前世界发展存在重大不确定性，恐怖主义、强权政治、单边主义兴起影响全球安全，环境问题、全球变暖趋势日益严峻；经济领域不确定性显著增加，国际货币基金组织（IMF）下调了今明两年全球经济增长的预期，中国经济发展也面临严峻考验；人工智能、互联网、物联网、大数据、区块链等科学技术的发展对审计工作都产生重大影响。

政府审计工作面临这些新形势，审计监督要实现“全面覆盖”就必须有人才依托，新形势下需要什么样的人才完成政府审计作为党和国家监督体系的重要组成部分的定位目标？政府审计人才的能力框架应该如何构建？应当如何培养具备这些能力的政府审计人才？政府审计工作面临这些新形势，审计监督要实现“全面覆盖”必须有人才依托，借鉴美国政府问责局（GAO）对政府审计人才要求，探讨我国政府审计人才培养策略。

二、政府审计人才培养文献综述

长期以来，我国政府审计人才缺乏专门培养，主要依靠会计人才“转行”。直到20世纪90年代才开始设置社会审计（注册会计师）专业，而与会计专业区分度较小，多数是在会计专业课基础上增加少量审计专业课程，实质是将审计作为会计组成部分（刘世林，2006）。随着市场经济发展，注册会计师行业受追捧，高校讲授审计课程主要是针对注册会计师培养，涉及政府审计的课程较少，即使是专门讲授政府审计的课程也主要是作为选修课，未给予足够重视。

政府审计人才的培养面临困境，主要原因在于政府审计人才队伍比较稳定，主要通过公务员招录，招录专业上也没有严格限制（马德林、阚爽，2020）；而根本原因还在于我国政府审计长期从事的主要还是财政财务审计，相对于注册会计师审计难度较小，人们对政府审计不够重视，将其作为注册会计师审计的“附属品”，无论审计难度还是规范性都较注册会计师审计差。随着国家对政府审计工作的重视，人们逐步认识到三大审计间的差异，一些高校开始系统培养政府审计人才（康芳芹，2016）。而就目前高校进行的政府审计人才培养看，政府审计课程仍然偏少，政府审计理论教学与实践差距较大，专业教材建设滞后，审计案例陈旧，一些审计实践中的热点问题如跟踪审计、PPP 审计、环境审计等尚没有系统审计教材。

另外，由于审计机关编制受限，自行培养审计人才也是审计机关采取的重要渠道。而无论是脱产培训、挂职交流以及通过全国性审计项目开展来互相学习（陈进，2017），都存在培训时间相对较短，忙于应对日常审计项目等影响人才培养效果问题。短期交流式自行培养审计人才，重点是通过经验分享，掌握审计工作技能，但难以理解专业理论知识，知识面仍然较窄，往往只能停留在基础实践层面，很难升华到理论层面，在整体审计理论层次上难以提升，从培训后的成果大多是“工作经验总结报告”可见一斑。

总之，现行探讨会计人才、注册会计师审计人才培养的文献较多，而专门探讨政府审计人才培养的文献非常有限。政府审计工作面临新形势，如何培养高质量政府审计人才，对于夯实政府审计作为“党和国家监督体系的重要组成部分”的战略定位有重要意义。

三、美国政府问责局的工作部署及对审计人员的能力提升要求

美国总审计长吉恩·多达诺（Gene L. Dodaro）分别在2018年5月9日于科罗拉多州斯普林林斯市举行的第22届政府审计师论坛，以及同年8月13日在华盛顿举行的美国注册会计师协会政府会计和审计变革大会上，就美国政府问责局（GAO）面临的影响政府和社会的发展因素及相关政府问责工作进行发言，对于我国政府审计工作的未来走向及政府审计人员的能力要求具有借鉴意义。

吉恩·多达诺列举了影响政府和社会的八个方面趋势，分别是全球安全、债务和财政展望、经济和贸易、教育和就业、人民和社会的变化、科学技术、政府和治理、环境与可持续性，他分别就这八个方面提出了GAO相关工作要求，并就GAO工作的重要领域、认定的高风险清单、GAO风险评估框架等作出说明。

实际上，2004年美国总审计署更名为美国政府问责局，更准确反映了其所承担的职责，由单纯核查联邦政府的财务状况，发展到负责联邦政府的政策分析、业绩评价、项目评估等方面，财务审计只占到其工作量的15%。美国政府问责局工作的最终目标是提高联邦政府的工作绩效，要对国会和美国民众承担受托责任，审查政府从事的项目是否达到了预期目标，对国会和美国公众负责。由现任总审计长提到的首要影响美国政府和社会的因素（全球安全）可以看出，美国政府问责局的工作重心就是要提高政府工作绩效，无论其是否是财政财务问题，只要可能影响联邦政府的运行绩效，都是其关注的内容和工作范围。

吉恩·多达诺提到影响政府和社会的发展趋势的第一个方面是全球安全问题。首先，他展示了截至2016年全球由美国所界定的恐怖主义安全避难所以及美国外交政策，并引述了国防部所提出的力量再平衡、网络威胁、项目成本控制、人力资源管理、商业化运作五个方面的关键任务，特别指出如果维持和现代化美国核威慑力

量，在以后10年间需要花费3418亿美元。他最后提出，对于美国面临的全球安全问题，政府问责局相关的具体工作包括：分析面临国内外威胁的美国对策及国际努力；评估强化关键基础设施和联邦政府资产的网络安全的努力；评估国防部在不断变化的全球安全环境中满足作战需求、军队部署和重建准备状态的能力；评估维持和现代化美国军事力量和武器系统的能力，包括核安全企业和核力量结构的努力；评估美国应急准备能力和增强应变能力；基于美国国家安全利益的角度，来审视管理外国投资的和全球供应商的影响。

因此，吉恩·多达诺提出，根据政府问责局面临的工作内容，对美国政府审计人员的能力要求更加广泛，不仅要具备一定专业知识（此处专业知识，不仅包括财会审计专业知识，还包括基建工程、网络工程、法律规范等领域专业知识，甚至还要了解军事领域、核安全、核工业等方面的专业知识），还是要具备战略眼光，具有大局意识，能站在全球视野思考问题，而最基本的出发点就是要维护美国的战略利益，保障美国政府运行的良好绩效。

影响美国政府和社会发展趋势的第二方面是美国债务与财政展望。吉恩·多达诺首先呈现了联邦政府债务占GDP的比例（1790－2018年），可以看到2018年该比例已经接近80%。

而且，在2018年6月国会预算办公室（CBO，the Congressional Budget Office）发布的长期预期展望中，其估计债务与GDP的比率，到2028年占到96%，2034年占到107%。巨额的债务产生的利息支出也非常惊人。

CBO预计，到2028年按名义价值计算的债务净利息将增加三倍，按占GDP的百分比计算将增加一倍（由2018年占1.6%，到2028年占3.1%）。CBO预计，到2048年债务净利息将占到GDP的6.3%。由此，在CBO的基线预测中，联邦赤字预计将在2020年达到1万亿美元，平均每年达到1.2万亿美元。

对于债务与财政问题，总审计长提出政府问责局相关的工作包括：进行长期财政模拟，分析联邦、州和地方部门财政状况的驱动因素，包括税收政策、卫生、残疾和退休计划；对联邦债务与债务管理进行深入分析；识别和推荐解决方案，以减少浪费、欺诈、滥用和不当支付的风险；确定和识别减少税收缺口并进一步保护税收收入的机会；确定减少或消除政府项目和活动中的存在的破碎、重叠和重复的可能性；提高财务成本信息质量。

财政监督是政府审计的初始工作，总审计长提出政府审计的风险管理框架，指出高风险领域清单作为政府审计的重要领域。新形势下，政府审计的首要高风险领域是面临的网络安全问题。在网络安全方面，他提出了四大网络安全挑战及十项针对性的关键行动，具体如表 1 所示。

表 1　　四大网络安全挑战及十项针对性的关键行动

主要网络安全挑战	需要的关键行动
建立全面的网络安全战略和实施有效监督	为国家网络安全和（电子计算机创造的）通讯、信息空间，形成和实施更具有综合性的联邦战略
	减轻全球供应链风险（如恶意软件或硬件的安装等）
	解决网络安全人力资源管理挑战
	确保新兴技术的安全性（如人工智能和物联网）
确保联邦系统和信息安全	改善政府广泛推行的网络安全措施
	解决联邦机构信息安全计划中的弱点
	提高联邦政府对网络安全事件的应急反应速度
保护网络关键基础设施	强化在保护关键基础设施网络风险安全中联邦政府的作用（关键基础设施如电力系统网络、电信网络等）
保护私人和敏感数据	提高联邦政府在保护私人和敏感数据中的努力程度
	适当限制私人信息的收集和使用，确保私人信息的获取是经过（当事人）适当理解或允许

其他的高风险领域还有政府行为缺乏整体性、重叠和重复问

题；联邦政府的不当支付、减少欺诈和数据分析法案涉及的问题、数据法案相关问题等。

针对联邦政府的不当支付，根据 GAO 的统计，在 2017 财年涉及不当支付的金额约为 1410 亿美元。其中：医疗保险（medicare）最多，达 519 亿美元，占 36.8%；其次是医疗补助，367 亿美元，占 26.1%；所得税抵免（earned income tax credit）162 亿美元，占 11.5%；其他项目有 361 亿美元。

针对欺诈问题，GAO 充分发挥数据分析的作用，要求政府各级机构建立财务和管理控制，评估欺诈风险，设计和实施相关的反欺诈控制，使用数据监控欺诈趋势。管理和预算办公室（OMB）必须建立一个工作组，以改进控制和其他最佳做法的共享，以处理欺诈和数据分析技术的发展。工作小组必须向国会提交一个计划，以建立可用于解决欺诈的联邦机构间数据库及分析系统。而且，联邦机构必须在三年内连续向国会报告：年度财务报告、贯彻 OMB 指导方针和其他反欺诈指南的进展、识别欺诈风险、建立减少欺诈发展的具体措施。

截至 2017 年年底，GAO 已经向国会和相关职能部门提出了 724 条行动建议，已经被采纳了 376 条（占 GAO 总建议的 52%），联邦政府通过采纳这些建议已经产生了 1780 亿美元的财务收益，若全部采纳剩余的行动建议还能为政府节约数百亿美元。

可见，作为政府审计的初始领域，GAO 围绕重大风险进行财务审计，首先建立风险管理框架，根据风险管理框架确立风险因素，制定风险清单，将网络安全、不当支付、欺诈等领域作为高风险领域予以重点关注。美国债务与财务赤字是长期困扰美国政府和社会的问题，而对债务与财政进行监督审查也是政府问责局的最初始工作。审计人员需要具备会计、财务、财政、税收、审计专业基础知识，还要能熟练运用数据库软件操作系统，进行数据分析、数据模拟运算等。

影响美国政府和社会发展趋势的第三方面是经济、贸易及其联系。美国和七个主要贸易伙伴间存在贸易不均衡。对于 GAO 而言，总审计长提出需要进行的相关工作包括：评估制定规则来监督金融服务业的能力，保持一个稳定、具有竞争力和高效的金融体系；评估联邦政府对消费者保护法律和规则的监管，包括努力确保安全的食品和医疗产品供应；分析怎样形成服务于美国利益的国际贸易规划，包括出口金融和贸易强制；分析美国双边和多边国际资助政策的贯彻和管理。

对于政府审计人员，需要熟悉金融服务业在国际贸易中扮演的角色，具备监管金融服务业的能力；熟悉消费者保护法规，了解政府在监管消法实施上的具体措施及其实施效果；同时，要深谙国际贸易规则，并能以国家利益为核心来重塑贸易规则。

影响美国政府和社会发展趋势的第四方面是教育和就业。一方面，美国雇佣市场上教育水平发生变化，从 2008 年开始拥有博士及以上学位的求职者呈不断上升趋势，而高中及以下的求职者在不断减少。而另一方面，美国国内劳务市场上适龄人口（大于或等于 16 岁）年增长百分比逐年下降，1980 年为 2.2%，到 2018 年只有 0.7% 左右，预计到 2028 年可能只有 0.3%。这就需要更多老年人参与劳动，到 2026 年，65 岁以上老年人参与劳动的比率有望上升。总审计长分析的原因包括：新技术影响可以得到的工作类型，也影响所需的具体工作技能；创新可能导致工作创造，也可能导致工作机会的丧失；变革将对教育和劳动力体系产生影响。

面对教育与就业发展的趋势，GAO 需要做的相关工作包括：评估完善入学准备和 12 年义务教育的政策和管理挑战；评估学生资助项目的管理和监督，评估促进中学毕业后入学和负担能力的项目和政策；评估联邦政府监督和管理就业和培训项目的努力，以评价其是否与经济发展相适应；评估联邦和各州贯彻实施《劳动力创新和机会》法案的努力；评估联邦政府为退伍老兵提供就业援助的努力。

影响美国政府和社会发展趋势的第五方面是人口和社会的变化。由于65岁及以上美国人口占比不断上升，2020年预计达到人口总量的16.4%，2080年将会达到22.5%，人口老龄化问题出现，由此导致联邦政府用于卫生保健方面的支出增长很快，远大于每年GDP的增长。

面对人口和社会的这种状况，GAO的相关工作包括：评估影响卫生保健系统的趋势，包括对公共、私人医疗保险全覆盖及持续改革所需要花费的成本和存在问题；评估医疗保险和医疗补助的筹资、支出和监督；评估减少联邦医疗保健计划中的欺诈、浪费和滥用的努力；评估为退休的老年人提供社会保障和其他福利所面临的挑战，以及雇主赞助的退休计划为老年人提供保障的充分性和有效性；审查能使老年人保持独立的项目的政策和管理。

影响美国政府和社会发展趋势的第六方面是科学和技术发展。总审计长提出了将会改变社会发展进程的五项新科技，它们是基因组编辑技术、人工智能与自动化、量子信息科学、脑机接口与增强现实技术、区块链技术。GAO还计划成立新的办公室，工作重点就是科学技术，具体职责包括进行技术评估和援助、监督联邦政府科学活动；为工程、前沿科技分析和网络安全审计提供技术支持。

针对科学和技术发展，GAO相关工作包括：在医疗卫生人工智能、区块链、电磁脉冲、流感疫苗、抗生素耐药性与机场安全等领域进行技术评估；评估复杂武器系统的技术准备和性能，如哥伦比亚级弹道潜艇、军事空间系统和美国核力量；评估美国国家航空航天局和国防部重大科技项目和采购的成本和进度绩效；审查联邦政府在保护知识产权、增强信息安全、维护隐私和促进创新方面工作的有效性；审查联邦IT投资的有效性和管理；评估支持交通基础设施和相关新技术的联邦投资和项目；评估联邦军用和民用卫星计划，评估为支持和监督符合公共利益的电信所做的努力。

影响美国政府和社会发展趋势的第七方面是政府及其治理，与GAO相关的工作包括突出强调高风险的联邦计划和运转，评估政府范围的管理改革；评估与总统管理议程的关键要素相关的政府项目，如IT现代化、举债经营数据和联邦劳动力；确定如何改善联邦商品和服务采购的渠道和方式；确定如何提高联邦信息的收集、传播和质量；确定改善各级政府补助金和其他联邦援助金的管理。

最后是环境和可持续发展问题。与GAO相关的工作包括，评估联邦政府在确保能源的负担、可靠性及对环境无污染方面所做出的努力；评估联邦政府在应对自然灾害方面的努力，包括应对森林大火、飓风等；评估灾难保险和灾难贷款项目的成本、可用性和管理；审查可持续地管理国家土地资源和水资源的联邦战略；评估管理联邦政府环境负债的努力；评估联邦政府计划确保安全食物供应、解决农业风险和环境影响的能力。

通过这些审计师需要关注的内容，可以发现应对这些工作，需要政府审计人员具有风险意识，并具备风险评估、风险识别和风险防范的能力；政府审计人员要适应网络时代要求，掌握网络安全面临的挑战，熟悉人工智能、物联网等新兴技术的运作及安全漏洞，掌握防范恶意软件安装的一般技能；了解私人和敏感数据获取的方式方法，熟知信息获取的流程以及相应控制措施；了解现行网络安全措施的运行机理，从而发现可能存在的问题并提出改善建议等。另外，政府审计人员还需要深入了解教育就业管理政策与措施，了解医疗保险和医疗补助的筹资、支出和监督流程，了解改变社会发展进程的新科技、自然灾害应对、食品安全、供应链监督等。

由此，GAO对政府审计人员的要求是要成为各个行业的专家[①]，

① 这也确实符合美国政府问责局员工的实际情况，据统计，GAO的员工是涉及多个领域的行业专家，既有经济学家、社会科学家、公共政策分析师、电脑专家，也有熟悉外交政策的专家，以及医疗保健等领域专家。

能够精通关系到政府运行绩效的各个方面内容。在审计师技能再造与能力提升上，GAO 对政府审计人员具体提出了四个方面基本要求：

1. 具备数学和统计知识。具体包括机器学习能力、统计模型、实验设计能力；贝叶斯推理、监督式学习（一个机器学习中的技巧）、决策树、随机森林、逻辑回归；无监管学习（常见方法包括 K－Means、分层集群和自组织地图）、聚类分析、降维分析、梯度下降优化算法和变异。

2. 具备各专业领域知识与软技能。具体包括对各行业领域知识充满热情，对各种数据保持好奇心，不受权威干涉或影响；具有计算机“黑客”的思维模式，成为问题解决者，具有自主战略创新与合作能力。

3. 具备编程与数据库应用能力。具体包括要具有计算机科学基础知识，会运用脚本语言（例如 Python），具备使用计算机统计分析软件包（如 R 软件）能力，能运用数据库结构化查询语言和非关系型数据库，能运用关系代数，操作并行数据库与并行查询处理等。

4. 具备沟通与可视化能力。包括具备讲述“故事”的技巧，能将对数据的洞察力转化为决策和行动，具有视觉艺术设计能力等。

可见，面临信息技术的挑战，GAO 对政府审计人员数字思维、数据应用能力的提升非常重视，而这也是面临现行复杂数据审计环境，政府审计人员最迫切需要具备的能力。而我国政府审计人员的能力状况如何？

根据马德林、阚爽（2020）对 2013－2018 年审计署机关及所属特派办招录公务员的专业要求发现，尽管招录公务员的专业背景从传统财务审计向地质测绘、环境工程、交通运输等工程类以及哲学、历史、自然保护等专业转变，呈现出跨学科、多领域的特征，而工商管理类、财政类、金融类、经济类等专业仍是国家审计机关招用公务员的主体。尤其是包括会计学、审计学、财务管理等在内的工商管理类专业招录人数更是占到各年度招录总人数的1/3左右，最高年份出现在2014年（34.96%）。这就表明，财政财务监督仍是现行国家审计的重要职能。另外，各特派办对计算机类专业人才需求在逐步上升，2017年占到招录全部公务员总数的17.38%，也反映出应对大数据审计环境的挑战，国家审计机关意识到运用计算机技术提高审计效率、保障审计工作质量的重要性。

四、政府审计人才能力框架构建

围绕政府审计人员要“信念坚定，业务精通，作风务实，清正廉洁”的整体要求，借鉴会计人才能力培养的历史沿革，吸收美国政府问责局（GAO）对政府审计人员技能再造和提升的要求，按照“知识（基础）—能力（核心）—素质（保障）”的原则和思路，构建我国政府审计人才能力框架结构如下：

（一）知识结构

具体应包括通识性知识及其他相关知识、学科基础知识和专业知识。

1. 通识性知识及其他相关知识包括政治学、社会学、心理学、哲学、伦理学、艺术学、文学、历史学等方面的人文社会科学知识；要能掌握并熟练运用数学知识、统计学知识、外语和计算机知识，需要关注的是，借鉴GAO的要求，政府审计人员要面对不同行业、不同专业领域，这些领域有许多“高精尖”的知识，而数学知识是它们的基础，因此，政府审计人员在数学知识的掌握上并不仅限于传统初级数学知识的掌握，通信、航天甚至军工、核电领域高科技应用到的一些数学算法也应当有所熟悉。统计学知识要在熟悉基本统计学知识基础上，掌握各种统计模型的运用，能进行数据回归分析，理解变量间的因果关系。

2. 学科基础知识包括掌握经济学、管理学、金融学、会计学、审计学等学科基础知识，为政府审计学习建立良好、扎实的知识背景；熟悉国内外与会计、审计相关的法律规范和国际惯例，了解本学科的理论前沿和发展动态，具有相近学科和交叉学科的相关知识。

3. 专业知识包括政府审计基础、绩效审计、经济责任审计、环境审计、专项审计案例，系统掌握审计学专业包括基本理论、方法和技能在内的专门知识，具有审计案例分析与审计软件操作知识，具有内部审计、管理咨询等专业知识。

（二）能力结构

1. 能够熟练运用审计技术和方法处理实际问题，具有初步的审计师执业能力；熟练掌握审计定性和定量分析方法，准确地陈述和处理会计事项，熟练进行审计职业判断，撰写审计工作报告。

2. 具有较高专业水准，具有实施绩效审计的能力；能够对审计中发现的问题进行综合分析，为决策支持和风险管理提出合理建议；具有文献检索和资料查询等知识与信息的获取能力，具有良好的人际关系和团队精神，有较强的语言与文字沟通能力；具有较强的学习提高和知识转化应用能力，能独立思考并具有创新思维。

3. 具有适应复杂运算审计的能力，如具有机器学习能力，理解贝叶斯推理，掌握决策树原理、随机森林理论，了解梯度下降优化算法；具有运用高级统计分析能力，如能进行聚类分析、层次分析、降维分析等；具有适应大数据时代发展的审计监督能力，了解运用C语言、VB、脚本语言等进行计算机编程，掌握SQL数据库、Access数据库、VFP数据库的应用。

4. 具有较高的沟通能力和技巧，能洞察数据背后的真相，保持对各种数据的好奇心，具有主动进行创新的能力。

（三）素质结构

1. 具有过硬的政治素质和党性修养、坚定的政治方向、积极向上的人生理念，有深挚的爱国情怀、强烈的法治观念、良好的道德修养和社会责任感；有较强的事业心、责任感和严谨的工作态度；有健全的心理和健康的体魄。

2. 能坚持原则，不受权威干涉或影响，不屈从外部压力，客观公正，实事求是，积极维护国家利益；自身做到廉洁自律，有强烈的公民意识，追求科学的态度。

3. 真诚热爱从事的政府审计岗位，勤勉高效，严谨细致，保证审计工作质量；执业中积极保守国家秘密、商业秘密。

五、新形势下政府审计人才培养的路径

（一）构建政府审计人才质量评价体系

我国政府审计面临新形势，借鉴美国政府问责局的工作部署及对员工的能力要求，政府审计理论界应与实务界协同合作，尽快研究构建新形势下的政府审计人才质量评价框架，作为高等院校政府审计人才培养以及政府审计机关人才招聘的质量标准。现行政府审计人才培养体系是依附于社会审计，缺乏独立的人才质量评价体系，就导致政府审计人才的供给侧与需求侧都没有可以参照的标准。究竟政府审计人才应当具备哪些知识与能力？哪些是通用能力要求？哪些是特殊能力要求？面临审计环境的变化，哪些是政府审计人员最应提高的能力素质？这些问题都需要通过政府审计人才质量评价框架的构建来解决。由于政府审计面临的审计环境与社会审计、内部审计有显著区别，政府审计对象的特殊性决定了政府审计人员在审计中面临的审计环境通常具有高度信息化特征。因此，政府审计人才质量评价体系的构建，应突出强调应对现行数据化审计环境的意识与能力，提升数据思维和数据处理能力，在掌握计算机科学知识基础上，突出强调数理统计知识以及数据库应用能力。

（二）突出政府审计人才培养的特色

不同于传统强调业务处理的会计、财务等学科，审计学科有独

特学科体系，需要审计人员具备绩效评价、环境工程、信息技术等领域专业知识与审计技能。有条件的高校应独立开设审计学院（系），把政府审计作为二级学科独立开设，与政府审计机关密切合作，共同制定政府审计专业人才培养方案，明确专业核心课程，根据政府审计领域设置专业课程模块，根据政府审计面临的新形势开设探讨性选修课程；丰富政府审计专业人才的实践锻炼形式，把校内理论学习与政府审计实践有机结合。在教学中，应着力体现政府审计“服务党和国家政策方针、密切追踪经济社会发展趋势、揭示经济社会运行风险隐患、审计政府与服务人民”的特色，紧扣政府审计实践，及时总结政府审计实践案例，探讨大数据审计理论、欺诈风险管理框架、政府审计功能等政府审计基本理论问题，建立健全政府审计准则体系，逐步构建政府审计理论框架。

（三）高等院校与政府审计机关密切协作

高等院校致力于理论研究，对会计审计、经济管理等审计相关理论有深入研究，但缺少将审计理论运用于审计实践，缺乏理论应用性检验。各级审计机关忙于审计事务，有丰富的审计操作技能，总结有诸多审计案例，尽管定期有审计总结、案例分享等内部交流活动，但多属于经验介绍，升华到理论层面的较少。由于编制限制，政府审计人员队伍比较稳定①，面临“全面覆盖”的审计要求，扩大审计人才队伍是大势所趋，急需掌握政府审计专业知识、具有较高思想觉悟的审计专业大学生。因此，审计机关和相关高等院校应进行战略合作，选派专业教师到审计机关实践锻炼，定期进行理论研讨、案例交流；将相应政府审计机关作为专业实践基地，高校定期选派优秀大学生到审计机关进行实践锻炼，提升大学生专业实践能力，为政府审计培养后备人才。

① 马德林、阚爽（2020）的调查表明，2013－2018 年国家机关招录人数整体波动比较小，每年审计署机关及各特派办招收公务员保持在 150 人左右。

（四）改进政府审计干部培养机制

除高等院校外，审计干部在职培训也是政府审计人才培养的重要组成。充分履行对国家和人民负责的承诺、清正廉洁、刚正不阿是政府审计人才的显著特色。各级审计机关首先应紧扣新时代教育主题，强化政治思想引领，牢固树立服务意识，强化党性修养，绷紧廉洁自律底线，提升审计基础理论，服务政府审计实践，全方位提升政治与业务素质。同时，面对政府审计工作面临的新形势，各级审计机关必须完善激励考核机制，落实末位淘汰，让审计干部自觉学习专业知识，提高审计专业胜任能力，更好适应新形势下政府审计工作面临的挑战。另外，除了当前审计干部短期脱产培训、不同层级审计机关干部相互挂职交流以及利用全国性审计项目进行的相互学习外，应多利用网络信息技术，开辟多种学习沟通交流平台，交流工作经验；引入高校或审计署科研所理论专家，让理论与实践更好结合，提升审计干部的专业素养。

参考文献：

张龙平，2010. 从每年政府审计工作报告所想到的［J］. 财务与会计（01）：66.

刘世林，2006. 论我国审计人才需求和高校审计人才培养模式［J］. 审计与经济研究（05）：36－41.

马德林，阚爽，2020. 新时代国家审计人才需求特征探析——基于国家审计机关招考职位［J］. 财会通讯（04）：156－160.

康芳芹，2016. 国家审计职业化现状、分析及对策研究［J］. 审计月刊（01）：25－26.

陈进，2017. 国家审计专业人才培养的实施路径［J］. 审计月刊（09）：20－22.

叶文晖，刘国常，2017. 对信息化审计人才培养的思考［J］. 财会月刊（17）：95－100.

刘家义，2009. 大力加强审计队伍建设 推进审计事业科学发展［J］. 中国审计（17）：15 - 23.

阎强，2012. 论国家治理与国家审计支撑体系［J］. 审计月刊（01）：8 - 10.

朱萍，2012. 论社会管理创新视角下政府审计人才结构优化——以广西为例［J］. 会计之友（19）：84 - 85.

张庆龙，2013. 我国企业内部审计职业通用胜任能力框架设计研究——基于问卷调查的分析［J］. 会计研究（01）：84 - 91，96.

GAO，2018. Government Auditing Standards（2018 Revision）［EB］. www.gao.gov.

论普通本科转型背景下的“对口生”培养问题*

普通本科向应用技术型高校转型，旨在培养动手能力强的高素质复合型应用人才。对口升学招录的大学生（以下简称“对口生”）在入学前已具备一定的实践能力，能更好更快培养成为应用人才，更符合应用技术型高校的培养目标，应成为应用技术型高校的重要生源。现行与普招生相同的培养模式，使对口升学失去了在高等职业教育中的应有价值。普通本科向应用技术型高等学校转型，举办本科职业教育，利于培养大量应用技能型人才，满足经济社会发展需求。对口生在中职学习阶段具备了一定的实践能力，是培养高素质复合型应用人才的最佳“原材料”，他们更适合进入应用技术型高校学习，更好更快地实现人才培养目标。由于对口生的学习基础、心理状况与普招生存在明显差异，现行“一视同仁”的不对口培养模式必须改革。笔者根据长期从事的会计对口生教学和调查研究，对应用技术型高校对口生的培养问题进行探讨。

一、普通本科转型与对口升学

《国家中长期教育改革和发展规划纲要（2010－2020年）》提出要重点扩大应用型、复合型、技能型人才培养规模。《国务院关

---

* 本文发表于《河南科技学院学报》，2015年第12期。

于加快发展现代职业教育的决定》提出要引导普通本科高等学校转型发展，引导一批普通本科高等学校向应用技术类型高等学校转型，重点举办本科职业教育。教育部有关负责人明确表示将促使600多所地方本科高校向应用技术、职业教育类型转变，占到我国普通高等院校数量的一半左右。普通本科转型为应用技术型本科，重在提升学生实践能力，培养更多适应经济社会发展需要的动手能力强的高素质复合型应用人才，以促进就业为导向，将学校教育与社会需求密切联系。

我国从1991年开始实施“对口招生”政策，搭建技术技能人才培养“立交桥”，提高了我国高素质技术技能人才培养水平。《教育部关于推进高等职业教育改革创新 引领职业教育科学发展的若干意见》提出要增加中等职业学校毕业生对口升学比例。对口生在中职阶段学习教育中注重的是实践能力的培养，进入应用技术型高校学习前即具备一定的实践能力，已经是应用人才培养的“半成品”，和应用技术型高校的其他生源比，能更快更好地成为高素质复合型应用人才，应该成为应用技术型高校的重要生源。

普通本科转型为应用技术型高等学校，为对口生提供了进入更高层次学校深造的机会，赋予了对口升学新的内涵。转型背景下，以专业知识为纽带，对口升学实现了中职教育、高职教育（含专科、本科职业教育）的有效贯通，实现中职教育与高等教育、职业教育与普通教育有机衔接，符合经济社会发展的要求。伴随着对口招生院校层次的提升，必将进一步增加职业教育的吸引力，促进中职教育的发展，进一步缓解普通高考的压力，真正实现职业教育与普通教育共同发展的大格局。对口升学是真正能实现现代职业教育体系培养应用型人才目标的有效途径。

而由普通本科院校转型的应用技术型本科师资力量雄厚，沿用传统本科教育模式，追求学科建设，注重深厚专业基础理论的传授，随着人才培养目标定位的转变，必须从根本上探究人才培养模式的变革。针对对口生这一群体的特点，实施有区别的对口培养模式。

二、应用技术型高校对口生培养现状分析

（一）忽视对口生与普招生在文化素养与专业基础上的差异，以普招生为培养对象的课程设置不符合对口生的特点

中等职业教育人才培养的目标是就业，教学时围绕职业岗位技能进行，进入高校前对口生都有一定的专业基础。如本院历年招收的会计专业对口生，进入高校前都已经学习过基础会计、财务会计、成本会计等专业基础知识，一些同学已取得会计从业资格证书。而由于没有接受过正规的高中教育，文化基础课如英语、数学等较差，基础知识掌握不系统。以参加大学英语四级考试为例，普招生在一年级通过大学英语四级考试比较普遍，而对口生在毕业前如果能通过已经是非常不容易的事。

多数院校采用与普招生相同的人才培养方案，教材选择、课程设置没有差异。由于缺乏前续课程的衔接，基础理论知识的学习存在断层，对口生学习基础理论课程压力和负担大，缺乏学习兴趣，缺课、注意力不集中、厌学现象较普遍。专业课设置上，教学管理中常忽视对口生入学前的调研，重复开设专业课、教学内容重复现象时有发生。

（二）忽视对口生与普招生职业定位的差异，实践教学效果缺乏保障，对口生实践能力没有得到持续提升，致使对口升学丧失去了在高等职业教育中的应有价值

笔者通过在教学中与对口生的沟通及问卷调查显示，在未来目标职业定位上，由于文化基础课成绩较差，升本、考研等深造难度大，对口生多选择从事实务工作。陈水生（2007）通过对普高生和对口生是否愿意“专升本”的调查也表明，有 71.2% 的对口生

是想学好一门技术，找一份理想的职业。因此，面向就业的实践能力培养应当是对口生培养的核心。由于对口生已具备一定的实践能力，实践教学的重点应放在实践能力的提升上，如专业综合应用能力、分析解决问题能力、职业技能开发能力。

现行以普招生为培养对象进行的实践教学，注重以具备职业岗位技能为主的基本实践能力训练，而有利于实践能力再提升的综合实践能力培训较少开展。以会计专业对口生为例，实践教学还是从最基本的账务处理流程入手，再到具体会计要素实训，最后是会计综合实训，而训练综合实践能力的报表分析实训、审计实训等开展较少。另外，即使单独编班的对口班在师资配备、教学方式、考核手段上采用与普招生相同的模式，缺乏保障实践能力再提升的机制，导致对口生丧失在实践能力上应具有的特色，对口升学演变为重新进行 3 –4 年职业教育，失去了对口升学在职业教育中的应有价值。

（三）忽视对口生与普招生心理状况的差异，对口生的心理健康问题得不到有效关注，缺乏对口的心理疏导与关怀项目

王冰蔚（2011）运用 UPI 对 7373 名大学新生进行心理普查，结果显示对口生存在严重心理问题，主要表现在心理压力大、缺乏自信、易焦虑、缺乏安全感、人际交往敏感、悲观等。与统招生相比，对口生的心理健康状况较差，应关注对口生的心理健康问题。

如尽管升入本院会计专业的对口生都是所在中职学校的优秀生，而由于英语、数学等文化基础课较差，升本、考研等继续深造难度较大，“差生才接受职业教育”的社会偏见以及当前严峻的就业形势，这些因素使对口生承担了巨大的心理压力，消极、自卑情绪严重。教学中学生普遍缺乏自信，课堂上积极参与讨论的学生很少。

三、改革应用技术型高校对口生培养模式的建议

（一）建立与中职阶段学校联合培养对口生的机制

针对对口生教育现状，必须探索建立应用技术型高校与中职学校联合培养机制。由教育行政主管部门牵头，联合制定专业人才培养方案，在培养目标、课程开设、实践能力培养等方面保持延续与衔接，明确界定各自教授内容与教学重点，彻底解决教学内容重复问题。建立与中职学校专业教师流动机制，定期派专业教师到中职学校进行教学指导，灌输最新的专业理念，提升中职教学水平，相互交流实践教学经验，逐步形成应用型人才系统培养机制，促进应用技术型高校与中职学校协调发展。由此，通过对口升学，实际上就把高等职业教育与中等职业教育两个相互分离的职业教育阶段融合成一个有机整体，就把高素质复合型人才的培养年限由单纯高等职业教育的3－4年拓展到包含中职教育在内的6－7年，有充足的时间保障，有这两个阶段反复的实践实训体验，完全可以掌握任何专业技术，培养出适应经济社会发展需要的合格人才。

（二）调整对口生的课程体系设置

根据对口生的特点，强调实践能力的培养，科学安排教学内容和学时。基础理论课，教学安排上既需要为弥补断层而补充必要的前续理论知识，有一个良好衔接，又要强调实用性，不刻意追求学科知识的完整和系统性。专业理论课，鉴于对口生已具备专业基础，应压缩学时，提炼教学重点，注意知识体系的更新。专业实践教学，注重职业能力培养，适当提升技能培训的起点，重点放在综合应用能力、分析解决问题能力、业务拓展能力等提高实践能力培训上。增加专业选修课的开设，拓宽专业方向，增加学生就业选择的多样性、灵活性。

同时，课程内容与职业标准对接，选择专业技术资格考试教材、课程开设时间适应考取职业技术资格的要求等。如会计专业对

口生教学，选择会计专业技术资格考试辅导教材来授课，保持教授内容与职业标准评价内容一致，使学习更有针对性，提升学习兴趣。课程开设时间上，应充分考虑到职业资格考取的方便，如大一课程设置整体要体现会计从业资格和初级职称考试的要求，上学期可直接开设会计电算化、会计职业道德与法规基础课程，足以保证学生在一年级就可以取得会计从业资格；下学期可以按照初级会计职称考试的要求来开设初级会计实务和经济法基础等。

（三）完善提高对口生实践能力的保障机制

对口生实践能力的提升需要同时具备专业理论和实践能力的“双师型”教师进行专业课教学。应用技术型高校专业课教师实践经验普遍匮乏。专任教师应积极寻求多种渠道参与生产经营管理实践，积累企业工作经验，提高实践能力，这是提高师资实践能力的长期策略。聘请实务界的能手作为兼职教师，承担教学任务，可作为弥补专任教师实践能力缺乏的权宜之计。同时，教学中大量实施以培养学生实践能力为核心的案例教学更具有积极意义。案例教学通过设置逼真的情形，鼓励学生积极参与，让学生体验实际工作，提高学生分析解决问题能力。最后，构建以实践能力为核心的考核评价体系。对于实践性强的课程采用情景模拟、实验室操作等形式来考核，将案例总结报告、社会实践鉴定报告作为平时成绩加入学期总评，并不断加大比重。结合“双证书”制度，增加职业资格证书在考核体系中的比重。真正落实“学分制”，使那些在专业课学习上学有所长的学生可以缩短修业年限。相对于研究型大学，应用技术型高校的学制可以更加灵活，可以是3年或4年，甚至1年或2年。

（四）开展针对对口生的心理健康教育

随着学习、就业压力日益增大，大学生心理健康问题引发关注。大学生杂志社、中国大学生网发布的调查报告显示，九成多的大学生有过心理方面的困扰。一些大学生价值观出现偏颇、心理承受能力脆弱、自我保护意识差、恶性伤害案件时有发生。这不禁令人深思，让人引以为豪的当代大学生怎么会出现如此心理问题？高等教育是否尽到职责？

与统招生相比，对口生的心理健康状况更应引起足够的关注。从入学伊始，就应针对对口生开展全面持续的心理健康调查，引导他们制定个人发展计划，用积极态度衡量与评价自己。改进现行心理健康教育课程，开展针对对口生的心理健康教育专题，使对口生掌握心理健康知识，学会调节心理的方法，不断树立自信心。举办积极、健康向上的文化活动，提供良好的文化氛围。高校心理咨询中心要提升服务水平和服务意识，深入学生，发现不良苗头及时沟通与辅导，及时疏导对口生遇到的就业和情感问题。

参考文献：

王冰蔚，2011. 高校对口生、统招生人格健康比较研究［J］. 高教探索(02)：142－145.

陈水生，2007. 浅谈对口升学在高等职业教育中的不对口教育［J］. 成人教育（01）：65－67.

于红，容文杰，2003. 提高对口生教学质量的思考［J］. 职业技术教育(04)：68.

李雪花，张燕燕，2008. 日本中等职业教育与高等教育衔接模式的启示——以“对口升学”培养模式为中心［J］. 河南职业技术师范学院学报(职业教育版）(05)：62－64.

论审计课程案例教学之优化*

高职院校审计课采用实践性的案例教学模式，能更好满足国家对高职教育的目标定位。审计案例教学的关键是案例的选择与设计，要针对审计理论与审计实务选择实施不同的案例教学模式。树立案例教学观念、提高教师实践和科研能力是案例教学实施的首要保障，同时要建立健全案例教学的激励机制，采用现代化教学手段等。

教育部发布的《关于全面提高高等职业教育教学质量的若干意见》提出，高等职业教育肩负着培养面向生产、建设、服务和管理第一线需要的高技能人才的使命。高等职业院校应当培养学生的社会适应性，教育学生树立终身学习理念，提高学习能力，学会交流沟通和团队协作，提高学生的实践能力、创造能力、就业能力和创业能力。审计是我国高等院校财经专业主干课程，具有很强理论性、技术性和实践性，其中实践性是该课程最重要的特征。因而以培养学生实践能力为核心的案例教学应成为高职审计教学的重要内容。

一、案例教学在高职审计教学中的意义

高等职业院校现行审计教学模式主要是传统讲授式课堂教学，以教师讲授理论为主，学生被动接受和记忆知识，师生之间缺乏有

* 本文发表于《商业会计》，2012 年第 3 期。

效互动，学生主体作用难以发挥，难以激发学生的学习兴趣，不能培养学生的实际操作能力。案例教学是指在教学中以案例为主要内容，充分发挥教师主导、学生主体的作用，教师通过设置案例，引导学生进行分析评价，从而培养学生创新和实践能力的互动教学方法。高职审计教学中采用案例教学意义深远。

（一）审计案例教学有利于全面推进素质教育，培养学生的综合能力

案例教学中理论与实际密切联系，使抽象的审计理论形象化，激发了学生学习知识的兴趣。突破传统教学的灵活多样教学方式还增强了学生对知识的渴求，提高了学生分析解决问题的能力。适时有效进行审计工作底稿的填制增强了学生的实务操作技能。

（二）审计案例教学有利于提高德育水平，培养学生诚信素质、沟通协作能力

职业教育应把德育放在首位，坚持育人为本，全面推进素质教育，突出以诚信、敬业为主的职业道德教育。没有健全人格和鲜明个性，不具备文化素质和健康心理的人不能称之为人才。西方发达国家的审计教育十分重视对审计人员的实际工作风格、完善人格、强烈的事业心和社会责任感的培养。案例教学中，通过分析案例，查找错弊，讨论舞弊行为导致的社会影响和严重经济后果，使学生充分认识到诚信在审计工作中的重要性。通过课程上学生分工协作，共同协商解决问题，利于培养学生的沟通协作能力。

（三）采用案例教学有利于进行教育教学方法的改革，提高师资水平

高职审计教学的目的是培养面向审计工作第一线的具有社会适应性，具备实践能力和就业能力的高技能人才。案例教学以理论分析为前提，课堂上以案例为主线，着重培养学生分析、解决问题以及动手操作的职业能力，更强调了实践教学的重要地位，突破了传统理论教学模式，符合高职教育的根本目的。因此，开设审计课程的高职院校必须深化教育教学方法改革，实施案例教学。审计案例教学对任课教师提出了更高要求，不但要对课程理论体系非常熟悉，更要具备丰富的教学与实践经验。发达国家高校教育十分重视教师实践操作能力，一般都具有“双师型”或专业执业经历。目前我国高校审计学教师中“双师型”教师比例整体较低，必须提高实践和科研能力才能满足审计案例教学要求。

二、案例教学组织

（一）案例选择

审计案例是联系审计理论与实践的纽带，精心选择适合高职教育的案例是审计案例教学成败的关键。案例获取渠道包括教师参加审计工作获取的实务资料、参考审计案例教材、通过网络媒介获取、根据会计审计理论设计的案例等。其中以亲自参加实务工作所获取的第一手案例资料最好，真实可信，与现行实务工作紧密联系，实务指导性强，学生学习积极性高，而且教师自身往往保留有参加审计工作的大量空白审计工作底稿，让学生尝试填写，体会作为审计人员的实际情形，不但激发了学生学习审计的兴趣，而且培养了学生的动手操作能力，提高了实践技能。参考审计案例教材时要注意案例选择的适用性和适时性。因为我国审计案例研究还处于初始阶段，已出版的审计案例书籍中所选用案例大多反映的是国外审计实务，与国内教学内容很难紧密相关。同时大部分内容是审计发展史上的精典案例，与现行风险导向审计的理念有一定距离，在选择时应注意对细节问题作必要的修订。

总体来说，选择审计案例应当关注以下几方面质量标准：

1. 案例的针对性。好的审计案例要能体现所学审计理论，使学生能运用所学知识进行分析讨论，要让学生有一种学以致用的“成就感”。只有如此才能在巩固所学审计理论的同时，提高学生分析解决问题的能力。

2. 案例设计的灵活性。审计案例设计时形式要多样，解答问题的思路要多样，而且答案应有一定的灵活性，答案要不唯一，经过讨论结论可能有多种结果，以培养学生的发散性思维，提升学生创新意识和专业判断能力。

3. 案例的真实性。来源于教师亲身经历的审计案例在教学中最受学生的好评，学生反映积极，兴趣很高，最能培养学生的综合能力。而在关注真实性同时，审计案例还应具有一定的前瞻性，既要源于实际又要高于实际。

4. 案例的适时性。要充分利用网络资源，关注会计审计界的最新动态及最近发生的社会热点案例，提高学生阅读和学习兴趣，并让学生能够随时接触反映时代特征的审计实践。

（二）课堂组织

审计课程内容主要分为审计理论与审计实务两部分，应当分别采用不同的案例教学模式。

1. 审计理论部分。审计课程往往在会计学、财务管理、财经法规等相关专业课程后开设，而由于审计理论部分自成体系，非常抽象，学生刚接触审计专业知识，理解起来非常困难。所以此阶段进行审计案例教学目的是使审计理论变得形象生动，容易被学生理解。在案例选择上应选择审计学上的精典案例，教学方法上应以理论讲解为主，结合理论来讲案例。一般可以遵循“案例—理论—案例”的教学思路，先引入案例，提出问题，让学生带着问题来听教师对理论的讲解，而后再回到案例，运用所学知识对案例进行讨论分析，强化学生对理论的理解，让学生对审计课程轻松入门。

2. 审计实务部分。由于学生已经有一定的审计专业知识储备和分析问题的能力，案例教学可广泛应用于不同业务循环或某一具体审计项目中。结合具体审计理论及学生了解程度不同，具体教学中可以采用以审计理论讲述为主，结合审计理论组织课堂案例分析与讨论；也可以案例为主线，教师引入案例，进行简要分析后提出问题，而后组织学生分组讨论，教师再讲解理论，最后总结归纳，将理论融入案例中，以一个完整的有针对性案例作为课堂教学的主题。

案例教学中，应注意发挥教师的主导作用和学生的主体作用，尤其要突出后者。教师在整个案例教学过程中起引领作用，负责引入案例，提供学生进行分析的资料，讲解分析其中所涉及的新审计理论，鼓励学生积极参与讨论，给予及时引导，把控好分析方向和进程，使学生讨论紧紧围绕案例进行，保证在有限课堂时间完成教学任务。而案例教学的最终目的是通过设置一定的逼真案例情境，让学生体验实际审计工作，提高分析解决问题以及动手操作的实践能力，所以案例教学的“主角”应该是学生，学生是案例教学的主体。教师在提供必要引导后，应主动转为“后台”控制，让学生针对具体案例及细节问题进行分析，充分发挥学生的潜能，集思广益，分组给出解决问题的方案。教师讲评时，要针对具有创新性、实践性的解决问题思路予以充分肯定。案例教学的关键在于激发学生进行发散性的思维，强调得出结论的分析过程和解决问题的方法，充分发挥学生的创造力和想象力，而不必强求答案唯一。要鼓励学生积极参与案例讨论，因为这不仅是与他人相互交流观点的过程，也是锻炼自己就业能力的机会。而积极的案例讨论有利于锻炼学生的分析能力、沟通能力，提升学生的创造和就业能力。

（三）课后总结

教师要在案例教学后及时总结课堂教学中的经验和存在问题，特别是案例选择的适用性、教学效果与预期差异，以及案例中学生争论的焦点问题，详细分析学生产生分歧的原因是基本审计理论掌握不好或运用不恰当，还是案例提供信息模糊。只有进行持续不断的分析总结才能进一步优化案例教学。学生课后要及时书写案例总结，不但可以强化对相关理论的理解，而且可以培养逻辑思维和综合能力，还可以作为进行平时成绩考核的重要依据。

三、高职审计案例教学保障措施

（一）结合高职教学特点，树立案例教学的观念，提高教师自身的实践能力和科研能力

实施案例教学在高职审计课程教学中具有重要意义，与传统教学方式相比更利于学生掌握审计技能，提高实践和就业能力，利于满足我国高职教育的整体目标。所以要从根本上解决当前审计教学中的问题，首先就要求从学校教学部门领导到任课教师都要更新教学观念，充分认识到案例教学的重要性。其次要提高教师业务素质。任课教师是组织审计案例教学的关键因素。现任审计教师中，除了个别从企事业单位调入，大部分没有亲自参加审计实务工作的经历，没有审计实践经验，这就要求教师自身要适应案例教学需要，积极寻求多种渠道参与审计实践，提高实践能力，逐步提高“双师”教师比重。同时，要求审计教师加强教学改革研究，转变传统教学方式，积极探讨案例教学教法，收集与选择教学案例，建设与及时更新审计案例库，这都需要教师提高科研能力。

（二）建立健全推广审计案例教学的制度

学校要积极适应高职教学要求转变观念，深化教育教学改革，根据市场和社会需要，不断更新教学内容，改进教学方法，充分认识到审计学科案例教学的重要性，加强审计学科师资队建设，制定针对案例教学的相关制度，鼓励任课教师在审计案例编写及案例教学上有所作为，积极加强与企事业单位、会计师事务所合作，丰富教师的实践经验，充实案例教学内容。改变对教师评价的传统模式，将案例教学效果与教师考评相结合，在教师业绩评定制度中加入对教师案例教学设计与实施的评价内容，提高

计算案例教学课时量的折算系数，将案例教学实际成效与教师切身利益直接挂钩，体现在教师评定职称、薪酬晋升、评优评先等方面，形成对案例教学的激励机制。从制度上保证案例教学模式在审计教学中的推广运用。学生考核上，将平时采用案例教学所书写的案例总结报告作为平时成绩加入学期总评成绩，并不断加大其在期末总评中的比重，以促进学生参与案例教学的积极性，提高案例教学效果。

（三）采用现代化教学手段，提高案例教学效果

充分发挥各种现代化教学媒介的作用，不但可以降低教师劳动强度，增加教学知识量，提高教学效率，而且可以增强课堂教学的直观性，加深学生对审计理论的理解，将理论与案例密切联系。有条件的院校可以建立计算机审计模拟实验室，让学生动手在计算机上操作，获得整个企业完整的资料进行全面风险评估，填制工作底稿，以适应现代计算机审计的普遍要求。

（四）案例教学与其他教学方式的结合

职业教育要为提高劳动者素质特别是职业能力服务，要改革以学校和课堂为中心的传统人才培养模式，加强学生实践能力和职业技能的培养。因此，单纯的课堂案例教学不足以满足培养学生实践和就业能力的要求，还要辅以其他教学形式，如建立审计模拟实验室、聘请经验丰富的审计人员进行专题讲座、建立校外实训基地、校企合作进行顶岗实习等，通过这些方式使学生深入体验审计工作的过程与环境，进一步拉近理论与实践的距离，培养学生的实际业务操作能力，真正成为服务生产管理一线的高技能人才。

参考文献：

蒋乐仁，2009. 论案例教学法在高校审计教学中的应用［J］. 经济研究导刊（02）：226－227.

舒利敏，2008. 案例教学法在审计教学中的应用［J］. 长江大学学报

(社会科学版)(06):287-288.

郝晓雁,辛旭,2007. 审计学案例教学存在的问题及对策 [J]. 财会月刊(18):95-96.

李冬伟,李建良,王芸,2006. 案例教学中审计案例选编新探 [J]. 会计之友(下旬刊)(11):62-63.

专题二

公允价值信息质量研究

A 股银行业上市公司公允价值层次信息披露：问题、原因及改进*

公允价值计量准则要求披露公允价值层次信息，旨在提升公允价值可靠性。以上市银行 2018 年年报为样本，发现公允价值层次信息披露存在层次概念界定不准确、披露内容不完整、重要不可观察输入值缺乏量化信息、现值技术运用混乱等问题。从加强公允价值计量准则的宣传教育、制定发布公允价值计量的实施指南、强化公允价值层次信息披露监管等提出政策建议，以期提升公允价值信息质量，更好服务金融市场信息使用人需求。

在当前市场环境下，划分公允价值层次为评价公允价值计量结果是否可靠提供了权威依据（于永生，2009）。我国财政部 2014 年年初发布与国际趋同的公允价值计量准则（CAS39）中亦引入公允价值层次，通过增加信息披露来弥补公允价值信息可靠性的缺陷。而上市公司是否严格按照公允价值计量准则的规定，对公允价值层次信息进行了充分披露？准则中的基本概念是否在披露中得以正确运用？是否需要进一步补充指南以指导公允价值计量？围绕这些问题，以公允价值运用的重要领域——银行业为例，通过查阅 A 股银行业 2018 年度财务报告，分析整理银行业在公允价值层次信息披露上存在的问题，剖析其间的原因并提出政策建议，为推进公允价值计量准则的有效实施，强化信息披露监管提供借鉴。

* 本文核心内容发表于《财务与会计》，2020 年第 15 期。

一、公允价值层次

公允价值受到诟病的根源是缺乏活跃市场报价时的计量问题，此时公允价值计量主要采用估值模型，融入大量主观判断，可靠性相对较弱，也给管理层利用公允价值进行盈余管理甚至恶意利润操纵留下空间。如何提升公允价值计量的可靠性？

国际准则制定联合工作组（JWG，2000）较早提出公允价值层次的初步构想，建议按照计量日相同工具市场脱手价、接近计量日相同工具市场脱手价、计量日相似工具市场脱手价、接近计量日相似工具市场脱手价四个层次选取参数进行公允价值计量。2002年美国财务会计准则委员会（FASB）与国际会计准则理事会（IASB）为采用“购买法”计量企业合并中取得的资产和负债设计了一个初步的公允价值计量层次（于永生，2010），将公允价值计量所使用的参数范围拓展到不可观察参数，应用估值模型计量公允价值。2003年，FASB将“公允价值计量”列入议程，开始将公允价值层次作为公允价值计量准则的重要内容展开研究。直至2006年9月发布第157号财务会计准则“公允价值计量”（FAS157），正式将公允价值计量所依据的参数分为三个层次。

在公允价值计量准则发布前，我国会计准则体系中也隐含了层次理念。如资产减值准则在确定资产可收回金额时就提出了一个从“公平交易中销售协议价格”到“活跃市场价格”再到“参考同行业类似资产最近交易价格”，直至最后选择“预计未来现金流量的现值”的计量顺序选择规定；非货币性资产交换准则也提出了从“活跃市场价格”到“同类或类似资产活跃市场价格”再到“估值技术”来确定换入或换出资产公允价值的计量顺序。其他准则，如债务重组、企业合并等也存在着类似按层次理念计量公允价值的规定。而分散到不同准则中按层次理念计量的公允价值存在不一致（如对存货公允价值的确定，企业合并准则与债务重组准则就存在差异)，影响公允价值信息的可比性。2014 年年初，与国际趋同的公允价值计量准则发布，按公允价值计量所使用的输入值，统一规范公允价值层次。计量日取得的活跃市场中相同资产或负债未经调整的报价是第一层次输入值，其可靠性最强；第二层次输入值是第一层次输入值以外相关资产或负债的直接或间接可观察输入值，具体包括计量日可获得的类似资产或负债在活跃市场中的报价、相同或类似资产负债在非活跃市场中的报价、报价以外的其他可观察输入值等，利用该层次确定公允价值时需要对市场报价进行调整，而这种调整主要依靠主观判断，得到公允价值的可靠性较第一层次弱；第三层次输入值则指资产或负债的不可观察输入值，其主要以不可观察参数进行公允价值估值，可靠性最弱。

通过对计量公允价值所使用的输入值进行层次划分，旨在区分不同可靠程度的公允价值计量，并将公允价值层次与披露规定相结合，公允价值层次不同要求的信息披露内容存在差异，层次越高要求披露的内容越多。再通过划分持续与非持续性公允价值计量、定性描述辅之以定量数据分析、文字表述形式与表格列示相结合的披露方式，将信息披露与公允价值层次组合为一个有机整体，以增加披露的方法来弥补公允价值计量的可靠性缺陷（见图 1）。

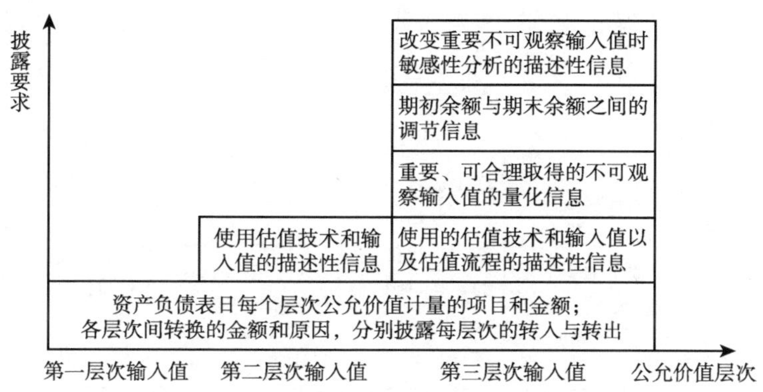

图 1　公允价值层次与信息披露（持续以公允价值计量项目，下同）

二、现行层次理论运用存在问题及原因分析

（一）公允价值三个层次概念界定存在问题

界定公允价值层次的概念是应用层次理念的前提，而上市银行年报中披露的公允价值层次概念存在缺陷（见表1）。

表1　A股上市银行2018年年报中披露的公允价值层次概念（部分）

上市银行	第一层次	第二层次	第三层次	主要问题
苏农银行	按同类资产或负债在活跃市场上（未经调整）的报价	按直接（比如取自价格）或间接（比如根据价格推算的）可观察到的、除市场报价以外的有关资产或负债的输入值估值	以可观察到的市场数据以外的变量为基础确定的资产或负债的输入值（不可观察输入值估值）	“同类”资产或负债未经调整报价作为第一层次的提法错误
北京银行、中国银行、成都银行	采用本集团在报告日能够取得的相同资产或负债在活跃市场中的报价计量（未经调整）	使用估值技术计量——直接或间接的全部使用除第一层级中的资产或负债的市场报价以外的其他可观察输入值	使用估值技术——使用了任何非基于可观察市场数据的输入值（不可观察输入值）	二、三层次界定为使用“估值技术”，与准则中的估值技术（市场法、收益法、成本法）易产生歧义
民生银行、中信银行	集团在估值当天可取得的相同资产或负债在活跃市场的报价（未经调整）	输入变量为除了第一层级中的活跃市场报价之外的可观察变量，通过直接或者间接可观察	资产或负债的输入变量基于不可观察的变量	用“估值当天”代替“计量日”值得商榷，公允价值计量基于“假想交易”（葛家澍，2011）

续表

上市银行	第一层次	第二层次	第三层次	主要问题
常熟银行	相同资产或负债在活跃市场中的报价	估值技术——直接或间接的全部使用除第一层级中的资产或负债的市场报价以外的其他可观察输入值	估值技术——使用了任何非基于可观察市场数据的输入值（不可观察输入值）	未强调“未经调整”；“全部”“任何”的提法欠严谨
光大银行	相同资产或负债在活跃市场的报价（未经调整）	除了第一层级中的活跃市场报价之外的可观察变量，通过直接（如价格）或者间接（价格衍生）可观察	资产或负债的输入变量并不是基于可观察的市场数据（即不可观察的输入变量）	消极表述

资料来源：各上市银行公开的年度财务报告，巨潮资讯网，www. cninfo. com. cn。

1. 第一层次输入值。公允价值计量准则规定，“第一层次输入值是在计量日能取得相同资产或负债在活跃市场上未经调整的报价”。界定第一层次输入值，应明确“计量日、相同资产或负债、活跃市场报价、未经调整”特征。

其中，“计量日”强调的是计量时点，由于活跃市场报价变动频繁，必须明确获取市场报价的时间，提供的报价信息才准确。而许多银行在界定第一层次输入值时并未提及计量日。同时，公允价值的计量目标是要估计市场参与者在计量日有序交易中出售资产能收到或转移负债需支付的价格，并不要求计量主体在计量日有实际的交易发生。公允价值不是已发生的交易所形成的真实价格，而是由假想交易形成的估计价格。计量日也不是实际交易日，而是确定承诺日和清算交割期以前的每个报告日（葛家澍，2011）。因此，一些银行将“估值当天”取得的市场报价作为第一层次输入值计量公允价值容易引起误解。而且，如果计量日在估值日后，期间发生影响公允价值计量的重大事件导致估值日报价不能代表计量日报价，就需要对报价作出调整，此时要划分为第二层次输入值。

相同资产或负债是第一层次输入值的重要特征，如果是类似资产或负债就要划分为第二层次输入值。有的银行按“同类”资产或负债在活跃市场上报价作为第一层次输入值混淆了与第二层次输入值的概念。另外，相同资产或负债、活跃市场报价是不需要进行调整的前提，未经调整是第一层次输入值的典型特征。而一些银行未强调“未经调整”，究竟要不要进行调整容易让信息使用人感到困惑。

2. 第二层次输入值。“第二层次输入值是除第一层次输入值外相关资产或负债直接或间接可观察输入值”，包括直接可观察市场报价（活跃市场中类似、非活跃市场中相同或类似资产或负债报价）、其他可观察输入值等。第二层次输入值也属于“可观察”输入值，而由于不存在相同资产或负债活跃市场报价，计量公允价值时需要根据资产或负债的特征进行“调整”。如果调整时用到不能从市场上观察到的输入值，还要根据这种调整对估值结果影响的重要程度来判断输入值层次。因此，第二层次输入值存在“可观察、需要调整、考虑重要性”特征。

值得关注的是，我国公允价值计量准则（CAS39）对于可观察输入值的界定与美国公允价值计量准则（FAS157）存在差异。FAS157 中将可观察输入值界定为从独立于报告主体渠道所获得，经市场参与者依据市场信息推导得出并在定价时使用的假设。FAS157 界定的第二层次输入值具体包括可观察市场参数和其他可观察参数两类，输入值概念界定不清晰，缺乏操作性（于永生，2009）。我国公允价值计量准则中对可观察输入值的概念是，“能够从市场数据中取得的输入值”，即仅指“可观察市场输入值”。在依据第二层次输入值进行公允价值计量时，由于不是相同的资产或负债，需要对输入值进行调整。在涉及不可观察输入值对可观察输入值进行调整时，需要通过考虑重要性来决定输入值归属的层次。

一些银行在界定第二层次输入值时使用“估值技术”的传统说法不妥，因为输入值层次的判断取决于估值技术所使用的输入值，而不是估值技术本身，而且将使用第一层次以外的输入值进行公允价值计量都界定为使用估值技术，显然是对估值技术概念的误解。按公允价值计量准则，估值技术包括市场法、收益法、成本法三种，对于第一层次公允价值计量，即按照计量日相同资产或负债未经调整的活跃市场报价，属于采用市场法计量公允价值，明显也采用了估值技术。

另外，一些银行将第二层次输入值认定为“全部使用第一层次外的其他可观察输入值”的说法也欠妥，也可能存在利用不可观察输入值对可观察输入值进行调整，而不可观察输入值不重要的情况，因此，第二层次输入值实质是所有对估值结果有重大影响的参数均采用第一层次输入值外直接或间接可观察的市场信息，而非全部采用可观察输入值。

3. 第三层次输入值。“第三层次输入值是相关资产或负债的不可观察输入值”。该层次输入值主要特征是“不可观察”，主要以不能从市场中观察到的参数作为公允价值计量依据。同时，也可能存在利用不可观察输入值对可观察输入值进行调整，且调整对公允价值计量整体重要，而将计量结果划分为该层次的情况。因此，与第二层次输入值相似，有的银行将第三层次输入值认定为“全部”使用不可观察输入值的说法不准确，实质是“对估值结果有重大影响的参数均属于不可观察市场数据”。另外，有银行将第三层次输入值表述为“并不是基于可观察的市场数据”，消极表述方式也容易引起信息使用人的误解，如可观察的非市场数据（经纪人、做市商等第三方报价）也可能属于第三层次输入值，具体还要根据其可观察性和重要性来确定归属层次；且如果利用包括可观察、不可观察的多个参数进行公允价值估值，此时也存在可观察的市场数据，只是市场数据对估值结果不存在重大影响。

上市银行在公允价值三个层次的概念界定中存在问题，反映出财务人员和注册会计师对于公允价值计量准则中的基本概念掌握不够，未能将公允价值计量目标、估值技术、输入值与公允价值层次的关系、重要性判断等充分运用于公允价值计量。

（二）公允价值层次信息披露内容存在问题

公允价值层次理念的运作机制就是要与必要的信息披露相结合，层次越高要求披露信息越多，以弥补公允价值信息可靠性缺陷。而在上市公司对外披露年度报告中，公允价值层次信息披露内容存在问题，具体情况如表2所示。

表2　上市银行2018年年报公允价值层次信息披露情况统计表

银行名称	A	B	C	2A	3A	3B	3C	3D
招商银行	√	不适用	不适用	√	√	注1	√	未披露
北京银行	√	未披露	未披露	√	不适用	不适用	未披露	不适用
工商银行	√	注2	未披露	√	√	未披露	√	不适用
中信银行	√	不适用	不适用	√	√	未披露	√	未披露
光大银行	√	不适用	不适用	√	√	不适用	√	不适用
华夏银行	√	不适用	不适用	√	√	未披露	未披露	未披露
建设银行	√	不适用	不适用	√	√	未披露	√	未披露
张家港行	√	未披露	未披露	√	√	未披露	√	未披露
宁波银行	√	不适用	不适用	√	√	未披露	√	不适用
交通银行	√	不适用	不适用	√	√	不适用	√	不适用
民生银行	√	不适用	不适用	√	√	未披露	√	未披露
南京银行	√	不适用	不适用	√	√	未披露	√	未披露
农业银行	√	不适用	不适用	√	√	未披露	√	未披露
平安银行	√	不适用	不适用	√	未披露	未披露	√	未披露
浦发银行	√	不适用	不适用	√	√	√	√	未披露

续表

银行名称	A	B	C	2A	3A	3B	3C	3D
兴业银行	√	不适用	不适用	√	√	√	√	未披露
中国银行	√	不适用	不适用	√	√	未披露	√	未披露
常熟银行	√	不适用	不适用	√	不适用	不适用	不适用	不适用
贵阳银行	√	不适用	不适用	√	不适用	不适用	不适用	不适用
杭州银行	√	不适用	不适用	未披露	不适用	不适用	不适用	不适用
江苏银行	√	不适用	不适用	√	√	√	√	不适用
江阴银行	√	不适用	不适用	√	不适用	不适用	不适用	不适用
上海银行	√	不适用	不适用	√	√	√	√	√
无锡银行	√	不适用	不适用	未披露	不适用	不适用	不适用	不适用
苏农银行	√	不适用	不适用	√	√	不适用	不适用	不适用
郑州银行	√	不适用	不适用	√	√	不适用	√	不适用
青岛银行	√	不适用	不适用	√	√	未披露	√	未披露
成都银行	√	不适用	不适用	√	不适用	不适用	不适用	不适用
长沙银行	√	不适用	不适用	√	不适用	不适用	不适用	不适用

注：√：已披露且完整；“不适用”：公司披露指出该年度没有该事项发生；A：资产负债表日每个层次公允价值计量的项目和金额（表格）；B：各层次间转换的金额与原因，各层次间转换时点的政策；C：分别披露每一层次的转入与转出；2A：二层次披露使用的估值技术和输入值的描述性信息，变更及原因（如有）；3A：三层次披露使用的估值技术、输入值和估值流程的描述性信息，变更及原因（如有）；3B：三层次披露重要的、可合理取得的不可观察输入值的量化信息（表格）；3C：三层次披露期初余额与期末余额之间的调节信息（表格）；3D：三层次当改变不可观察输入值导致公允价值显著变化时，披露有关敏感性分析的描述性信息。注1：披露但无定量化信息；注2：只披露层次之间转换的原因，未披露金额。

由表2公允价值层次信息披露情况统计，全部银行都能够按照准则要求详细披露资产负债表日公允价值计量的层次、每一层次公允价值计量的项目和金额，能让使用人了解到公允价值层次信息的大致轮廓。

而上市银行对公允价值层次信息详细披露状况令人堪忧。29家银行中有26家披露年度内未发生公允价值层次间转换，2家银行未披露是否存在公允价值层次间转换，1 家银行只披露存在转换的情况及原因，但未披露转换金额。不了解公允价值层次间的转换，信息使用人就难以对公允价值层次最终结果（期末余额）的合理性进行判断。29 家银行都存在第二层次公允价值计量，而有 2 家银行只是列报了第二层次计量项目的金额，未描述所使用的估值技术及输入值，不能呈现给信息使用人具体估值过程，难以佐证该层次金额的可靠性。

大量主观判断是第三层次公允价值信息可靠性受质疑的焦点，能否完整披露估值流程、对重要不可观察输入值进行定性与定量描述，直接影响信息使用人对第三层次公允价值的信赖程度。上市银行对第三层次公允价值计量的披露存在问题较多。

除了常熟银行、贵阳银行等 8 家不存在第三层次公允价值计量外，其他 21 家银行中，只有上海银行 1 家严格按照准则要求进行了充分披露。具体而言，有 1 家银行未披露第三层次公允价值计量使用的估值技术、输入值和估值流程描述性信息；13 家银行未披露是否存在改变不可观察输入值导致公允价值显著变化及有关敏感性分析；只有 5 家银行披露了重要可合理取得不可观察输入值的量化信息（其中 1 家银行未披露不可观察输入值的范围区间或加权平均值），不公开管理层估计第三层次公允价值的量化依据，就难以消除信息使用人对第三层次公允价值“主观臆断”的疑虑。

总之，在公允价值层次信息披露内容上，上市银行披露随意性强，没有严格遵循公允价值计量准则要求的内容与格式，尤其是第三层次公允价值计量的量化信息披露存在较大问题。有限度的公允价值层次信息披露，降低了分层次公允价值计量的信息透明度，使通过充分披露来弥补公允价值可靠性的层次理念作用发挥受到限制。

上市银行在公允价值层次信息披露内容上存在问题，除了反映出上市银行管理层和注册会计师不够重视公允价值计量准则的信息披露要求外，还表明会计准则缺乏具体可操作性的实施指南。如缺乏可能表明公允价值层次之间转换的具体迹象，使上市公司难以准确把握如何明确披露层次转换的原因；再如，对于重要可合理取得的不可观察输入值的量化信息上，已披露的4家银行在量化形式与内容上均存在差异，上市公司对于如何披露量化信息明显缺乏可以参考借鉴的实务成功案例。

（三）对于输入值、公允价值层次与估值技术关系存在误解

通过查阅上市银行年度财务报告，发现上市银行对于公允价值信息在输入值性质、公允价值层次划分与估值技术的关系上存在误解，对外披露信息比较混乱，难以使投资人厘清三者之间的恰当关系。

企业以公允价值计量相关资产或负债，采用的估值技术应当在当前情况下适用且有足够可利用数据和其他信息（输入值）来支撑，而依据估值技术输入值的可观察程度以及输入值对公允价值计量整体而言的重要性，又决定了公允价值计量结果所归属的层次，因此，公允价值计量使用的输入值将估值技术与公允价值层次有机联系。

市场法是利用相同或类似的资产、负债或资产和负债组合的价格及其他相关市场信息进行估值的技术。市场法估值的基础是获得市场参与者在相同或类似资产出售中能收到或转移相同或类似负债中需支付的公开市场报价，如果存在相同资产或负债的活跃市场报价，未经调整的市场价格即可作为相关资产或负债的公允价值，公允价值计量结果划分为第一层次；如果只是存在类似资产或负债的活跃市场报价，或者是相同资产或负债非活跃市场报价，公允价值的计量需要根据资产或负债的特征对市场价格进行调整，公允价值计量结果应划分为第二层次。因此，市场法下公允价值输入值层次应划分为第一、二层次。

收益法是将未来金额转换成单一现值的估值技术，收益法的使用应当反映市场参与者在计量日对未来现金流量或收入费用等金额的预期。收益法又包括现金流量折现法、多期超额收益折现法、期权定价模型等不同估值方法，采用的输入值包括相关资产或负债的未来现金流量、现金流量金额和时间的可能变动、相关收益率曲线、合同期限、风险折现率等，对于公允价值计量整体有重大影响的输入值如果属于源于活跃市场的可观察输入值，或者可以通过来源于市场的可观察数据进行验证（如历史成本信息），公允价值计量结果应划分为第二层次。如果有重大影响的输入值属于不可观察输入值，公允价值计量应当划分为第三层次，如对于银行发放贷款和垫款以及多数应收款项，其公允价值以现金流贴现模型为基础，使用的对公允价值计量结果整体有重大影响的输入值是反映信用风险的不可观察折现率，这些金融工具公允价值计量结果应被划分至第三层次。公允价值层次取决于估值技术所使用的输入值，而不是估值技术本身。因此，收益法下公允价值输入值层次应划分为第二、三层次。

成本法是反映当前要求重置相关资产服务能力所需金额的估值技术，通常指现行重置成本法。利用成本法估计公允价值，要求对市场参与者获得或构建具有相同服务能力的替代资产成本，按照折旧贬值情况进行调整。成本法估值的输入值包括当前情况下市场参与者购置资产的市场价格或建造成本信息，以及资产实体性损耗、功能性贬值、经济性贬值等数据。购置资产的市场价格为当前市场情况下的可观察输入值，建造成本信息也可以参照经市场验证的历史成本信息，还应根据资产的实体性损耗、功能性贬值、经济性贬值等参数对购置资产的市场价格或建造成本进行调整，故成本法下公允价值的计量结果应划分为第二层次。

另外，在使用多种类型输入值时，如果使用不可观察输入值对可观察输入值进行调整，且该调整对公允价值计量整体而言重要，则公允价值计量结果应归为第三层次。所以，公允价值层次的划分不是取决于采用哪种计量技术，而决定于计量技术的输入值（见图2）。

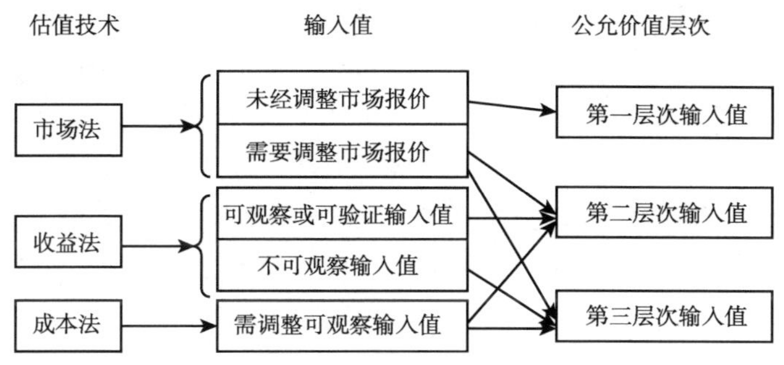

图2　估值技术、输入值与公允价值层次

（四）公允价值信息披露存在的其他问题

通过查阅银行年度财务报告，发现一些相同项目（如人民币债券）的公允价值估值，所有重大估值参数均采用可观察市场信息，均划分为第二层次输入值，而在具体运用市场法估计公允价值时，有的银行采用的是按照银行间市场公开的估值结果确定，而一些银行则是按照中央国债登记结算有限责任公司的估值结果确定，相同项目采用不同的估值方法必然降低公允价值信息的可比性。

再有，上市银行对于不存在活跃市场报价的金融工具，估值方法普遍采用收益法中的“现金流量折现法”，而对外披露有“现金流折现法、现金流贴现模型、现金流量折现模型、现金流量折现法、未来现金流量折现法为基础的通用定价模型、现金流贴现分析模型、现金流折现模型”等多种名称，所采用的输入值不同，有无风险利率、基准利率、汇率、信用点差、流动性溢价等可观察输入值，也有反映交易对手信用风险并根据流动性状况进行调整的不可观察折现率，公允价值计量结果也分别归属于不同层次，对于缺乏专业知识的信息使用人很难理解其具体内容。

另外，公允价值计量结果所属的层次取决于对公允价值计量整体重要的输入值所属的最低层次，重要性的评价需要运用职业判断，准则要求应当在书面文件中记录如何评估输入值对于公允价值计量的重要性，而许多银行只是提出用到了重要的不可观察输入值，并未披露如何评估其重要性的判断，提供的公允价值层次信息缺乏透明度。如一些银行对持有的未上市权益性投资，部分参考类似或相同金融工具的最近交易价格，大部分采用可比公司的估值乘数，并进行流动性折让调整，因“可能”采用对估值产生重大影响的不可观察参数将其划分为第三层次。只是主观上认为可能产生重大影响就决定最终层次归属，显然与准则要求披露如何评估不可观察输入值调整对公允价值计量的重要性差距较大。

最后，按公允价值模式进行后续计量的投资性房地产，准则不但要求投资性房地产所在地有活跃交易市场，还要能从市场上取得同类或类似房地产的市场价格及其他相关信息，即投资性房地产的公允价值计量必须在第一或第二层次完成，若不存在一或二级参数则要采用历史成本后续计量。而有的银行将投资性房地产的公允价值计量结果归属于第二、三层次，显然是违背了投资性房地产准则谨慎应用公允价值的理念。

上述问题的存在，一方面反映出公允价值计量准则的具体运用中没有详尽指南予以规范（如现值计量）；另一方面还暴露出在公允价值层次信息披露上缺乏有效的监管。从近年来陆续发布的涉及公允价值的政策文件以及上市公司执行会计准则监管报告明显可以看出，缺乏市场价格的公允价值估值是监管重点，而对于公允价值层次信息的披露监管显然还存在缺位。

三、研究结论与政策建议

通过统计 A 股上市银行 2018 年年度报告中的公允价值层次披露情况，发现公允价值层次信息披露存在问题，主要体现在：公允价值层次的概念界定存在缺陷；公允价值层次信息披露的内容不完整，已披露内容存在不足；现值技术应用混乱；输入值的重要性判断缺乏；投资性房地产的公允价值层次归属等问题。这些问题的存在一方面反映上市银行和注册会计师对公允价值层次信息的披露不够重视；另一方面也反映出公允价值计量准则缺乏深入宣传以及可操作性应用指引，职能部门对公允价值层次信息披露缺乏监管。

首先，应进一步加强公允价值计量准则的宣传教育。从上市银行 2018 年年报中公允价值层次信息披露看，一些银行对于公允价值的基本概念理解不到位，市场参与者、估值技术、输入值等不能准确应用。另外，2018 年年报经过注册会计师审计后才对外发布，存在这些问题说明注册会计师行业中也存在对公允价值层次相关理念认知不足问题。因此，建议会计准则制定机构在发布准则后要加强对公允价值层次理念的宣传教育，提高财务人员和注册会计师对公允价值计量准则的认识，提升上市公司对外提供的公允价值信息质量。

其次，制定发布公允价值计量准则的实施指南或参考案例，增强公允价值计量的实务操作性。如多数上市银行没有披露重要不可观察输入值的量化信息，披露的 4 家银行在披露形式与内容上均存在差异，需要发布可供参考的实务成功案例予以引导。再如，现值技术被普遍应用于缺乏活跃市场报价情况下的金融工具公允价值计量，而具体运用时的不同称谓、不同输入参数、不同模型等影响生成公允价值信息的可比性，需要制定专门的现值技术应用指引强化指导。另外，公允价值计量归属的层次取决于整体重要输入值的最低层次，而如何判断输入值的重要性，仍缺乏具体指导性的判断标准，可能导致公允价值层次划分实务混乱，并留下盈余管理操作空间。

最后，强化公允价值层次信息披露监管。上市银行针对公允价值信息的披露存在主观不作为，披露随意性强。如许多银行不按准则要求披露如何评估重要不可观察输入值对公允价值计量的重要性；一些银行公允价值层次信息披露较随意，如未披露缺乏活跃市场报价时的估值技术、输入值以及估值流程的描述性信息，未披露重要不可观察输入值的量化信息等。而详细披露公允价值信息，能减少信息不对称，提高投资人利用决策信息的质量（郭均英等，2015）。这就要求相关监管部门不仅关注公允价值计量，还要关注公允价值层次信息披露的监管，对于提高公允价值信息整体可靠性具有积极意义。

参考文献：

葛家澍，2011. 公允价值会计研究［M］. 大连：大连出版社.

于永生，卢桂荣，2010. 次贷危机背景下的公允价值会计问题研究［M］. 上海：立信会计出版社.

杰拉德·M. 扎克，2010. 公允价值会计舞弊——新全球风险与侦查技术［M］. 陈秧秧，译. 上海：复旦大学出版社.

财政部会计司，2014. 企业会计准则第 39 号：公允价值计量［M］. 北京：中国财政经济出版社.

郭均英，刘慕岚，吴思原，2015. 新会计准则下公允价值计量的层次问题研究［J］. 武汉大学学报（哲学社会科学版）（07）：129－133.

于永生，2009. 公允价值级次：逻辑理念、实务应用及标准制定［J］. 审计与经济研究（07）：44－49.

非金融资产公允价值计量研究：国外文献回顾与启示*

尽管当前财务报告还是采用历史成本和公允价值的混合计量模式，而将来公允价值很可能取代历史成本成为财务报告的主要报告基础。国际财务报告准则对主要的非金融资产都允许进行公允价值计量选择，我国发布实施的公允价值计量准则也首次引入非金融资产公允价值计量。作者从非金融资产公允价值计量的选择及动因、价值相关性、可靠性四个方面对国外文献进行回顾，以期对国内拓展公允价值应用的理论研究和实践提供借鉴。

一、引言

尽管公允价值现已广泛应用于金融工具，而公允价值的最早应用始于非金融资产估值。会计上提到公允价值始见于1953年美国会计程序委员会（CAP）的会计研究公报第五章无形资产。自1990年美国证券交易委员会（SEC）主席理查德·C. 布雷盖在参议院作证首次提出公允价值计量属性后，会计准则中大量采用公允价值。迄今为止，公允价值大量应用于金融资产，并已成为与金融工具最相关，与金融衍生工具唯一相关的计量属性。历史成本以其真实、客观、可验证成为传统会计占统治地位的计量属性，而因只面向过去不能及时反映经济环境变化的缺陷受到抨

* 本文发表于《财会月刊》，2019年第2期。

击，公允价值计量属性走上历史舞台。理论研究和实践证明，历史成本和公允价值双重计量属性并存是未来很长一段时间会计计量的必然选择，而由于公允价值使财务报告所提供的信息与投资者决策更相关，其未来很可能会取代历史成本，成为将来财务报告的主要报告基础。

可以预见，随着市场经济不断发展，各级各类要素市场逐步完善，公允价值在财务报告体系中会得到更大范围应用。国际财务报告准则（IFRS）对主要非金融资产（不动产、厂房和设备（Property、Plant and Equipment，PPE）、投资性房地产和无形资产）都允许进行公允价值计量选择。中国于 2014 年年初发布的公允价值计量准则也首次引入非金融资产公允价值计量，拓展了公允价值计量应用范围，对于全面提高会计信息决策相关性有积极意义。与金融资产比，非金融资产运用公允价值研究文献相对有限，与资产重估实务密切联系，研究对象也较集中。本文从非金融资产公允价值计量的选择、选择动因、价值相关性以及可靠性四个方面，对国外非金融资产公允价值计量文献进行回顾，总结非金融资产公允价值理论研究成果，为我国该领域的研究与实务提供参考。

二、非金融资产运用公允价值计量模式选择研究

公允价值会计的理论研究源于 20 世纪 20 年代前后美国“公共事业”部门普遍存在的“资产重估增值”实务，学者们关注资产重估的必要性以及对财务报告的影响，存在不一致看法。历史成本不能提供现行价格变动信息，使用现行成本对资产进行重估则可以反映新情况的变化，为投资者提供更有用的信息。而对资产进行随意重估会误导投资者，历史成本计价有确定的记录验证，客观性强，不易被管理层操控。

由于资产重估实务混乱，美国证券交易委员会（SEC）成立之

初，在资产计价上坚持历史成本，对资产重估实务提出苛刻条件，逼迫企业自动放弃，到 1940 年已经很少有公司重估资产，只是一些公司仍在报告附注中披露不动产、厂房和设备的评估价值。因此，在澳大利亚和欧洲国家研究非金融资产重估的文献居多。

按照国际财务报告准则（IFRS）的规定，对于 PPE 和投资性房地产允许在历史成本与公允价值之间选择使用，存在活跃市场时无形资产也可以公允价值计量。Karl A. Muller，III 等（2011）的研究发现，在投资性房地产准则（IAS 40）实施前，按照国内准则，在 77 家房地产样本公司中有 58 家公司选择采用公允价值模式，占到 75%；采用 IAS 40 后，以前报告中提供投资性房地产公允价值的公司都采用了公允价值计量模式。根据国际财务报告准则，房地产公司可以选择公允价值或者历史成本计量投资性房地产，而由于房地产市场具备较高流动性，欧洲房地产企业中广泛采用公允价值来计量投资性房地产。

Cairns 等（2011）统计了自 2005 年 1 月 1 日采用 IFRS 后，英国和澳大利亚 228 家上市公司对各种资产选择的计量模式。尽管允许对公允价值计量进行选择，大多企业管理层都会对多数资产采用历史成本计量，而持有投资性房地产的公司多数会选择公允价值计量。Christensen 和 Nikolaev（2013）研究表明，近半数的公司（47%）选择采用公允价值计量，远高于其他非金融资产。

可见，正如 Barker 和 Schulte（2017）的研究，尽管公允价值存在诸如能提供与投资人决策更加相关的会计信息、反映资产或负债现实情况等优势，但如果是自愿选择，公允价值不太可能成为非金融资产的主要计量模式。而相对于其他非金融资产，投资性房地产在市场上可参考价格更容易取得，获取公允价值成本较低，西方国家大多数上市公司选择按照国际会计准则 IAS40 的要求，对投资性房地产采用公允价值计量，能更好地反映投资性房地产的真实价值，提供与投资者决策更相关的会计信息。

三、非金融资产公允价值计量动因研究

计量模型的选择取决于外部经济环境、财务报告目标、会计计量在经济管理中的需要程度、会计计量手段发展水平等因素，那么企业在非金融资产上选择公允价值计量模式的动因是什么？

国家间不同的制度背景影响财务报告目标的选择，不同目标又决定会计信息侧重于不同的质量要求，进而影响到计量属性的不同选择。Christensen 和 Nikolaev（2013）研究发现，制度背景差异在英国和德国公司选择公允价值计量非金融资产时起决定性作用。尽管英国和德国都是以私有制为基础的发达资本主义国家，而德国资本市场却相对不发达，企业主要依赖于银行贷款而不是向资本市场融资，会计信息重点反映企业管理者对受托责任履行情况和企业偿还银行债务情况。而英国资本市场发达，资本市场是企业筹资的主要渠道，提供与投资人决策相关信息是企业会计主要目标。因此，更多英国公司选择公允价值计量。

公司净资产价值较低，违反债务契约的可能性较高。为了避免接近债务契约约束条件，公司管理层通常选择使用会计技巧来降低财务杠杆，对非金融资产进行公允价值重估往往会降低债务违约的可能性，成为管理层避免债务违约的重要选项。Brown 等（1992），Whittred 和 Chan（1992），Cotter 和 Zimmer（1995）均选择澳大利亚上市公司数据，发现资产重估的动因主要是基于契约考虑。特别是当公司主要依赖债务融资，且接近违约时，公司更可能对资产进行公允价值重估。Whittred 和 Chan（1992）研究发现，资产重估减少了来自债务契约限制的投资不足问题。Cotter 和 Zimmer（1995）证明资产重估增值提升了公司借款能力。Brown 等（1992）还发现，除了债务契约能解释资产重估外，红利契约、信号传递和政治成本也起到解释作用。Easton 等（1993）实施的一项调查就表明，40%的受访者提出资产重估的目的是降低公司财务杠杆。通过每年

对非金融资产进行以公允价值为基础的价值重估，很可能提高总资产的账面价值，从而降低企业的资产负债率水平。

提高财务信息透明度，降低融资成本，也是公司采用公允价值计量的重要原因。特别是公司股权结构高度分散时，更可能提供公允价值信息，以满足投资人对公允价值信息需求，兑现公司提前承诺的信息透明。通过配对检验，提供公允价值信息的公司确实比不提供公允价值信息的公司存在较低程度的信息不对称（以较低的买卖价差来反映），支持公允价值计量提高财务信息透明度，向市场传递了管理层私有信息，从而降低公司融资成本的假设。

另外，公允价值的应用提高了会计信息的可比性。Cairns 等（2011）对英国和澳大利亚 228 个上市公司在国际财务报告准则于 2005 年实施前后进行比较研究的结论是，对于金融工具，尤其是金融衍生工具，公允价值的强制使用提高了会计信息的可比性；公允价值在生物资产和以股份为基础的支付中虽然也提升了可比性，但统计结果不显著；而对不动产、厂房和设备采用公允价值显著提高了会计信息的可比性。

企业管理层对非金融资产选择采用公允价值计量是否存在盈余管理动机？事实上，也正是由于美国公司在 20 世纪 20 年代资产重估中普遍存在的机会主义行径，最终促使了 SEC 在 1940 年禁止资产重估增值。因而，尽管公允价值具有相关性，但公允价值估计很可能成为盈余管理的工具，甚至成为公司管理层直接操纵利润而欺骗、伤害投资者的手段。Ramanna 和 Watts（2012）通过对美国财务会计准则 142 号（商誉减值）的实施进行研究，也发现管理层在利用公允价值对商誉进行估值时存在操纵行为。商誉减值准则（SFAS142）要求用难以核实的公允价值估计判断商誉是否减值，管理层能通过估计公允价值时运用自由裁量权向外界传递公司关于未来现金流量的私人信息。他们的研究并未确定管理层是否向外传递了私人信息，而发现管理层在进行公允价值估值时存在盈余管理行为。

进一步，Michel Magnan 等（2015）通过检验美国银行控股公司的公允价值计量和披露对金融分析师进行盈利预测的影响，发现公允价值计量导致分析师的预测更加分散。第二层级公允价值计量往往被解释为更高质量的私人和公共信息，提升了盈利预测的准确性；而第三层级公允价值计量被解读为私人和公共信息质量的降低，导致盈利预测的分散性提高，在控制资产的潜在风险后结论不变。因此，分析师洞察到管理层通过第二层级公允价值传递了有用信息，而利用第三层级公允价值计量时，管理层很可能存在盈余管理。

四、非金融资产公允价值计量价值相关性研究

一般认为，如果会计数据与权益市值存在显著相关性，即认为会计数据具有价值相关性。非金融资产公允价值的计量主要采用第三层次输入值，更可能受管理层自由裁量权影响，是否会得到市场投资人的认可而具有价值相关性?

Easton 等（1993）利用澳大利亚 1984 - 1990 年的公司数据，研究发现有形长期资产的重估对收益和收益变化有增长的解释能力，公允价值估计与公司股票价格及收益间存在正相关关系，即有形资产公允价值估值具有价值相关性。Aboody 等（1999）以英国公司 1983 - 1995 年数据为样本，发现资产重估增值与以营业收入和经营活动现金流量计量的未来财务业绩显著正相关。当年的资产价值重估与年度股票回报显著正相关，当年资产重估的余额与年度股票价格也显著正相关。Barth 和 Clinch（1998）通过澳大利亚 1991 - 1995 年公司数据，研究资产价值重估与股票价格相关性的结论是，包括金融资产、有形资产、无形资产在内的资产重估都具有价值相关性。有形资产，尤其是营业资产的公允价值重估价值相关性更高。不动产、厂房和设备公允价值重估的价值相关性则在不同行业之间存在差异。研究还表明，公允价值计量的投资性房地产

较历史成本更能体现其现时价值，价值相关性更高。因此，有形资产公允价值重估能够被市场读懂，并给予增量定价。那么，非金融资产公允价值信息列报方式与位置不同，是否会影响其价值相关性?

Lourenco 和 Curto（2008）对英国、法国、德国和瑞典四国的投资性房地产计量进行研究，不但证明了公允价值计量的价值相关性，还发现市场能有效区分针对投资性房地产分别采用历史成本计量、公允价值计量和仅在报表附注披露公允价值信息三种不同会计处理方式的差异。研究也表明，与在表内对投资性房地产进行公允价值确认和计量相比，仅在报表附注披露公允价值的价值相关性较低，他们将原因解释为公允价值的可靠性及取得成本不同。

针对发展中国家资本市场有形资产重估是否具有价值相关性，Adela Deaconu（2010）利用罗马尼亚资本市场 2003－2007 年非金融公司数据进行研究，样本包括 41 家对有形资产进行过价值重估的 65 个公司年度数据。实证研究结果表明，有形资产价值重估具有价值相关性，并证实公允价值重估具有预测和反馈价值。

尽管众多文献证明了非金融资产公允价值重估具有价值相关性，但也存在不同看法。Danbolt 和 Rees（2008）研究认为，有形资产估值模棱两可，存在偏颇；而金融资产公允价值估计更可靠。利用英国房地产行业和投资基金行业数据作为研究对象，发现公允价值收益比历史成本收益更具有价值相关性。但是，房地产样本公司的公允价值比投资公司价值相关性差，可能是盈余管理的结果。

另外，非金融资产通过不同层级获得的公允价值信息是否具有相同的价值相关性? Chang 等（2010）利用 431 家金融企业 2008 年季报数据，发现不同层级的公允价值信息具有不同的价值相关性。第一、二层级的价值相关性比第三层级高，第三层级估值主观随意性较强因而价值相关性较差。研究还发现，如果公司存在有效的公司治理机制，公允价值相关性较高，这对于第三层级公允价值估值尤其明显。

五、非金融资产公允价值计量可靠性研究

公允价值计量的可靠性一直是批评者诟病的焦点，针对非金融资产公允价值的计量更是如此。非金融资产一般不存在活跃市场，其公允价值的确定主要是按模型估值。在运用评估模型时，评估出公允价值的质量严重依赖输入的数据参数，如房地产的可销售状况、预计的现金流量、折现率等，由于每个房地产项目具有不同特征，参数获取高度依赖评估专家个人判断。非金融资产公允价值的评估是否在不同评估主体间存在可靠性差异？

Dietrich 等（2001）通过调查英国企业投资性房地产公允价值估计的可靠性，研究企业管理层在公允价值估计上的自由裁量权，发现管理层存在通过选择会计方法来提高报告利润，通过调节销售实现时间来平滑每期利润、净资产变化等行为。从公允价值获得渠道看，通过外部评估以及“六大”会计师事务所得到的公允价值估值比公司内部评估更准确，可靠性更高。Muller 和 Riedl（2002）对英国投资性房地产公司 1990 - 1999 年数据的研究也表明，外部评估师比企业管理层进行的公允价值评估更可靠，能减少信息不对称，降低资本成本，而并未发现公允价值资产评估在外部不同类型评估师或审计师（如“六大”和非“六大”）之间存在差异。同样，Cotter 和 Richardson（2002）研究的结果也表明，外部评估比公司内部管理层作出的评估更可靠。他们选取了 1981 - 1999 年澳大利亚公司的更大样本，首先描述了评估主体的选择：对于土地和建筑物的重估更可能由外部独立评估师进行，而对投资、厂房和设备以及可辨认无形资产的评估更可能由内部管理层进行。研究发现，当公司独立董事较少时，更可能利用外部独立评估师进行评估，这可被解释为公司治理机制之间存在可替代性

的证据。研究同时表明，由外部独立评估师对厂房和设备的评估比内部评估更可靠，而对于其他非流动资产没有发现二者在可靠性上的不同。

Thomas Nellessen 和 Henning Zuelch（2011）以实施 IFRS 后 2005 –2007 年度 76 个欧洲房地产企业 179 个报告年度的数据为样本，检验公允价值可靠性在解释这些企业出现的净资产市值与账面价值背离现象中的作用。结论是对于投资性房地产企业，公允价值估计的可靠性对净资产市值、账面价值的背离有显著影响，当公允价值可靠性较低时会加剧净资产市值与账面价值的背离。

而一些学者的研究也发现，市场均认可企业内部管理层和外部独立评估师作出评估的公允价值，没有发现不同评估师作出资产评估在价值相关性上的差异，即外部评估不一定比公司内部评估得到的公允价值更可靠。

究竟何种原因限制了评估师对非金融资产公允价值作出更可靠评估？除了评估师自身素质原因外，投资性房地产评估方法的多样性也影响其公允价值的可靠性。不同评估机构发布自己的评估标准和指南，导致房地产评估方法多样，评估结果不一致。但是，即使为投资性房地产公允价值的评估提供相同的指南，因为提供公允价值信息的目的不一致（不全是为了编制财务报告），也不可能要求所有评估都完全按照投资性房地产准则（IAS40）中的规则进行。

六、结语与启示

国外学术界对公允价值在非金融资产应用的实证结果表明，由于投资性房地产获取可靠公允价值的成本较低，国外公司普遍采用公允价值计量投资性房地产。制度背景差异是选择公允价值计量非金融资产的决定性因素，当公司主要依赖债务融资时，债务契约也是公司选择公允价值计量的重要考虑。非金融资产公允价值的应用提高了财务信息透明度，降低融资成本，而学者们倾向认为对非金融资产采用公允价值计量存在管理层盈余管理的动机。在非金融资产公允价值相关性上，存在不同看法，尽管一些学者证实资产（包括金融资产、有形资产、无形资产）公允价值具有价值相关性，而有的学者认为有形资产公允价值估值存在偏颇，金融资产公允价值估计更可靠。针对公允价值计量的可靠性，尽管多数研究发现通过外部评估得到的公允价值比公司内部管理层的评估更可靠，也有学者并没有发现公司内部和外部不同评估师的资产公允价值估值在价值相关性上的差异。

我国对公允价值的研究始于 1995 年前后，至今有 20 余年历史。研究文献主要集中于金融资产，对于非金融资产公允价值研究，尤其是实证研究文献相对较少，并主要限于选择动因、决策相关性和可靠性等理论层面，对公允价值具体实务应用研究不多。2014 年初，持续趋同的《公允价值计量》准则发布，为公允价值应用于非金融资产提供了准则依据，非金融资产公允价值计量研究存在很大空间。

首先，考虑到我国历史上公允价值运用的“一波三折”以及现行各级各类要素市场发展的实际情况，我国会计准则要求谨慎应用公允价值。非金融资产公允价值的计量确实可以反映资产真实价值，提高会计信息的决策有用性，符合财务会计报告有助于使用者作出经济决策的目标。国际会计准则理事会（IASB）和美国财务会计准则委员会（FASB）逐步扩大公允价值应用的意图已非常明确，而会计准则国际趋同是一个国家经济社会发展和适用经济全球化的必然选择，实现与国际财务报告准则持续趋同也是我国政府的承诺义务。因此，可以预见，我国非金融资产领域逐步扩大应用公允价值必然是大势所趋。会计理论研究具有解释和预测作用，也具有前瞻性，学者们应积极进行非金融资产价值计量基础理论与应用研究，借鉴国外成熟的研究模型和方法，同时还必须结合我国具体制度环境、市场状况以及人员素质等，注重实证研究方法的使用，探讨公允价值在非金融资产上运用的可行性及公允价值计量技术路径选择，为非金融资产逐步采用公允价值计量提供经验证据和理论支撑。

其次，在非金融资产公允价值计量实务中，应积极寻求与资产评估行业专家沟通协作，共同研究非活跃市场下公允价值的计量问题。在非金融资产价值评估实务中，很多情况下都需要利用专业评估师的工作，充分发挥专业评估师在价值评估上的优势。上述国外实证研究的结论也证实，外部专业机构对公允价值的评估比企业管理层自身评估更可靠。在利用外部资产评估专家的工作时，需要关注会计准则规范的公允价值与资产评估准则的界定存在不一致，如会计准则将公允价值的计量目标具体化为计量脱手价格，而资产评估准则并未强调具体计量基础的选择等，这些不一致可能需要会计师在利用资产评估专家评估结果前进行必要调整。同时，鉴于缺乏活跃市场价格时公允价值计量的复杂性，应不断总结各类非金融资产价值评估实务成功案例，及时发布非金融资产公允价值估值实务指南，筹备建立全国或区域性非金融资产公允价值数据库，提高公允价值信息质量。非金融资产公允价值计量实务中还应不断加强对会计从业人员的专业培训，提高他们对非金融资产公允价值计量理念、价值评估模型的认识，提升会计人员非金融资产公允价值计量的专业胜任能力。

最后，制定发布公允价值计量内部控制应用指引，防范非金融资产公允价值计量风险。基于估值模型的非金融资产公允价值计量存在风险，而评估和应对风险是企业内部控制的重要内容。现行内部控制配套指引在采购业务、资产管理、销售业务等多个方面涉及价值计量的规范，而直接对公允价值计量程序，如关键控制点、控制目标、控制措施等进行规范较少；一些价值计量控制笼统表述多，具体细化可操作性强的规定少；一些控制还存在与现行会计准则体系不一致，可能会误导公允价值的计量。公允价值计量准则与内部控制规范尽管在规范侧重点上有所差异，但目标存在一致性，内部控制应在规范主体业务流程，促使主体提供高质量公允价值信息上起到积极作用。制定和发布《企业内部控制应用指引——公允价值》，配合已实施的公允价值计量准则，促进公允价值会计的有效实施已势在必行。《企业内部控制应用指引——公允价值》与《公允价值计量准则》应当各有分工，有效协作，共同致力于规范公允价值计量。在会计基本准则统驭下，公允价值计量准则属于技术标准，是规范公允价值计量和披露的技术性要求。按照内部控制基本规范的要求，公允价值内部控制指引应强调过程控制，紧扣业务流程，把握关键环节控制，关注公允价值计量和披露中可能存在的各种风险，就不同层级以及不同类别资产（或负债）公允价值的计量和披露设计内部控制风险控制点、控制目标与控制措施。二者在公允价值计量和披露实践中实现有机结合，最终保证提供高质量的公允价值信息（见图1）。

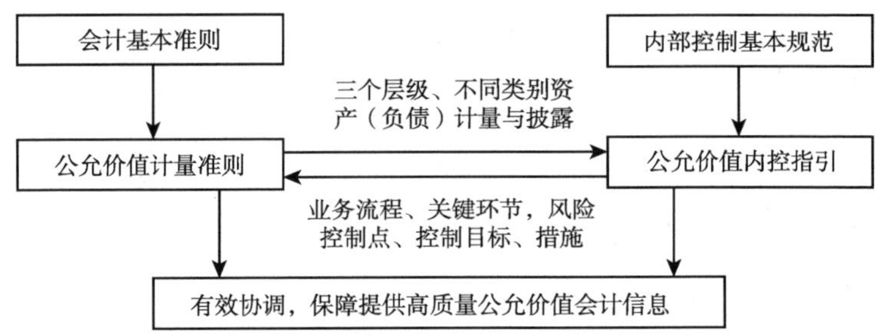

图1　公允价值计量准则与公允价值内控指引的协调图

参考文献：

任世驰，陈炳辉，2005. 公允价值会计研究［J］. 财经理论与实践(01)：72－76.

葛家澍，2011. 公允价值会计研究［M］. 大连：大连出版社.

VERA PALEA，2014. Fair value accounting and its usefulness to financial statement users [J]. Journal of Financial Reporting and Accounting, 2: 102 - 116.

于永生，卢桂荣，2010. 次贷危机背景下的公允价值会计问题研究 [M]. 上海：立信会计出版社.

MULLER, K. A., III., RIEDL, E. J., & SELLHORN, T, 2011. Mandatory fair value accounting and information asymmetry: Evidence from the European Real Estate Industry [J]. Management Science, 57: 1138 - 1153.

CAIRNS, D., MASSOUID, D., TAPLIN, R., TARCA, A, 2011. IFRS Fair Value Measurement and Accounting Policy Choice in the United Kingdom and Australia [J]. The British Accounting Review, 1: 1 - 21.

HANS B. CHRISTENSEN, VALERI V. NIKOLAEV, 2013. Does fair value accounting for non - financial assets pass the market test [J]. Rev Account Stud, 18: 734 - 775.

RICHARD BARKER, SEBASTIAN SCHULTE, 2017. Representing the market perspective: Fair value measurement for non - financial assets [J]. Accounting, Organizations and Society, 56: 55 - 67.

WHITTRED, G. & CHAN, Y. K, 1992. Asset revaluations and the mitigation of underinvestment [J]. Journal of Accounting Finance and Business Studies 28: 58 - 74.

COTTER, J. & ZIMMER, I, 1995. Asset revaluations and assessment of borrowing capacity [J]. Journal of Accounting Finance and Business Studies, 31: 136 - 151.

BROWN, P., IZAN, H. Y. & LOH, A. L, 1992. Fixed asset revaluations and managerial incentives [J]. Journal of Accounting Finance and Business Studies, 28: 36 - 57.

EASTON, P. D., EDDEY, P. H. & HARRIS, T. S, 1993. An investigation of revaluations of tangible long - lived assets [J]. Journal of Accounting Research, 31: 1 - 38.

RAMANNA, K., WATTS, R. L, 2012. Evidence on the use of unverifiable estimates in required goodwill impairment [J]. Review of Accounting Studies, 4: 749 - 780.

MICHEL MAGNAN，ANDREA MENINI，ANTONIO PARBONETTI，2015. Fair value accounting：information or confusion for financial markets ［J］. Review of Accounting Studies，20：559 –591.

ABOODY，D.，BARTH，M. E. AND KASZNIK，R，1999. Revaluations of fixed assets and future firm performance ［J］. Journal of Accounting and Economics，26：149 –178.

BARTH，M. E. AND CLINCH，G.，1998. Revalued financial，tangible，and intangible assets：associations with share prices and non market – based value estimates ［J］. Journal of Accounting Research，36：199 –233.

LOURENCO，I. C.，J. D. CURTO，2008. The Value Relevance of Investment Property Fair Values ［EB］. www. ssrn. com.

ADELA DEACONU，2010. The Value Relevance of Fair Value Evidence for Tangible Assets on the Romanian Market ［J］. Transition Studies Review，5：151 –169.

DANBOLT，J. AND W. REES，2008. An Experiment in Fair Value Accounting：UK Investment Vehicles ［J］. European Accounting Revie，2：271 –303.

CHANG J. S.，WAYNE B. THOMAS，HAN YI，2010. Value Relevance of FAS 157 Fair Value Hierarchy Information and the Impact of Corporate Governance Mechanisms ［J］. The Accounting Review，4：1375 –1410.

DIETRICH，J. R.，HARRIS，M. S. AND MULLER，K. A. III，2001. The reliability of investment property fair value estimates ［J］. Journal of Accounting and Economics，2：125 –158.

MULLER，K. A. III AND RIEDL，E. J.，2002. External monitoring of property appraisal estimates and information asymmetry ［J］. Journal of Accounting Research，3：865 –881.

COTTER，J. AND RICHARDSON，S.，2002. Reliability of asset revaluations：the impact of appraiser independence ［J］. Review of Accounting Studies，4：435 –457.

THOMAS NELLESSEN，HENNING ZUELCH，2011. The reliability of investment property fair values under IFRS ［J］. Journal of Property Imvestment & Finance，1：59 –73.

公允价值计量之脱手价格目标：理论背景、准则应用与困惑*

在公允价值无法准确定义的情况下，与国际会计准则保持一致，公允价值计量准则（CAS39）明确界定了脱手价格计量目标。从复合计量到明确计量目标，增强了公允价值计量的可操作性，提高了会计信息质量。脱手价格计量目标的选择经历了一个漫长坎坷的决策过程。挖掘脱手价格会计的理论背景，追寻公允价值计量的历史轨迹，探讨脱手价格计量目标面临的困境，可为进一步完善公允价值计量提供思路。

财政部于 2014 年 1 月 26 日发布与国际会计准则趋同的公允价值计量准则，引入全新的公允价值概念，明确界定公允价值计量的目标，即估计市场参与者在计量日的有序交易中出售一项资产或者转移一项负债的价格（脱手价格）。公允价值计量目标界定为脱手价格，与美国财务会计准则委员会（FASB）2006 年 9 月发布的公允价值计量准则（FAS157）以及国际会计准则理事会（IASB）2011 年 5 月发布的公允价值计量准则（IFRS13）保持一致。而现行公允价值的定义并非最佳，只是代表当前理论和实务水平下人们的一种判断（支晓强、童盼，2010）。在无法精确定义公允价值情况下，确定公允价值计量目标就指明了公允价值的计量方向，与把公允价值作为复合计量相比更具有操作性。深入挖掘脱手价格的理

* 本文发表于《财会通讯》，2016 年第 31 期。

论背景，纵观美国会计准则委员会最终确定脱手价格计量目标的历史沿革，分析脱手价格计量的现实困境，对于保证公允价值估值可靠，提供更有用会计信息有积极意义。

一、脱手价格会计概述

（一）定义与特征

脱手价格①主要指资产在正常清理条件下的变现价值。用市场卖出价来计量一个公司财务状况和财务业绩的财务报告系统称为脱手价格会计。脱手价格会计要求所有资产和负债要按其净变现价值（市场价格减预计销售费用）进行重估，企业所有非货币资产都要根据其现行脱手价格确认持有利得或损失。如果市场价格无法获得，可采用特殊销售价格指数或者利用经营者自身估计数获得净变现价值。

采用脱手价格会计，对资产和负债按净变现价值计价，否定了传统历史成本计价模式。对预收款销售和分期收款销售要求立即确认收入，以及可以通过对资产脱手价格的变化确认持有损益，放弃了确认收入的实现原则。假定企业资源随时处于清算状态，与传统会计遵循的持续经营假设不一致。对于收益计量，不再通过收入与费用的配比，而通过年末年初净资产差额来确认本期收益，更趋向经济收益的概念。

（二）理论背景

脱手价格最早由澳大利亚著名会计学家 Chambers 提出，由 MacNeal、Sterling 等进行了进一步研究发展。

Chambers（1966）基于对企业适应性行为（Adaptive Behav-

① 按时间导向，脱手价格也可以分为过去的脱手价格、现时脱手价格和预期脱手价格，按 FASB 的理解，公允价值就是当前的脱手价格，而 IASB 认为公允价值也可以包括当前的买入价格。本文参照 FASB 的观点，即脱手价格仅指当前脱手价格。

iour）的研究提出了脱手价格会计。适应性行为的概念认为，当处置资产的行为能得到最大利益时，公司总是时刻准备好处置资产。企业所处的市场充满不确定性，必须随时根据经济环境变化作出决策，如生产、改组或停业等，而过去的交易价格与现在决策不相关，未来交易价格又具有太多不确定性，变现价值（又称现时现金等值 Current Cash Equivalents）才最具有决策性。现时脱手价格或在正常清理条件下的销售价格是对企业适应市场能力的有效体现，显示了企业对经济环境变化的适应能力，是与决策相关的信息。

在当时历史成本一统天下的情况下，Chambers 也考虑到运用脱手价格计量所带来的可加总性问题。对不同的项目采用不同的计量尺度，一些资产用历史成本，其他资产使用重置成本或变现价值，（如此进行加总）就不可能产生一个有意义的资产负债表，也不能计算出一个有意义的净资产。

MacNeal（1970）研究认为，历史成本会计在很大程度上是基于已经不存在的状况。事实上，在 20 世纪，企业所有权分散于众多股东，他们只能依靠财务报告和媒体来了解关于公司的信息。因此，生成财务报告的会计系统对广大股东而言越来越重要。在现行基于历史成本编制的财务报告中，股东不能从资产负债表中了解到关于公司资产的当前价值，且和公司内部人士相比也处于信息劣势。面对激烈的市场竞争，理想的解决方案是企业要报告所有资产和负债的变现价值及由此产生的利润或亏损。

Sterling（1970）使用一个简单的模型——完全竞争市场和物价稳定假设下“小麦经销商模型”（Wheat Trader Model）进行分析，提出在决策中脱手价格优于其他计量手段的观点。Sterling 认为，小麦经销商通常面临三个问题的决策：是否进入并留在交易市场中；持有现金还是小麦；评估过去决策的合理性。只有小麦的当前市场销售价格与这些决策都相关，这些问题的解决都取决于当前销售价格。Sterling 认为，即使在放松完全竞争和物价稳定假设时，脱手价格仍然是最优选择。在 Sterling 研究的基础上，Friedman（1978）对“小麦经销商模型”进行调整，证明了负债也应使用当前市场销售价值计量。

Barth 和 Landsman（1995）在分析了买入价格、脱手价格和在用价值三者特征后，认为要利用主体掌握的私有信息，存在很大计量误差，致使基于在用价值计量公允价值最难实施，买入价格和脱手价格更具有价值相关性，并进一步认为，从销售方角度考虑公允价值计量、关注持有资产主体的报告是 FASB 选择脱手价格的原因。

（三）脱手价格会计评价

脱手价格表示，来自资产销售的现金价值实质是一种机会成本，对于企业在进行继续持有资产还是出售资产决策时提供相关信息。脱手价格反映资产现时出售还是继续持有的比较决策，可以提供评估企业财务应变能力信息，评价管理层受托管理责任。同时，由于采用脱手价格就不存在资产分期折旧或摊销结转为费用，这种折旧或摊销往往需要涉及大量的人为估计，如估计固定资产、无形资产的预计使用年限等，可以减少传统会计中过多的人为判断。

当然，脱手价格使用中也存在不足。首先，脱手价格会计运用的前提是可以从市场上找到相应的价格信息，对于某些不存在可变现价值的资产，如专用设备、厂房或无形资产等，脱手价格难以恰当确定。其次，脱手价格的采用要假定企业随时处于清算状态为前提，对于企业预期继续使用的资产不相关。再次，对于存在合同约束的标的资产或负债，以脱手价格来计量显然不符合实际情况。最后，脱手价格也未考虑一般购买力变动，不能消除通货膨胀的影响（葛家澍、林志军，1990）。

二、公允价值计量目标的确定：从买入价格到脱手价格的历史沿革

会计计量是会计系统的核心职能（Yuri Ijiri，1979）。在物价

相对平稳时，选择计量属性是会计计量要解决的主要问题。理论研究和实践证明，历史成本和公允价值双重计量属性并存是未来很长一段时间会计计量的必然选择。经过金融危机的历练，公允价值已经摆脱了“罪魁祸首”的指责，而公允价值的计量发展到以脱手价格为目标，经历了一个漫长坎坷的决策过程，追寻美国公允价值实务运用与准则界定的历史轨迹，可为脱手价格计量目标的应用提供借鉴。

（一）以现行重置成本（买入价格）估计公允价值：资产重估实务混乱

在会计上对公允价值界定前，经济活动中已经出现公允价值的应用实践。公允价值的最早应用可能与美国司法判例有关。1898年，美国高等法院要求估计涉及案件中公共事业企业不动产的公允价值，拒绝将传统的历史成本作为公允价值估价的唯一参照。考虑到简化估计操作，将现行重置成本作为估计基础，并要考虑资产的新旧程度扣除折旧的影响。考虑到具有可操作性，把市场信息作为公允价值估计的信息来源。当然，此时应用公允价值显然不是为了编制财务报告而是资产定价。

直到美国证券交易委员会（SEC）成立前，美国公允价值应用主要体现在资产重估实务上。支持对企业资产进行重估产并确认重估增值或减值已经成为主流观点，而此时对公允价值的估值比较混乱，同时出现市场价格、重置成本、评估价值等多种估值方法。资产重估信息的列示也缺乏统一标准，表内报告或表外披露的随意性很大，容易成为企业进行利润操纵的手段，由于公允价值滥用而提供的虚假财务报告，是导致美国1929年股市崩盘及随后发生经济大萧条的重要原因之一。

1934年美国证券交易委员会（SEC）成立，对资产重估实务加强管制，认为会计的目标就是要记录事项的历史成本而非报告有关价值的信息，坚持历史成本在资产计价中的重要地位，反对资产重估增值。到1940年，尽管仍有一些公司在财务报告附注中披露其不动产、厂房和设备的评估价值，而已经少有公司对其资产进行重估。公允价值在会计实务中的应用以失败而告终。

公允价值应用的失败原因，主要是由于20世纪30年代前美国缺乏健全有效的监管体系，缺乏相对发达的市场环境，导致公允价值估值滥用，并不代表公允价值计量属性本身的问题。不过，这一时期一个重要贡献是确立以市场为基础（而非特定报告主体基础）来估计公允价值的基调，明确了市场在公允价值计量中的重要地位，为以后以市场输入变量为基础确定公允价值计量目标奠定了实务基础。

值得关注的是，现行重置成本相当于在现行市场条件下，从市场取得资产的市场价格，即买入价格。也就是说，早在19世纪末，美国就为资产定价确定了以买入价格为基础来估计公允价值，经过一个多世纪，现在转变为以市场价格的另一维度，即脱手价格为公允价值计量的基础。由此不难理解，公允价值无论如何变动都以市场价格为基础，市场价格是公允价值估计的最公允选择。

（二）以市场（交换）价格为公允价值计量基础：会计准则界定模糊

美国公允会计原则（GAAP）是由会计职业组织制定的，但必须得到SEC的认可方能生效，所以SEC对公允价值的态度直接决定了公允价值的运用（于永生、卢桂荣，2010）。SEC对公允价值应用的态度直到20世纪70年代末期才发生转变。由于当时美国经济面临高通货膨胀，基于历史成本反映的财务报告不能传递企业的正确利润信息，会误导投资者，SEC鼓励使用历史成本以外的其他计量属性。20世纪80年代以来，尽管当前财务报告还是采用历史成本和公允价值的混合计量模式，而会计准则制定组织已经明确它们的观点，那就是公允价值很可能成为将来财务报告的主要报告基础。

会计上最早提出公允价值运用理论当属 1961 年会计学家 Moonitz 在 ARS NO. 1《会计的基本假设》中提出市场价格假设，分为过去的、现在的和未来的三个市场价格。过去的市场价格即为历史成本，现在的市场价格是现行成本和现行价格，未来形成的是可利用未来现金流量得到的现值。市场价格包括不同的价格形式，公允价值究竟应如何选择？

1970 年，美国会计原则委员会（APB）发布的第 4 号公告《企业财务报表的基本概念和会计原则》中非货币性交换规定，取得资产的成本通常采用放弃资产的公允价值计量，公允价值是放弃资产“交换价格”的近似估计。1973 年 APB 发布的第 29 号意见书“非货币性交易会计”更加强调公允价值取得的客观性，而公允价值是按照购入的交换价格还是按销售的交换价格来计量，并未明确界定。

针对 20 世纪 90 年代以来金融工具的广泛应用，FASB 于 1991 年发布 FAS107“金融工具公允价值的披露”，正式要求包括金融企业和非金融企业在内的各类主体按公允价值披露持有的金融工具。FAS107 指出，金融工具的公允价值是在自愿（不是被迫或清算）的交易者之间的现行交易中进行交换的金额。在活跃市场上，金融工具的市场报价最能代表其公允价值。另外，对于无市场报价的金融工具，要求主体提供公允价值的最佳估计。FAS107 中界定的公允价值主要针对有活跃市场的金融工具，而没有市场报价的金融工具可以估计，开创了允许估计公允价值的先例。FAS107 准则沿用 APB NO. 4 的做法，把金融工具公允价值定义为交换价格，并进一步具体为活跃市场中公开的市场报价，而市场报价的具体价格形式并没有明确。

FAS107 关注的只是金融工具的表外披露问题，并没有将公允价值引入表内，隐藏了潜在的未实现损失，投资者根据表内按摊余成本计量的投资，无法预测其未来现金流量、时间及不确定性，违背了财务报告提供决策相关信息的目标，无助于投资者的决策需求。只在表外披露不在表内列示金融资产的公允价值的缺陷也引起了准则制定机构的关注。1990 年 9 月，SEC 主席强调以摊余成本报告投资的缺点，指出“对于银行和储蓄机构，必然认真考虑以市场价格来报告全部证券投资”。同年 10 月，美国会计准则执行委员会（AcSEC）敦促 FASB 对证券投资的确认和计量进行改革，建立一个客观的基于市场价值的准则。作为临时性的过渡措施，AcSEC 发布了一个立场声明（金融机构作为资产持有的负债证券特定信息的披露，Disclosure of Certain Information by Financial Institutions About Debt Securities Held as Assets），要求金融机构分类披露作为资产持有的负债证券的估计市场价值、全部未实现利得和损失。

距 FAS107 发布不到一年半，1993 年 5 月 FASB 发布了 FAS115《特定债权和权益证券投资的会计处理》，把公允价值①计量的金融工具从表外披露变为表内列示，从披露过渡到确认，开始出现公允价值会计。FAS115 把证券投资分为三类，持有至到期证券（以摊余成本列示）、交易性证券（按公允价值计量，公允价值变动产生的未实现的利得和损失计入当期损益）、可供出售金融资产（以公允价值计量，未实现的利得和损失作为其他综合收益计入股东权益）。FAS115 准则中，FASB 认为市场报价（即 Quoted Market Prices，如果可得到的话）提供了公允价值最可靠计量。同 FAS107 的要求一致，FAS115 尽管指出市场报价是确定公允价值的唯一依据，但究竟采用市场价格的哪种形式仍未具体明确。

---

① 在 FAS115 的附录（第 109 段“术语”）部分，披露了用公允价值（Fair Value）而不再使用市场价值（Market Value）的原因：一些组织把市场价值仅与活跃市场相联系（如交易所市场、交易商市场），而 FASB 并没有进行区分，认为活跃或非活跃市场、主要或次级市场都可以产生公允价值。同时，采用公允价值术语也是为了和 FAS107 号准则保持一致，采用公允价值也与国际会计准则委员会（IASC）以及加拿大特许会计师协会（Canadian Institute of Chartered Accountants）的提法相一致。

为通过财务报告反映不断翻新的衍生金融工具和套期保值活动信息，满足报告使用人的需求，1998 年 6 月，FASB 发布 FAS133《衍生工具和套期活动的会计处理》，其把公允价值定义为“自愿的市场参与者在当前交易而非强制或清算交易中据以购买（或承担）或销售（或清偿）资产（或负债）的金额”。与以前发布的规范比，FAS133 尽管仍然认为公允价值是一种复合计量，在公允价值计量上依旧采用交换价格，但明显的进步是明确了交换价格的具体形式，即购买资产或承担负债（买入价格）、销售资产或清偿负债（脱手价格），为下一步具体界定公允价值的计量目标奠定了可供选择的基础。

考虑到有些金融工具不存在活跃市场上的公开报价，就需要采用估值技术估计公允价值。2000 年 2 月，FASB 发布财务会计概念框架第 7 号（SFAC NO. 7）“在会计计量中应用现金流量信息和现值”。会计计量中利用现值的目标是在可能的范围内捕获未来系列现金流量之间的经济差异，现有会计计量（惯例）属性不同程度地包含了这些差异，而公允价值能全部捕获这些经济差异。因此，在初始计量和新起点后续计量中，使用未来现金流量现值的唯一目标是为了估计公允价值，即现值计量就是为了捕获形成市场价格即公允价值的所有因素。

第 7 号概念框架对公允价值界定是“自愿的当事人之间进行的现行交易中，不是在被迫或清算销售中，能够购买（或发生）一项资产（或负债）或出售（或清偿）一项资产（或负债）的金额”。SFAC NO. 7 沿袭了 FAS133 的做法，将资产的购买价格和出售价格，负债的发生价或清偿价都作为公允价值，尽管没有进一步明确公允价值计量的目标，而与以前仅强调市场价格或交易价格的做法相比，在公允价值计量上确实有了很大进步。

（三）最终明确脱手价格计量目标：保持唯一性

随着公允价值应用范围的拓展，不同准则对公允价值分别进行界定，公允价值计量和披露缺乏可比性，增加了应用公认会计原则的复杂性。进入21世纪，FASB投入大量人力物力研究公允价值问题，在2001年12月至2005年10月的5年中，研究并拟出有关《公允价值计量》的征求意见稿34份，最终目的是形成一份系统规范公允价值计量与披露的会计准则。

尽管FASB在之前的准则中对公允价值进行过多次界定，而为了增加公允价值概念的确定性，2004年6月，FASB对公允价值又进行界定："公允价值是在熟悉情况、没有关联的自愿参与者之间的当前交易中交换一项资产或负债所能得到的价格"。进一步明确公允价值计量的目标是在缺少真实交易情况下计量资产和负债的估计交易价格，而重拾"交换价格"的提法可以说是公允价值计量上的一种倒退。

正如Barth和Landsman（1995）所指出的，只有在完美和完全市场（Perfect and Complete Market）环境中，所有资产都存在活跃市场，市场交易信息完全公开、透明，没有私人信息，公允价值与市场价格完全等同；而在现实经济环境中，并非所有资产都存在活跃市场，信息不对称导致逆向选择和道德风险，买入价格、脱手价格和在用价值不相等，必须在三者中选择一个作为公允价值计量的基础。

2005年10月，FASB再次修改了公允价值的概念，"公允价值是在资产或负债的参考市场上，市场参与者于当前交易中接受一项资产或转移一项负债的价格"。与以前相比，此次界定公允价值显著的变化是引入"市场参与者"以替代"熟悉情况、没有关联的自愿参与者"，提出了参照市场概念，引入最大限度和最佳利用资产假设。值得关注的是，此次工作稿中公允价值计量的最大变化是FASB第一次提出了公允价值计量的脱手价格目标，首次将市场（交换）价格的目标明确为脱手价格，彻底抛弃了长期把公允价值作为一种复合计量的看法，准确界定了公允价值的计量基础，提高了公允价值计量的可操作性，压缩了会计操作的空间，在公允价值计量历史上具有里程碑意义。

2006 年 3 月，在距上次发布工作稿（Working Draft）还不到半年时间后，FASB 在修订的工作稿中将公允价值界定为“在计量日市场参与者之间的交易中，从资产中收到或因负债的转让而付出的价格”。此次发布的定义引入了计量日的概念，重申了公允价值计量的脱手价格目标，即从资产中收到或转让负债付出的价格，为最终发布的公允价值计量准则把脱手价格作为具体计量目标奠定了坚实基础。

2006 年 9 月，系统规范公允价值计量和披露的公允价值计量准则 FAS157 最终出炉，保留了以前定义中隐含或明确提出的交换价格观点，并提出公允价值是在计量日的有序交易中，市场参考者在主市场（或最有利市场）出售资产将能收到或转移负债所需要支付的脱手价格，正式明确界定了公允价值计量的脱手价格目标。即使在计量日某一资产市场交易活动很少，如果有的话，公允价值的计量目标仍应保持不变。也就是说，计量脱手价格是公允价值在所有情况下都应明确的目标。

由于 FAS157 强调估计公允价值的交易是在计量日出售资产或转移负债的假设交易，从持有资产或承担负债（非准备获得资产或承担负债）的市场参考者角度考虑。因此，公允价值计量的目标只能是销售资产所能收到或转移债务所需支付的价格，即脱手价格。脱手价格体现了计量日市场参与者对与该资产或负债相联系的未来现金流入和流出量的预期，而这往往是投资者最关心的，体现了财务报告提供决策相关会计信息的初衷。

FASB（2006）从与财务会计概念框架保持一致的角度阐述将公允价值计量目标明确为脱手价格的合理性。因为脱手价格目标体现了市场参考者对与资产相联系的未来现金流入和与负债相联系的未来现金流出的当前预期，这种对未来现金流入和流出的强调与第

6号财务会计概念框架（SFAC6）中界定的资产和负债的定义相一致。在第6号财务会计概念框架《财务报告要素》第25段中，将资产定义为未来经济利益的流入，第35段把负债定义为未来经济利益流出。尽管存在不同认识①，FASB追求以脱手价格作为公允价值计量的唯一目标的决心坚贞不渝，即使主体是使用资产而非出售资产，脱手价格也体现了将资产出售给以相同方式使用资产的市场参与者所预计带来的现金流量（见图1）。

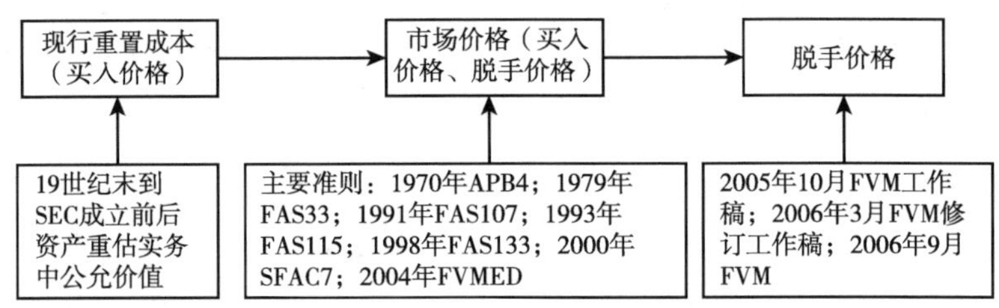

图1　公允价值计量目标的确定

三、公允价值计量目标明确为脱手价格的困惑

脱手价格计量目标体现了持有资产或承担负债的市场参与者在计量日对未来现金流入或流出的一种预期。将公允价值计量目标明确界定为脱手价格，其实质是由市场来决定公允价值的估值，因为市场信息是客观公开透明的，可以在很大程度上压缩由于定义模糊产生的可能操纵行为发生。脱手价格比历史成本和现时成本更为重视资产的计价，认为只有资产才能产生收益。公允价值计量目标的明晰界定，使实务中会计处理更一致，会计信息可比性提高。而不容忽视的是，界定公允价值计量目标为脱手价格在操作

① 杨敏（2008）通过比较国外会计准则制定机构关于公允价值的定义，指出国外会计准则制定机构在公允价值计量上是否一致采用脱手价格存在分歧，有些会计准则制定机构甚至不赞同公允价值用脱手价格进行定义，如ASB、AASB等。

中也面临困惑。

第一，脱手价格计量目标与财务会计本质要求相背离的困惑。

尽管在公允价值定义中明确了脱手价格的计量目标，并不排斥在用价值，而准则规定企业以交易价格（买入价格）作为初始确认时的公允价值，准则前后存在逻辑上的不一致。购入资产不以实际买入价格而以脱手价格来反映，与财务会计要求如实反映的本质特征相背离，而且对于脱手价格与实际交易价格之间差异的处理，直接增加了会计处理和财务报告的复杂性。为了更好表示未来现金流量的预期，有的资产可以用脱手价格计量，如准备处置的资产、为短期获利目的购入的资产或承担的负债等；有的资产用其他计量基础，如买入价格或在用价格可能更合适，明显的例子如正常生产经营中使用的固定资产以及属于企业专用资产（转让价格很小或为零），以市场为基础的脱手价格来计量，无法反映其真实价值。

英国会计准则委员会（ASB）就认为脱手价格并不是在任何情况下都是报告公允价值最合适的计量属性，特定情况下，买入价格比脱手价格更能反映基于当前市场期望的经济利润流动。强行引入界定脱手价格的计量目标很可能会引起实务操作困难，与其让公允价值的计量目标纠结于采用买入价格还是脱手价格，不如把公允价值更具体化，直接细分为脱手价格、买入价格①，本来公允价值就应该是一类计量属性（葛家澍，2011）。

第二，公允价值定义为基于市场的脱手价格与明确允许第三层次估值的困惑。

前已分析，从 19 世纪末，美国资产重估开始运用公允价值就确立了市场在公允价值估计中的基础地位，此后发布的关于公允价

① 当然，此处是指“当前”的买入价格或脱手价格。市场价格按时间导向可分为过去、现在和未来三个时间段，有九种可用的计量基础或属性。详见葛家澍，公允价值会计研究［M］. 大连：大连出版社，2011. 7：83 - 84。

值准则也都是围绕市场价格作为公允价值的计量基础，只是到 20 世纪末，1991 年发布的 FAS107 才允许估计公允价值，而那时还仅限于没有市场报价的金融工具，估值主要采用类似证券的市场报价调整后得到。在 2000 年发布的 SFAC NO. 7，明确了市场在公允价值计量的重要地位："市场才是资产或负债价值的最终裁决人"①。2006 年发布的公允价值计量准则最终确定以市场为基础的脱手价格为公允价值计量的目标。准则中也强调要最大限度使用可观察输入值，少使用不可观察输入值，而实际情况是明确允许采用第三层次输入值，并规定企业可以使用内部数据作为不可观察输入值。大量运用估计产生的公允价值可能导致报告使用人的误解，产生滥用公允价值的风险。正如我国著名会计学家葛家澍教授所指出的，公允价值必须是名副其实的，可在活跃市场上随时稳定取得的同类或类似资产或负债的公开标价，不需要估计。而企业管理层能诚实利用私有信息做出判断只能作为一种假设，实证研究结论已经证实了管理层利用公允价值估值进行的操纵行为。

39 号准则已经于 2014 年 7 月 1 日起，在所有执行企业会计准则的企业范围内施行，笔者在对某国有大型企业进行培训时，发现该企业制定的《××公司公允价值应用指引》中赫然写道"按以下顺序选用估计公允价值的相关参数：……第三层次：相关资产或负债不存在市场数据，在当前情况下可合理取得的最佳信息，包括企业内部数据"。由于我国很多生产资料不具备获取市场报价的条

---

① 一些学者和组织对以市场为基础来估计公允价值提出了反对意见。Ronen（2008）认为，把公允价值界定为以市场为基础的脱手价格，不能反映资产的使用价值，也不能预防管理层机会主义行为，不能反映经管责任的履行。英国会计准则委员会（ASB，2007）认为，经济活动中的大多数交易属于企业特定，且不存在有针对性的市场。以市场为基础来估计公允价值，将会使企业没有意义地不断搜寻假定市场和市场参与者。我国学者徐新霞（2011）运用经济学资产专用性和信息不对称理论对非活跃市场下公允价值计量进行分析，认为独立于报告主体而以脱手价格来计量专用性水平很高的资产，不能传递企业内部私有信息，也不能表明资产的本质特征与持有目的。

件，如此界定公允价值可能引起公允价值滥用。随着公允价值使用范围不断拓展，大有成为双重计量报告系统的主要角色的趋势，缺乏活跃市场条件下公允价值的估值定然成为公允价值计量的重心[①]，而加强对不具备活跃市场条件下公允价值估值理论培训，必将成为公允价值合理运用的关键所在。由此就不难理解，国际准则制定机构联合工作小组（JWG，2000）提出的“公允价值计量成功实行的关键：教育、实践和时间”。

第三，脱手价格计量目标应用于非金融资产或负债的困惑。

脱手价格反映了当前市场参与者对未来现金流入或流出的预期，体现了资产或负债的最根本特征。而脱手价格是以市场为基础的计量，存在活跃市场是其应用前提，也只有在活跃市场中，脱手价格计量目标才具有可行性。除一些金融工具外，多数非金融工具都不具备活跃市场，按照公允价值计量层级就需要寻找假定的市场和市场参与者，而这种主要依据具有高度主观性的假设来估计公允价值，恐怕令人难以信服。因此，对于我国当前的市场环境，采用单一界定公允价值计量目标的做法可能导致操作困难，应当依据对不同实施环境的判断，在不同准则中对公允价值的计量目标作出具体的界定。当然，这会导致不同准则间公允价值计量标准的不一致，而这种处理比较符合我国当前市场环境，可以为财务报告使用人提供更有用会计信息，显然这要比准则条文间不一致更具有实践意义。

39 号准则中对于负债采用“转移”而非“清偿”，即公允价

① 尤其应予以关注的是，为解决非活跃市场下公允价值估值问题，FASB 在 FAS157 的第 3 号工作人员公告中指出，当市场不活跃时，公允价值估计参数的选择可以绕过公允价值估值参数选择的优先顺序，直接由企业管理层自行估计。IASB 也做出了类似的规定。作为对单一市场基础公允价值计量的一种修正，势必会加大管理层自行判断的空间，给企业管理层自行估计公允价值披上完全“合理、合法”的外衣，一个很可能的结果是公允价值越来越偏离“公允”的初衷。

值的计量不是真实交易而是模拟交易，即负债的转移使负债没有被清偿，接受方继续承担负债，与负债相关的不履约风险在转移前后没有变化，公允价值计量时也应予以考虑。在会计实务中，负债转让存在法律限制，转让负债业务发生较少，对于大多数负债主要是通过清偿而非转让来结算，对负债的公允价值运用脱手价格计量目标，就是要根据负债的模拟交易来估计预计现金流量信息，显然，多数情况下实际清偿负债所反映的现金流量信息不但符合实际情况，而且会更有用。

第四，脱手价格计量目标与资产评估准则衔接困惑。

公允价值定义变更后，更强调市场在计量中的作用，“熟悉情况的交易双方”变为“市场参与者”，扩展了公允价值计量应用的主体；资产或负债的“交换或清偿”变为“出售或转移”，扩大了交易标的物的范围。这些都直接为第三方专业资产评估机构进行公允价值计量评估提供了机遇。实证研究的结论也证实，外部专业机构对公允价值的评估比企业管理层自身评估更可靠。Dietrich 等（2001）通过调查英国企业投资性房地产公允价值估计的可靠性，研究企业管理层在公允价值估计上的自由裁量权，发现管理层通过选择会计方法来提高报告利润，通过调节销售实现时间来平滑每期利润、净资产变化等。

需要关注的是，会计准则将公允价值具体化为计量脱手价格，资产评估准则对市场价值的定义是“自愿买方和自愿卖方在各自理性行事且未受任何强迫的情况下，评估对象在评估基准日进行正常公平交易的价值估计数额”①，并未强调具体计量基础的选择问题。多数对非金融资产的评估，需要专业评估人员如资产评估师来进行，如何推动资产评估行业标准与会计准则保持一致，是迫切需要解决的现实困境。

---

① 中国资产评估协会，http：//www. cas. org. cn/pgbz/pgzc/18488. htm。

总之，公允价值以脱手价格为计量目标，面临与财务会计本质要求相背离、明确允许第三层次估值、非金融资产或负债运用、与资产评估准则衔接等困境，是否需要出台非活跃市场下公允价值计量的特别规定，是否需要考虑制定极端情况下允许企业按公允价值对金融资产重分类，是否需要修订资产评估准则，应根据在我国市场经济环境下公允价值计量准则实施情况进行分析研判。可以预见，公允价值大有取代历史成本，成为会计计量主要基础的趋势，而发布公允价值计量准则只是迈出了公允价值计量的一小步，为增强公允价值计量的可靠性和操作性，未来公允价值的计量必须发布更多详尽规范。

参考文献：

葛家澍，林志军，1990. 现代西方财务会计理论［M］. 厦门：厦门大学出版社.

CHAMBERS，R J，1966. Accounting，Evaluation and Economic Behaviour［M］. Prentice Hall.

STERLING，R，1970. Theory of the Measurement of Enterprise Income［M］. University Press of Kansas.

BARTH，M E & LANDSMAN，W. R.，1995. Fundamental issues related to using fair value accounting for financial reporting［J］. Accounting Horizons，4：97 – 107.

于永生，卢桂荣，2010. 次贷危机背景下的公允价值会计问题研究［M］. 上海：立信会计出版社.

罗伯特·N. 安东尼，2005. 美国财务会计准则的反思［M］. 李勇，译. 北京：机械工业出版社.

葛家澍，徐跃，2006. 会计计量属性的探讨——市场价格、历史成本、现行成本与公允价值［J］. 会计研究（09）：7 – 14 + 95.

VERA PALEA，2014. Fair value accounting and its usefulness to financial statement users［J］. Journal of Financial Reporting and Accounting，2：102 –

116.

葛家澍，2011. 公允价值会计研究［M］. 大连：大连出版社.

陈今池，1998. 现代会计理论［M］. 上海：立信会计出版.

企业会计准则编审委员会，2015. 企业会计准则第 39 号：公允价值计量讲解［M］. 上海：立信会计出版社.

支晓强，童盼，2010. 公允价值计量的逻辑基础和价值基础［J］. 会计研究（01）：21 –27.

DIETRICH，J R，M S HARRIS，K A Muller III，2001. The reliability of investment property fair value estimates［J］. Journal of Accounting and Economics，30：125 –158.

公允价值相关性研究的困惑与思考*

公允价值相关性研究的理论前提是有效市场假说，价值相关性研究模型存在内在逻辑矛盾，相关研究结论差异较大，公允价值准则的制定、组织、推广及应用也缺乏一致的经验证据支撑。作者从行为金融学投资者认知偏差视角，提出公允价值相关性研究思路。

自 1990 年 9 月美国证券交易委员会（SEC）主席理查德 · C. 布雷盖在参议院作证，首次提出应当以公允价值为计量属性后，公允价值开始在准则中大量采用。美国会计准则委员会（FASB）和国际会计准则理事会（IASB）正逐步从历史成本转向公允价值报告体系，并已经明确：公允价值很可能会取代历史成本成为将来财务报告的主要报告基础。为保持与国际会计准则持续趋同，提升公允价值信息质量，我国财政部于 2014 年发布《公允价值计量》准则，为公允价值进一步扩大使用范围提供了理论基础和准则依据。而推广应用公允价值计量是否存在严密逻辑？是否得到严谨一致的实证结论支撑？如果没有，导致研究结论出现差异的原因是什么？公允价值相关性研究的出路又在哪里？我们拟通过追寻公允价值相关性研究模型的由来，综述公允价值相关性及差异的分析研究文献，剖析现行公允价值相关性研究的困惑，提出基于行为金融学认知偏差的研究策略。

* 本文发表于《河南牧业经济学院学报》，2018 年第 3 期。

一、传统经济学理论下公允价值相关性研究模型

如果会计数字与权益市场价值存在显著相关性，则表明会计数字具有价值相关性。价值相关性研究模型源于股利折现模型。依据传统经济学理论，公司价值等于未来现金股利的折现值，股利折现模型：

$$PV_t = \sum_{t=1}^{\infty} d_t (1 + r)^{-t} \tag{1}$$

（1）式中，PV_t表示 t 期公司价值，d_t表示 t 期公司每股发放现金股利，r 为折现率（风险贴水）。公司价值取决于d_t与 r，而公司发放每股现金股利与风险贴水客观存在，故公司价值属于客观存在的价值。而从投资者角度出发，不同投资者对公司价值的认知很可能不相同，取决于投资者对未来预期可获得的现金股利的折现值，即预期股利折现模型：

$$P_t = \sum_{t=1}^{\infty} E(d_t)(1 + R)^{-t} \tag{2}$$

（2）式中，P_t为 t 期公司股票价格，$E(d_t)$ 为投资者预期的 t 期现金股利，R 为投资者预期风险贴水或折现率。根据有效证券市场假说，资本市场的大多数投资者是理性的，且他们相互独立地作出决策，当市场集体意见形成时，单个市场参与者之间预测能力的差异会被抵消，会产生一个比任何市场参与者的预测能力都强的市场价格，有效证券市场价格能提供比市场单个交易者更高质量的信息。由此，在有效证券市场假说下，$E(d_t) = d_t$，$R = r$，在没有债务资本和优先股情况下，公司价值就直接等于其权益资本的市场价值，即可以用股票价格替代公司价值。

$$P_t = \sum_{t=1}^{\infty} d_t (1 + r)^{-t} \tag{3}$$

进一步，根据剩余收益理论及净盈余关系，可以得到奥尔森剩余收益估值模型，该模型将企业权益市场价值表述为权益当期账面

价值与未来剩余收益折现值的函数。

$$P_t = \sum_{t=1}^{\infty} \left[RI_t (1+r)^{-t} \right] + BV_0 \tag{4}$$

（4）式中，RI_t表示 t 期剩余收益（超额报酬、非正常盈余），BV_0表示公司权益当期账面价值。Collins 等将奥尔森剩余收益估值模型中剩余收益用当期净收益来替代，认为当期净收益与股票价格比剩余收益更显著相关，从而将股票价格与资产负债表、利润表项目建立了更直接的关联，强化了财务会计信息在决定公司价值时起到的基础性作用，也构建了后来大多数学者沿用的研究会计信息价值相关性的价格模型：

$$P_t = a_0 + a_1 NI_t + a_2 BV_t + a_3 v_t + \varepsilon \tag{5}$$

（5）式中，NI_t表示净利润，BV_t表示权益账面价值，v_t表示研究者关注的变量，如公允价值相关变量等。对价格模型求一阶差分，两边同时除以期初股价，可得到价值相关性研究的回报模型。

由价值相关性实证研究模型形成看，其基础理论是有效证券市场假说，即预期资本市场存在大量理性投资者，他们可以有效认知资本市场披露的会计信息，并总能作出正确决策。会计信息价值相关性研究就是用股票价格及股票投资回报率等作为衡量公司价值的替代变量，以具体会计数据替代会计信息来研究二者的关系，为会计准则的制定与推广应用提供经验证据支撑。如对公司披露的公允价值信息，投资者可以有效认识到，与历史成本相比，公允价值报告能全面及时反映资产负债的现时价值，反映企业当前的市场状况及未来经济环境的变化，有助于投资者预测企业未来现金流量，且在减少公司与投资人信息不对称方面起到决定性作用，从而为准则制定、公允价值推广应用提供经验证据。按照此逻辑，把投资者都作为理性投资人，如果在某市场公允价值较弱或不具有价值相关性，则是外部环境、市场体制或机制所致。

二、公允价值相关性差异——文献综述视角

针对公允价值相关性研究，无论是针对金融工具还是非金融资产，学者们都进行了广泛研究，而研究结论存在较大差异。如 Barth 以美国 1971 – 1990 年美国银行数据为样本，运用价格模型和收益模型，在控制证券投资的账面价值后，发现证券投资的公允价值与银行股票价格显著相关，而按公允价值报告的金融工具利得和损失不具有价值相关性。Nelson、Barth 等和 Eccher 等实证检验美国银行业 1992 – 1993 年的数据，进一步证实证券投资的公允价值较历史成本具有增量价值相关性。而对于其他金融工具，Nelson 发现银行存款、贷款、长期债券、表外金融工具的公允价值不具有价值相关性；Barth 等却发现贷款的公允价值具有价值相关性；Eccher 等的研究发现，贷款、长期债券及其他表外金融工具的公允价值均具有价值相关性，只是这种公允价值的相关性不断下降。Venkatachalam、Ahmed 等的研究进一步表明，衍生金融工具的公允价值与股票价格也显著相关。而 Khurana 和 Kim 利用 1995 – 1998 年银行数据研究却表明，公允价值与历史成本的价值相关性并不存在显著差异。

非金融资产公允价值相关性研究方面，学者们针对不同种类的公允价值进行价值相关性研究，得到不一致的结论。如 Easton 等、Aboody 等、Adela Deaconu 等分别利用澳大利亚、英国、罗马尼亚公司数据进行研究，都发现有形资产公允价值重估与股票价格显著正相关。Robinson 和 Burton 利用美国公司数据进行研究，证明了职工股票期权费用的公允价值与股票价格也显著相关。Lourenco 和 Curto 对英国、法国、德国和瑞典四国公司的研究，证实了投资性房地产公允价值计量的价值相关性。而 Barth 和 Clinch 研究澳大利亚公司数据，却发现资产历史成本较重估价值具有更强的价值相关性。Beaver 和 Ryan、Harris 和 Ohlson、Hann 等的研究也都证明历

史成本较公允价值的价值相关性更强，公允价值信息不具有增量价值相关性。

国内学者关于公允价值相关性的研究起步较晚，研究结论也存在差异。邓传洲利用 B 股公司面板数据，发现公允价值披露显著增强了会计盈余的价值相关性，而公允价值调整及持有利得或损失没有或具有较弱的价值相关性。刘永泽和孙翯、侯晓红和赵灵敏的研究都表明公允价值信息提升了财务报告的决策有用性，后者还发现公司治理对公允价值相关性具有正向显著影响。路晓燕的研究则发现，公允价值信息对股票收益缺乏增量价值相关性。罗婷等也发现在非金融行业，非公允净资产比公允净资产更具有价值相关性。王建玲等则发现公允价值相关性在不同行业间存在差异。

何种原因导致公允价值信息的价值相关性存在差异?

首先，公允价值信息报告方式不同会造成不同的价值相关性。如财务报表确认的公允价值信息，只是在报表附注中披露公允价值信息具有较低的价值相关性，公允价值信息在不同的财务报表中也会呈现不同的价值相关性。

其次，利用不同层级输入值得到的公允价值相关性不同。第一层级输入值得到的公允价值与股票价格的相关系数高于其他两个层级，与第三层级差异最为显著。市场能有效认知三个层级输入值得到公允价值的差异，意识到第三层级公允价值计量的可靠性问题。Chang 等还发现公司治理结构与公允价值相关性存在正向相关，即如果存在完善的公司治理结构，公允价值相关性就高，这对第三层级公允价值估计影响尤其明显。

再次，通过外部评估师或内部管理层评估取得公允价值，对价值相关性存在影响。一些学者发现，通过外部评估师得到的公允价值估值比公司内部评估更准确，可靠性更高，而没有发现外部不同类型评估师作出的公允价值资产评估存在差异。也有学者研究表明，对于企业内部管理层和外部独立评估师作出的资产价值评估，市场均认可它们的价值相关性，并未发现不同评估师做出的资产评估在价值相关性上的差异。

最后，公允价值相关性存在时间和地域差异。公允价值相关性会受到所在国家证券市场监督质量的影响，在监管质量较低的国家，公允价值相关性会打折扣。外部宏观经济环境也影响公允价值相关性，如果金融危机进一步恶化，则公允价值的价值相关性就降低。市场环境越完善，行业竞争度越高，公允价值相关性就越强，经济衰退期的公允价值相关性较复苏期的公允价值相关性要强。

总之，学者们将公允价值是否存在价值相关性或相关性差异的原因归结为财务报告的公允价值信息披露方式、公允价值估值技术、价值评估渠道及公司治理结构、制度环境等外部因素的影响，而鲜有文献对价值相关性研究模型内在逻辑提出质疑，探讨公允价值相关性研究模型自身的问题。如果价值相关性研究模型自身存在逻辑缺陷，而学者们在公允价值相关性研究中只是将公允价值信息（以公允价值变动损益等替代）与公司价值（以股票价格或股票收益率等替代）变量直接放入模型，加入控制变量弥补遗漏后进行回归，依据回归结果得出公允价值具有或不具有价值相关性的结论，那么，为会计准则制定组织推广公允价值的应用提供经验证据支撑就会存在问题。

三、公允价值相关性研究的困惑（见图1）

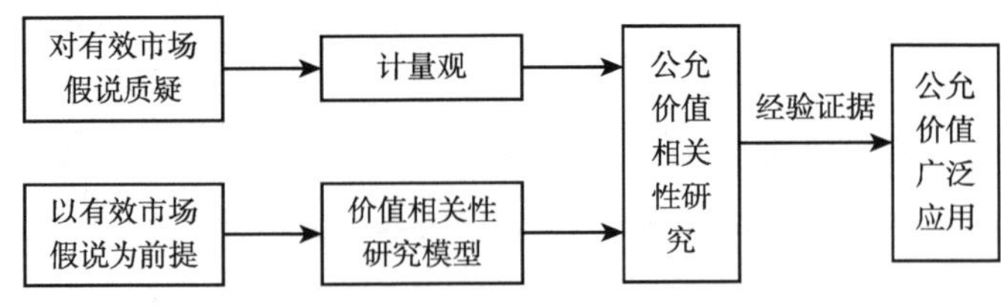

图1　公允价值相关性研究的困惑

财务报告决策有用的信息观假设证券市场是有效的，市场会对包括财务报告在内的所有信息来源作出反应，市场中的理性投资者可以预测公司未来业绩，财务报告的责任在于充分披露对投资者有用的信息。信息观假设市场上有足够多的理性投资者，他们能够解读以任何合理形式披露出来的信息，并将信息及时正确地融入有效市场价格。

近年来，人们针对证券市场的有效性提出诸多质疑，如投资者有限理性、股票市场泡沫、证券市场异象等，这些现象的存在说明证券市场并非充分有效。为了提升证券市场的有效程度，会计人员有责任将公允价值融入财务报告，以帮助投资者更好地理解财务报告，评估公司未来业绩和价值，即财务报告决策有用的计量观。按照计量观理论，大量运用公允价值势必提升会计信息的价值相关性水平。同时，在前述传统经济学公允价值相关性研究模型的推导中，有效市场假说是价值相关性研究模型的前提。这样，公允价值相关性同时以计量观和价值相关性研究模型为基础进行研究，就存在内在逻辑上的矛盾。

公允价值相关性研究中不仅存在如此逻辑缺陷，而且价值相关性实证研究的结论也存在较大差异，令人困惑的是，国内外会计准则制定组织并未因经验证据支撑的缺憾而停止推进公允价值的应用进程，FASB 和 IASB 不但正逐步推进从历史成本转向公允价值报告体系，而且已经明确公允价值很可能会取代历史成本成为将来财务报告的主要报告基础。那么，公允价值相关性研究的出路何在？下面我们拟从行为金融学投资者认知偏差的视角试作分析。

四、基于投资者认知偏差视角的公允价值相关性研究思考

公允价值相关性研究多是基于有效市场假说进行的市场检验，认为资本市场理性投资者占大多数，他们能够利用所获得的市场信息进行无偏估计，且总能作出正确决策。而近些年行为金融学的研

究发现，投资者并非完全理性，可能没有足够时间、意愿和能力去处理所获得的信息，尤其是新的市场信息，而将有限的注意力集中在容易理解或获取的其他信息上，对信息不能作出客观公正的估计。而且投资者也是不同质的，对获得的市场信息存在认知差异及行为方式的差异，对未来会产生不同的预期。行为金融学把投资视为一个心理过程，在此过程中由于存在系统的认知偏差和情绪偏差，导致投资者决策偏差和资产定价偏差。

受到宏观经济环境、公司治理结构及会计准则等的影响，再加上不同投资者在教育背景、专业特长、获取信息的渠道等方面存在差异，使投资者在利用资本市场包括财务报告在内的公开信息进行估值时存在认知偏差，对于相同的信息也可能给予不同权重，在公司定价中赋值不同，有效证券市场存在多数理性投资者假说不再适用，集体竞价得到的公开市场股票价格只能代表投资者对公司价值认知所达成的一种共识，其可能已远远背离公司价值，不能作为公司价值的替代变量。如果此时仍以股票价格与包括公允价值在内的会计信息进行回归，得到的只能是会计信息价值相关性的错误结论。投资者认知偏差是影响会计信息价值相关性的重要主观因素，这一因素在分析公允价值相关性时客观存在，不能回避或忽视。

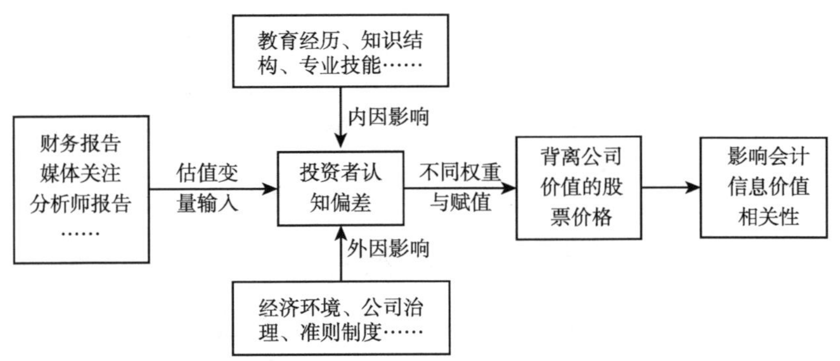

图2　投资者认知偏差对会计信息价值相关性的影响

如何在市场并非有效情况下进行会计信息价值相关性研究？仅有的几篇文献中，Aboody 等“另立门户”构建了包含噪声交易者的全新的估值模型；曲晓辉、黄霖华借鉴 Feltham 和 Ohlson 模型，加入构建的投资者情绪新变量，发现投资者情绪对公允价值相关性存在显著正向影响；王治、刘明辉则从投资者信念角度，认为投资者信念异质是导致价值相关性存在差异的根本原因。

不同类型的投资者对同一信息的反应也存在差异。现行公允价值相关性研究文献将资本市场投资者看作一个具有相同认知能力的整体，得出公允价值具有或不具有价值相关性结论，忽视了具有不同认知能力的投资者对公允价值信息产生的认知偏差及对公允价值相关性的影响。实际上，自我国股票市场建立以来，机构投资者已成为我国资本市场的重要参与者与组成部分，机构在我国资本市场的地位已经举足轻重，其行为特征对资本市场的稳定产生了重要影响。机构投资者凭借自身专业分析团队、专业分析和信息处理能力，分辨上市公司优劣，按照公司真实价值确认股票价格，以有效配置资源，增加市场稳定性。机构投资者较中小投资者而言，是更为理性的成熟投资者。我国资本市场的个体投资者存在政策依赖、过度自信、过度交易等认知偏差，而且个人投资者持有比例高的股票在定价上存在“功能锁定”，而由机构投资者持有的股票不存在“功能锁定”现象。在中国资本市场，机构投资者为主公司的“功能锁定”现象正消失，中小散户投资者为主公司的“功能锁定”现象仍然较突出。

因此，在市场并非有效情况下进行公允价值相关性研究，由于投资者认知偏差的存在，应通过区分不同类型投资者进行分类比较，如可将投资者分为机构投资者与个人投资者，机构投资者又可按性质分为基金、合格境外机构投资者（QFII）、保险公司、社保基金等类别。同时，考虑机构投资者的异质性，按机构投资者的投资行为分为稳定型机构投资者与交易型机构投资者等。以进行长期投资、价值投资的机构投资者作为理性投资者的近似替代进行公允价值相关性研究，探讨不同类别投资者持股公司公允价值信息价值相关性的差异，深入剖析会计信息具有或不具有价值相关性的深层原因，可为我国证券监管部门大力发展机构投资者提供经验证据，提高包含公允价值在内的会计信息价值相关性，提升我国资本市场有效性。

参考文献：

威廉·R. 斯科特，2012. 财务会计理论［M］. 陈汉文，译. 北京：机械工业出版社.

吴溪，2012. 会计研究方法［M］. 北京：中国人民大学出版社.

周华，戴德明，刘俊海，叶建明，2017. 国际会计准则的困境与财务报表的改进——马克思虚拟资本理论的视角［J］. 中国社会科学（03）：4－25.

BARTH M E，CLINCH G，1996. International differences in accounting standards：evidence from UK，Australian，and Canadian firms［J］. Contemporary Accounting Research，1：135－170.

EASTON P D，EDDEY P H，HARRIS T S，1993. An investigation of revaluations of tangible long－lived asset［J］. Journal of Accounting Research，31：1－38.

徐经长，曾雪云，2013. 综合收益呈报方式与公允价值信息含量——基于可供出售金融资产的研究［J］. 会计研究（01）：20－27.

CHANG J S，WAYNE B THOMAS，HAN YI，2010. Value Relevance of FAS 157 Fair Value Hierarchy Information and the Impact of Corporate Governance Mechanisms［J］. The Accounting Review，4：1375－1410.

MULLER K A III，RIEDL E J，2002. External monitoring of property appraisal estimates and information asymmetry［J］. Journal of Accounting Research，3：865－881.

DIETRICH J R，HARRIS M S，MULLER K A III，2001. The reliability of investment property fair value estimates［J］. Journal of Accounting and Economics，2：125－158.

曲晓辉，黄霖华，2013. 投资者情绪、资产证券化与公允价值信息含量——来自 A 股市场 PE 公司 IPO 核准公告的经验证据［J］. 会计研究（09）：14－21.

王治，刘明辉，2013. 价值相关性研究的困境与出路：基于投资者信念的思考［J］. 会计研究（12）：11－17.

刘永泽，孙翯，2011. 我国上市公司公允价值信息的价值相关性——基于企业会计准则国际趋同背景的经验研究［J］. 会计研究（02）：16－22.

排污权交易会计处理问题探析*

推进生态文明建设必须依靠制度，充分发挥市场机制的排污权交易是环境管理的有效手段。文章在回顾国内外关于排污权交易会计处理文献基础上，对排污权交易会计的确认、计量和披露问题进行探讨，提出排污权会计确认的框架，按持有目的和期限不同对排污权进行了分类确认。结合公允价值计量准则（征求意见稿），认为公允价值在排污权计量上具备明显优势，对照公允价值计量准则（征求意见稿），在拓展公允价值的内涵与范围基础上，提出了排污权公允价值计量的思路。

党的“十八大报告”强调必须把生态文明建设放在突出地位，积极开展节能量、碳排放权、排污权、水权交易试点①。环境污染具有外部性，排污权交易制度是把排污权作为商品进行买卖，通过市场化手段使环境污染“外部性内部化②”。国外实践证明，排污权交易是环境管理的有效手段③。排污权交易以环境资源有偿使用为前提，在核定区域内排污总量前提下，通过市场交易机制，使减

---

* 本文系2013年度河南省会计学会年会主旨发言论文，并获一等奖；核心内容发表于《财会月刊》，2013年第12期。

① 人民网：胡锦涛在中国共产党第十八次全国代表大会上的报告，http://cpc.people.com.cn/n/2012/1118/c64094-19612151.html。

② 排污权交易机制允许排污权像商品一样买入和卖出，以此来控制污染物的排放。政府在对污染排放进行总量限定的情况下，允许污染排放量大的企业向污染排放量小的企业购买排放指标，这样，生产工艺更环保的企业就可以在市场上获得更多的收益，而环境保护则从单纯的政府强制行为变成企业经营决策的一部分。

③ 详见周志方，肖序．排污权交易会计国际发展评述及启示［J］．当代财经，2010（1）：120-128。

少污染物排放企业得到经济补偿，并增加超量排污企业的成本，最终实现节能减排、环境改善。排污权交易作为治理污染的市场手段，已在美国、欧盟等发达国家和地区得到不断发展与完善。交易主体不但从以企业为主的微观交易扩展到以区域为单元的宏观交易，而且一些西方国家学者开始探索个人碳排放交易问题。

国内对于排污权交易的研究和关注始于20世纪90年代初期，中国展望出版社出版的《排污权交易——污染控制政策的改变》中对排污权交易进行了较早且比较全面的介绍。我国从20世纪80年代开始在上海、杭州等城市进行排污许可证制度试点，1991年启动了排污权交易的试点工作。从1996年起，把污染物排放总量控制列入我国“九五”环保考核目标。我国进入21世纪以来排污权交易主要实例如表1所示。

表1　　进入21世纪以来我国排污权交易主要实例

时间	主要内容
2002年	国家环保局正式批准在浙江、山东、山西、江苏、上海等省市开展二氧化硫（SO_2）排污权交易试点
2007年	财政部选择电力行业和太湖流域开展排污权有偿使用和排污交易试点
2007年11月10日	国内首个排污权交易平台——浙江省嘉兴市排污权储备交易中心揭牌成立
2008年10月18日	全国第一笔排污权拍卖在浙江嘉兴市南湖区排污权储备交易中心举行，10家企业竞拍一家企业出让的6.5吨化学需氧量（COD①）和1.5吨二氧化硫（SO_2）排放权，成交总金额61.57万元
2009年4月8日	杭州启动污染物排放权交易，包括二氧化硫（SO_2）和化学需氧量（COD）两类排污权，不同行业实行不同的排污权基价
2009年12月15日	重庆市主要污染物排放权交易正式启动，当天共有5家企业共竞得化学需氧量（COD）排放权87吨和二氧化硫（SO_2）排放权1189吨，这也是西部地区首批主要污染物排放权交易
2010年6月5日	西北首笔排污权拍卖在西安举行，参与竞拍的5家企业共竞得2300吨二氧化硫（SO_2）的排放权，总成交额944.9万元

① 化学需氧量，是衡量水质好坏的主要指标。

目前，浙江省嘉兴市、湖北省、江苏省太湖县、河北省等一些地方已经发布了污染物排污权交易办法，环保部、财政部和国家发改委酝酿的国家层面的《二氧化硫排污权交易办法》也有了雏形。

而对于排污权交易的会计处理，2006版的会计准则及其后续的修订均未具体规范，如何发挥会计信息系统的作用，推进排污权交易制度的顺利实施，给报表使用人提供关于排污权交易的高质量会计信息，是会计界必须要解决的问题。本文旨在评述已有研究成果的基础上，针对排污权交易的确认、计量、披露等会计处理问题提出自己的见解。

一、国外相关组织发布的排污权交易会计规范

在排污权交易会计处理上，国际组织、相关协会及各国政府相继发布了一系列准则与规范，并不断完善，借鉴这些规范对于研究我国的排污权会计交易处理具有重要意义。

（一）IASB（国际会计准则理事会）的研究

2004年12月，IASB下属的国际财务报告解释委员会（IFRIC）发布了《国际财务报告解释公告第3号——排放权》（IFRIC3 Emission Rights），该解释公告旨在规范总量管制的交易机制下（Cap & Trade）[①] 排污权交易的会计处理问题。具体会计处理如表2所示。

① 排污权交易主要有两种运作模式。总量管制交易机制（Cap & Trade）指政府设定一定区域的污染物年度排放总量，而后以免费分配、公开拍卖或出售等形式按一定标准发放给参与该交易机制的企业作为其排污额度，排污权有效期结束，企业由于减排未用完的额度可以转让获利，如超额度排放，需购买排污权或面临高额罚款。另一种交易机制是排污信用交易（Credit Trading），其是给排污者提供一个自动减排的诱因，允许参与者将减排量出售获利或用于储备、交易。目前各国排污权交易趋于采用总量管制交易机制模式。

表 2　　IFRIC3 规范下的排污权交易会计处理

	IFRIC3
会计确认	将排污权确认为无形资产，遵循 IAS38《无形资产》
初始取得排污权时	公允价值：①有偿取得的排放权按取得价格计；②无偿取得或政府以低于公允价值的价格发放的，按交付日的市场价格（公允价值）计入“无形资产”，所支付的价格与公允价值之间的差额作为政府补助 IAS20《政府补助会计与政府援助披露》（计入“递延收益”）
实际产生排放时	实际排污时遵循 IAS37《准备、或有负债、或有资产》，确认为一项准备或负债以应对其未来交付排放配额的义务
期末计量	排污权资产按无形资产准则摊销，并进行价值评估考虑减值；负债：与实际排污量相当的准备金以市场价格再评估

由于 IFRIC3 存在与其他国际财务报告准则计量基础不一致等缺陷，被 IASB 于 2005 年 6 月废止。

2007 年 12 月，IASB 再次启动排污权交易项目，提出了过渡期对排污权进行会计处理的三种方法供企业参考，最终目的是要与 FASB 合作制定规范排污权会计处理的专门准则。

（二）美国相关组织的研究

美国是最早通过实施排污权交易制度来管理环境的国家。1993 年 3 月，美国联邦能源管制委员会（FERC）依据修订的《大气净化法案》，首次发布排污权交易会计处理的委员会文件 18CFR Parts 101 and 102，详细规范了排污权分类、价值评估、费用确认及报告等。2003 年，FASB 下设的紧急任务小组（EITF）对总量管制交易机制下的排污权会计基准草案进行讨论，而最终未列入日程。2007 年 2 月，FASB 发布了一个关于排污权会计处理的会议声明，提出了一个包括排污权会计确认、计量、列报及披露的全面指南，所提会计处理方法与 IASB 的观点相近。

（三）日本企业会计基准委员会（ASBJ）的研究

日本企业会计基准委员会（ASBJ）于 2004 年 11 月发布了 ASBJ15

《排污权交易会计处理》，而为了与后来发布的会计基准保持一致，于2006年进行了修订。ASBJ对排污权会计处理的主要特色是，以京都议定书为依据，按排污权持有目的不同分为预期未来自用和以交易为目的的两类，分别作为无形固定资产①和金融商品来处理。

二、排污权资产的确认问题

对排污权交易进行会计处理首要问题是解决排污权的确认。国外大多数专家学者认为排污权符合国际会计准则理事会（IASB）和美国会计准则委员会（FASB）对资产的定义，应确认为资产，主要分歧是排污权究竟归属于哪一类资产？Adams（1992）、Sandor和Walsh（1993）认为排污权应被确认为有价证券，或者进一步被确认为期权，随着交易市场的出现，未来的排污权还可以作为期货处理。美国法律规定排污权可作为金融衍生工具，可以有价证券的方式存储于银行。法国企业运动联盟（MEDEF）、Mort Dittenhofer（1995）、Wambsganss和Sanford（1996）认为购买的预期用于补偿以后实际污染物排放量的排污权符合存货的定义，可被划分为存货。Ewer（1992）等人则认为，由政府授予或企业自行购买的排污权具备无形资产的特征，应被确认为无形资产。

国内学者对排污权确认也进行了积极探讨。刘冉（2002）认为在我国现行的会计体制下，排污权交易的会计核算具有可行性。李连华（2001）、张白玲（2003）、周一虹（2005）、杨亚西（2007）、肖序等（2008）、孙志梅等（2010）、黎精明等（2012）、何春（2012）等大多数学者都将排污权确认为资产，并认为排污权更接近无形资产的定义与特征，应确认为无形资产，部分学者

① 区别于我们习惯上对固定资产的理解（即固定资产仅指有形固定资产），日本财务报表规则将属于固定资产的资产分为有形固定资产、无形固定资产和对外投资及其他资产。

(程宇，2005）认为可以把排污权作为衍生金融产品来看待。具体核算时，一些专家（朱动力，2011）提出应区分排污权的使用年限，将取得临时排污权的支出费用化，直接计入当期损益，只有长期的非临时排污权才确认为无形资产。

解决排污权的会计确认，需要按照会计准则体系所遵循的资产负债表观，从会计确认的基本概念入手，结合基本准则中界定的资产内涵，进一步按照不同资产的定义来进行判断，具体应遵循如图1所示的判断框架。

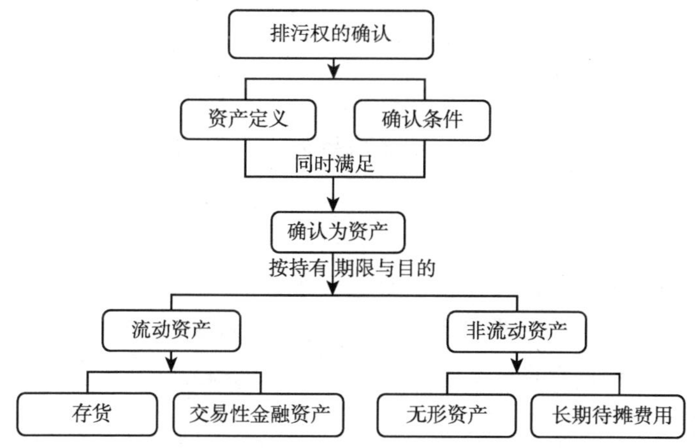

图1　排污权会计确认决策思路

确认是按照一定标准，分析判断经济交易或事项中的一个项目应否、应在何时以及如何作为一项要素加以记录和正式记入财务报表的过程。会计确认必须满足可定义、可计量的标准。在整个会计准则体系中起统驭作用的基本准则对于指导具体准则的制定和为尚未有具体准则规范的会计实务问题提供了处理原则[①]。作为现行会

① 刘玉廷，中国企业会计准则体系：架构、趋同与等效，中国会计准则委员会：http：//www. casc. gov. cn/gzdt/200704/t 20070411_532085. htm。

计面临的新课题，排污权交易会计的确认问题需要以基本准则的规定为标准。

排污权究竟能否作为资产来确认？《企业会计准则——基本准则》第二十条规定，“资产是指企业过去的交易或者事项形成的、由企业拥有或者控制的、预期会给企业带来经济利益的资源”。同时，第二十一条规定：“符合本准则第二十条规定的资产定义的资源，在同时满足以下条件时，确认为资产：（一）与该资源有关的经济利益很可能流入企业；（二）该资源的成本或者价值能够可靠地计量”。

排污权交易机制就是把排污权作为一般商品在市场上自由买卖。我国现行排污权主要通过拍卖取得，在支付对价后就成为企业拥有的一种权利，可以把因有效减排而未用完的排污权在市场上进行交易，未来给企业带来经济利益，且支付的费用可以计量，所以排污权满足资产的定义且可计量，可以确认为一项资产。

排污权具体可以作为哪一类资产来确认？不同的有效期限、持有目的，划分的资产类别也不同。我国排污权的存在形式一般是企业持有的排污许可证，《排污许可证管理条例》规定，国家对在生产经营过程中排放废气、废水、产生环境噪声污染和固体废物的行为实行许可证管理。排污许可证分排污许可证和临时排污许可证，排污许可证的有效期限最长不超过五年，临时排污许可证的有效期限最长不超过一年。由此，首先可以按照获得排污权有效期的不同分为流动资产和非流动资产。其次，对于流动资产（临时交易许可证），可以依据持有目的进一步划分为存货与交易性金融资产。对于排污企业购买的用于满足自身排污需要的排污权，目的是以后用于补偿（相当于被消耗掉）企业的实际污染物排放量，完全符合存货的概念，可以确认为企业的“存货”；对于企业持有的准备通过在市场上交易而获取差价的排污权，可确认为“交易性金融资产”。最后，对于作为非流动资产的排污权。由于其不具备实物形态，能够从企业中分离出来单独用于出售或转让，而且可以为在较长期间内为企业提供经济利益，同时，由于排污权实现经济利益的方式特殊（通过其他有形资产实现的经济利益体现出来），无法区分有多少经济利益源于排污权，难以掌控排污权经济利益的实现，故其经济利益具有高度不确定性，所有这些特征都与“无形资产”的概念吻合。当然，如果是企业在筹建期间取得的排污权，可以计入“长期待摊费用”，在开始生产经营后的有效期间内分摊计入损益。

需要指出的是，在我国排污权交易实践中，由于与排污权交易相关的市场、法规体系不健全，企业获取的排污权多是自用而非交易，而且在满足排污许可证管理的要求后，持有的临时排污许可证可以更换正式的长期排污许可证，所以我国排污权多数情况下应确认为“无形资产”。

三、排污权资产的计量问题

会计计量分为初始计量和后续计量，是会计核算的核心，对排污权进行可靠计量是保证企业提供高质量排污权信息的基础。排污权的会计计量主要是解决计量属性的选择问题，是历史成本还是公允价值？无偿取得的排污权如何处理？

如何选择排污权计量属性？

在排污权交易发展初期，基于传统财务会计采用历史成本核算的要求，主要采用取得排污权实际支付的对价作为其入账价值，不确认无偿取得的排污权。而随着排污权交易市场的逐步建立与完善，Stefan Schaltegger 和 Roger burritt（2000）认为，只有在排污权交易核算中运用现行市场价值，才能使污染预防边际成本与排污权的当前边际成本进行比较。对于政府无偿分配取得的排污权问题，Jacob R. Wambsganss 和 B rent Sanford（1996）指出应将无偿分配的排污权作为受赠资产处理，按市场价格计量同时计入资本公积。

国内学者的研究。一些学者（甘翠兰、朱学义，2008）认为排污权类似于土地使用权，应确认为一项无形资产，建议在存续期间采用历史成本进行计量，并将排污权界定为使用寿命有限的无形资产，后续期间应采用工作量法进行摊销，计入产品成本，每年末需要进行减值测试。另一些学者（黎精明马燕梅，2012）认为按照历史成本法确定排污权的价值显然不科学，应该以排污权预期现金流量折现值分析为基础，充分引入公允价值属性对排污权进行合理的会计估价。针对引入公允价值的具体办法，周志方、肖序（2010）认为，由于我国目前排污权交易不存在活跃市场或无交易市场，所以在会计规范构建上可借鉴 FAS157 将公允价值划分为三级次的思想，依据市场活跃程度的不同，对排污权资产或负债进行分层处理，待我国排污权交易机制及相关准则完善后，再全面引入公允价值法。

肖序、陈翔（2008），郭晓、张晓川（2009），郭晓梅、黄丽（2010），孙志梅等（2010），何春（2012）等多数学者根据我国排污权交易的实际情况，认为以历史成本计量排污权存在弊端，而目前排污权公允价值的合理确定存在困难，排污权采用历史成本和公允价值双重计量属性（即在活跃市场中选择公允价值，非活跃市场中主要采用历史成本计量）是现实可行的。

对于计量属性，《企业会计准则——基本准则》第九章“会计计量”指出会计计量属性主要包括历史成本、重置成本、可变现净值、现值、公允价值五种，企业在对会计要素进行计量时，一般应当采用历史成本，采用重置成本、可变现净值、现值、公允价值计量的，应当保证所确定的会计要素金额能够取得并可靠计量。

历史成本计量排污权具有易于取得、可验证性的特点，有利于提高会计信息的可靠性。而采用历史成本计量排污权缺陷也非常明显：（1）不能计量无偿取得的排污权。对于企业无偿取得的政府补助的排污权份额时，由于没有实际成本发生，历史成本计量属性无法进行合理计量；（2）一些企业以明显低于排污权的市场价格取得的政府补助的排污权，此时以历史成本进行计量明显不合理；（3）现行企业排污权是由政府在核定区域环境可容纳排污总量前提下，按一定标准进行的分配，排污权的价值确定主要是在政府的主导下交易双方的协议价，企业并没有发生可计量的显性成本，按历史成本计量肯定明显低估了排污权的真实价值。

相对而言，采用公允价值计量排污权具有显著优势，不但可以克服历史成本计量的缺点，有效解决无偿取得的排污权的计量问题，而且公允价值的采用还利于实现排污权交易制度设计的初衷，因为以面向未来的公允价值来计量排污权可更加合理反映其可以为企业未来带来的经济利益，当企业有效期内排污量小于排放额度时，企业可以选择将剩余的排放额度顺延到以后期间使用，也可以将其出售以获取经济利益，这就取决于排污权的公允价值与治污边际成本的高低。

进一步分析公允价值计量属性，公允价值是指市场参与者在计量日发生的有序交易中，出售一项资产所能收到或者转移一项负债所需支付的价格①。有序交易，是指在计量日前一段时期内相关资产或负债具有惯常市场活动的交易。该定义强调了公允价值是基于市场的计量，不是特定主体的计量，需要考虑相关资产或负债的特征②。在计量公允价值时，企业应当以主要市场（或最有利市场）③ 中发生的有序交易中的价格计量公允价值。

企业应当将公允价值计量所使用的输入值划分为三个层次，并

---

① 中国会计准则委员会：http：//www. casc. gov. cn《企业会计准则第 × 号——公允价值计量》（征求意见稿）。

② 相关资产或负债的特征应当是市场参与者在计量日对该资产或负债进行定价时考虑的特征，包括资产状况及所在位置、对资产出售或者使用的限制等。

③ 主要市场，是指相关资产或负债交易量最大和交易活跃程度最高的市场。最有利市场，是指在考虑交易费用和运输费用后，能够以最高金额出售相关资产或者以最低金额转移相关负债的市场。

最优先使用第一层次输入值，其次使用第二层次输入值，最后使用第三层次输入值。第一层次输入值是在计量日能够取得的相同资产或负债在活跃市场①上未经调整的报价，为公允价值提供了最可靠的证据。第二层次输入值是除第一层次输入值外相关资产或负债直接或间接可观察的输入值，包括活跃市场中类似资产或负债的报价、非活跃市场中相同或类似资产或负债的报价等。第三层次输入值是相关资产或负债的不可观察输入值。企业只有在相关资产或负债不存在市场活动或者市场活动很少，导致相关可观察输入值难以取得的情况下，才能使用第三层次输入值，包括有关特定估值技术等。

究竟应采用哪一层次来计量排污权的公允价值？

首先需要重新认识公允价值的内涵。公开征求意见的公允价值计量准则以及学者们的普遍看法都认为，公允价值的计量要完全基于市场信息，是市场参与者在充分考虑市场信息后达成共识的市场价格，即使在不存在市场信息的第三层次计量，也要求特定主体站在虚拟的市场参与者角度，采用其假设来估计公允价值。若按此理论来计量公允价值，由于我国大量存在不符合上述公允价值所要求的市场条件的资产，只能通过第三层次来计量公允价值，而实际采用第三层次输入值来计量时，特定主体很难对市场参与者所采用的假设做出合理推定，而只能依靠主观上的估计和判断来完成对相关参数的估计，必然导致计量的资产公允价值不但不能验证，而且不能反映其为特定主体带来的未来经济利益的流入，不符合资产的内在本质，不能如实反映经济业务的交易实质。因此，必须对公允价值的内涵进行拓展，对于不存在市场交易的公允价值计量，应引入基于特定主体掌握的“私人信息”计量的专用价值，该专用价值的计量主要是基于特定主体管理层的估计、内部信息等参数，在价

① 活跃市场，是指相关资产或负债交易量及频率足以持续提供定价信息的市场。

值量上体现为直接或间接给特定主体带来的经济利益的总流入。因此，内涵拓展后的公允价值应当包括以市场为导向的市场价值和特定主体导向的专用价值两部分。

进一步，交易市场活跃程度不应是选择公允价值计量层次的唯一标准，就排污权而言，还应当考虑企业持有目的的影响。首先根据持有目的的不同，将持有的排污权进行分类，而后依据市场活跃程度来选择适当层次进行公允价值计量。若持有以交易为目的的排污权，应当采用以市场为导向的第一层次或第二层次输入值来计量。此时完全基于市场信息来计量排污权的公允价值，才能如实反映该排污权用以交易目的的实际情况，并有效体现会计信息的相关性，有利于满足相关信息使用人进行经济决策的需要。具体来说，当存在活跃交易市场时，应采用第一层次输入值计量公允价值；若存在非活跃交易市场，应采用第二层次输入值来计量公允价值。对于持有的以自用为目的的排污权，由于其交易主要由特定主体以其自身拥有的“私人信息”来完成，与外部市场不存在高度相关，应采用以特定主体自身参数为导向的第三层次输入值来计量，只有如此，所计量的排污权的公允价值才能更恰当反映资产的实际用途，提供与决策相关的高质量会计信息；同时，有助于特定主体将自身拥有的“私人信息”对外披露，促进市场了解这部分信息，在一定程度上解决了特定主体与市场参与者之间的信息不对称问题，增强了信息的透明度。基于拓展公允价值内涵与范围的排污权公允价值计量如图 2 所示。

如何对无偿取得的排污权进行会计处理？

陈煦江、任付民（2005）认为，无偿分配取得的排污权不应确认为无形资产，只作备查记录。袁细寿（2006）提出，对于政府免费发放的排污权转让收益应作为政府补贴收入处理。

本文认为，对于政府补助的无偿取得的排污权，由于没有或只有很少的初始投入，历史成本不能合理计量，而这种形式取得的排

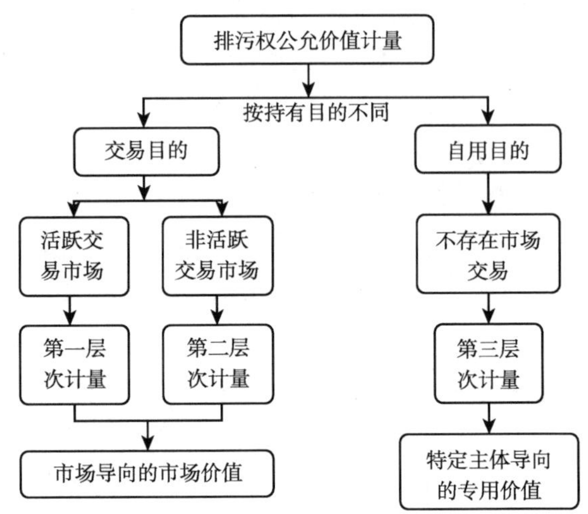

图2 基于拓展公允价值内涵与范围的排污权公允价值计量

污权完全符合政府补助的内涵，可以参照政府补助准则。

《企业会计准则第16号——政府补助》指出，政府补助是企业从政府无偿取得货币性资产或非货币性资产，但不包括政府作为企业所有者投入的资本。政府补助同时满足下列条件的，才能予以确认：（1）企业能够满足政府补助所附条件；（2）企业能够收到政府补助。关于计量，准则规定，政府补助为货币性资产的，应当按照收到或应收的金额计量。政府补助为非货币性资产的，应当按照公允价值计量；公允价值不能可靠取得的，按照名义金额计量。

无偿取得的排污权是企业从政府无偿取得的非货币性资产，首先符合政府补助的概念；同时按照相关法规，只有在满足相关排污条件后才能取得排污许可，取得排污许可后即可拥有合法按标准排污的权利，实质上是确定收到了政府补助，符合政府补助的确认条件。

进一步划分政府补助的类别。与资产相关的政府补助，是指企业取得的、用于购建或以其他方式形成长期资产的政府补助。因此，政府无偿分配的排污权类似于与资产相关的政府补助，取得时按照公允价值确认无形资产，同时计入递延收益，并在相关资产使用寿命内平均分配，计入当期损益。如果公允价值不能可靠取得，按照名义金额计量并直接计入当期损益。

（一）初始计量

排污企业可以通过外购、政府无偿分配、投资者投入、非货币性资产交换、债务重组等方式取得排污权，取得方式不同，初始计量时确定入账价值也不同。

1. 外购方式取得。通过购买或拍卖方式外购取得的排污权的成本，包括实际支付的购买价款、相关税费以及其他直接支出，所支出的成本资本化后计入无形资产。会计处理时，借方按历史成本计入“无形资产——排污权”，贷记“银行存款”等科目。

2. 政府无偿分配取得（包括以低于公允价值的价格取得的排污权）。按照政府补助准则，排污权属于非货币性资产，应当在实际取得资产并办妥相关受让手续时按照其公允价值确认和计量，如相关凭证上注明的价值与公允价值差异不大的，以有关凭证中注明的价值作为公允价值；如相关凭证上没有注明价值或者注明价值与公允价值差异较大，但有活跃市场的，应当根据有确凿证据表明的同类或类似资产市场价格作为公允价值。

按以上计量原则，在可以可靠取得公允价值情况下，排污权应以取得日的公允价值计量，公允价值与支付的金额之间的差异计入递延收益。具体会计处理时，企业无偿取得政府的分配排污权，按公允价值，借记“无形资产——排污权”，贷记“递延收益——政府补贴”；在支付部分对价情况下，按实际支付的对价贷记“银行存款”等，按排污权公允价值与实际支付对价之间的差额，贷记“递延收益——政府补贴”。

对于不能可靠取得公允价值时只能按名义金额（1 元）计量排污权，在取得时直接计入当期损益（“营业处收入”）。

3. 投资者投入方式取得。投资者投入的排污权的成本，应当按照投资合同或协议约定的价值确定，但合同或协议约定价值不公允的除外。

4. 非货币性资产交换取得。如果取得排污权的非货币性资产交换具有商业实质且其公允价值能够可靠计量，则应以公允价值和应支付的相关税费作为换入排污权的初始计量成本；如果非货币性资产交换不具有商业实质或公允价值不能可靠计量，则应该以换出资产的账面价值和相关税费之和作为排污权的初始确认成本。

5. 债务重组方式取得。债务人以拥有的排污权清偿债务的，债权人应当在满足债权终止确认条件时，终止确认重组债权，受让的排污权按公允价值计量，与重组债权账面余额之间的差异计入当期损益。

（二）后续计量

1. 价值转移或摊销

对于以自用为目的作为存货的排污权，其成本应转入所生产的产品中，作为产品成本的组成部分。对于大部分以自用为目的具有非流动资产性质的作为无形资产的排污权，由于存在有效期限，一律应作为使用寿命有限的无形资产，按照排污许可证上载明的有效期限进行摊销。摊销时由于排污权到期一般不会存在残值，主要是考虑摊销方法问题。排污权的价值摊销方法应当能够反映与排污权有关的经济利益的预期实现方式：对于季节性生产或生产产品产量与排污量密切相关的，可以采用产量法摊销；无法可靠确定排污权的预期实现方式的，采用直线法摊销。

2. 期末计量

对于以交易为目的，意在赚取差价的作为交易性金融资产的排污权，期末应按公允价值计量，差额作为公允价值变动损益，计入当期损益。对于以自用为目的作为存货的排污权期末按成本与可变现净值孰低法确认资产减值准备。作为无形资产核算的排污权，期末应考虑是否存在减值迹象，若存在就需要进行减值测试，计提减值准备。

对于作为无形资产核算的排污权，企业至少每年年度终了对其摊销方法进行复核，如果有证据表明摊销方法与以前估计不同的，应当予以改变，此时要作为会计估计变更进行会计处理。

通过政府补助方式获得的排污权，初始确认时计入“递延收益”的，应采用直线法逐期摊销转入当期损益。

四、排污权负债的确认与计量

企业在实际排污时，对环境造成了影响，就承担了补偿环境的现时义务，履行补偿义务很可能导致经济利益流出企业，无论企业实际排放量超过或不超过排污权的额度，履行补偿义务的金额能够合理估计，因此符合或有事项准则确认条件，应确认预计负债，同时计入当期费用。

会计处理中，对于作为资产的排污权与实际排污时所产生的预计负债能否抵销，有总额法、净额法两种观点。从会计信息相关性看，总额法能够全面地反映排污权资产和排污所引起的环境负债的情况，为决策者更有用的信息；而净额法反映的是排污权资产与环境负债抵销后净额，尽管其回避了持有资产成本的问题，为现实中无交易市场的排污权交易机制下免费分配的排污权会计处理提供了技术上的可行性，而由于其信息反映不充分，所以一般认为需要对排污权资产和环境负债进行单独确认的总额法更加合理。

会计期末，如果预计实际排污量将超过排污权许可额度，需要考虑额外购买排污权的成本或由于不能购买到排污权而需要支付的罚款，此时需要对初始确认的预计负债进行调整。

我国排污权资产①与环境负债具体会计处理如表 3 所示。

① 基于我国排污权一般应确认为“无形资产”，此处会计处理只列举了作为无形资产的排污权会计处理。

表3　　我国排污权资产与环境负债具体会计处理

经济业务	会计处理
外购取得排污权	借：无形资产——排污权 　　贷：银行存款等
无偿或以低于公允价值取得的排污权	借：无形资产——排污权 　　贷：递延收益 　　　　银行存款
无偿取得的排污权价值摊销	借：递延收益 　　贷：营业外收入
无形资产价值摊销	借：管理费用、生产成本等 　　贷：累计摊销
期末排污权减值	借：资产减值损失 　　贷：无形资产减值准备
排污权到期	借：管理费用、生产成本等 　　累计摊销 　　贷：无形资产——排污权
排污权有偿转让	借：银行存款等 　　累计摊销 　　无形资产减值准备 　　贷：无形资产——排污权 借或贷营业外收支
实际排污时	借：管理费用 　　贷：预计负债——环境负债

五、排污权交易的披露

会计信息披露分为表内确认和表外披露。排污权交易进行上述会计处理后，分别反映到不同的会计报表中。资产负债表中会增加由于排污权而确认的资产和负债（按照总额法的要求分别列示），如存货、交易性金融资产、无形资产、长期待摊费用、预计负债等。由于确认与排污权相关的存货、无形资产、递延收益、长期待摊费用的摊销或减值，交易性金融资产公允价值的变动均会影响到利润表计算的当期损益。

同时，企业在报表附注中应专项披露排污权及其交易的相关信息，包括企业排污权交易会计处理原则、计量属性的选择；企业采取的节能减排举措，企业拥有的排污权指标，可转让的排污权指标，出售这些指标可能对企业财务状况的影响；不能合理确定价值的政府补助的排污权的性质、范围、期限和计量原则等。

六、排污权交易会计处理的启示

我国现行排污权交易价值量不大，而排污权交易的市场潜力和未来价值很大①，尤其是近年来我国各地频频出现严重空气污染，再一次敲响了环境污染的警钟，环境治理已刻不容缓。我国政府下了很大功夫完成了“十一五”的节能减排目标，主要是行政强制措施②，而行政强制手段存在违背市场规律、政企不分、易产生社会矛盾等缺点，必须依靠市场机制来解决问题，排污权交易是经过实践证明可以有效实现环境管理的手段。因此，政府部门应积极完善相关法规，引导合理建立排污权交易市场，大力鼓励排污权交易的实施。目前排污权交易会计不存在统一的规范可遵循，必然影响到会计信息的可比性，应建立统一的会计规范，对排污权的确认、计量、披露等问题进行详细规定，提高排污权会计信息质量，更好促进排污权交易制度在我国的顺利发展。同时，应积极探索完善排

---

① 2009 年，根据英国风险评估公司 Maplecroft 公布的温室气体排放量数据：中国每年向大气中排放的二氧化碳超过 60 亿吨，位居世界各国之首。据《京都议定书》第一期承诺要求，2012 年之前发展中国家无须承担全球碳减排，而在 2012 年之后中国将面临前所未有的温室气体减排压力。

② 我国 2003 年出台的《排污费征收使用管理条例》规定，直接向环境排放污染物的单位或个体户，应当按规定缴纳排污费；一些地方通过行政强制来被动完成节能减排，如冬天强制停止供暖，强制关停造纸厂等。

污权交易的科学计量方法。与历史成本相比，公允价值在排污权计量中具有明显优势，应在建立排污权交易市场基础上，不断完善市场交易机制，公开披露交易信息，为排污权公允价值的确定提供可靠依据。财政部门应会同环境保护等部门，科学测定区域环境容量及其价值、有效分配排污权、确定排污权交易的折算率等，有效推进排污权交易制度的实施。

参考文献：

郑志丹，2009. 排污权交易会计问题研究［D］. 兰州商学院.

刘冉，2002. 试论排污权交易会计核算的可行性［J］. 财会研究（02）：49－50.

李连华，2001. 环境会计学［M］. 长沙：湖南人民出版社.

张白玲，2003. 环境核算体系研究［M］. 北京：中国财政经济出版社.

周一虹，2005. 排污权交易会计要素的确认和计量［J］. 环境保护（03）：56－61.

杨亚西，2007. 排污许可证会计处理探析［J］. 财会通讯（综合版）（04）：43－44.

肖序，陈翔，2008. 排污权会计确认与计量的探讨［J］. 决策（09）：74－75.

黎精明，马燕梅，2012. 对排污权交易的会计核算思考［J］. 财会月刊（08）：17－19.

何春，2012. 排污权会计核算的研究［J］. 会计之友（16）：110－112.

程宇，2005. 我国排污权交易的实践及其未来发展探讨［J］. 云南财贸学院学报（12）：199－202.

朱动力，2011. 关于我国排污权交易会计处理的思考［J］. 财政监督（09）：24－25.

JACOB R WAMBSGUNSS，BRENT SANFORD，1996. The Problem With Reporting Pollution Allowances［J］. Critical Perspectives on Accounting，7：643－652.

甘翠兰，朱学义，2008. 新会计准则下排污权会计核算初探［J］. 财会月刊（09）：47－48.

周志方，肖序，2010. 排污权交易会计国际发展评述及启示［J］. 当代财经（01）：120－128.

郭晓，张晓川，2011. 从排污收费到排污权交易制度的会计思考［J］. 中国农业会计（06）：44－46.

郭晓梅，黄丽，2010. 论我国排污权交易的会计处理［J］. 生产力研究（08）：233－237.

陈煦江，任付民，2005. 排污许可证交易会计处理初探［J］. 财会月刊（12）：59－60.

袁细寿，2006. 排污权交易的会计问题初探［J］. 商业时代（18）：48.

英国个人碳交易研究及启示*

为实现《气候变化法》减少温室气体排放的目标，英国学界及政府不断探索新的碳减排领域。个人碳交易（PCT）是近些年来颇受关注的政策建议，在不同维度的研究上都取得了进展。本文从个人碳交易内涵、具体形式、政府关注、成本与收益、社会认可等方面对英国相关研究进行概述，以期为我国寻求更多缓解减排压力的措施，促进全社会（不仅是企业事业单位，也包括个人）节能减排，为真正实现低碳社会提供有益的政策参考。

按2008年签署的《气候变化法》（Climate Change Act）的规定，2050年，英国应在1990年基础上减少80%碳排放量的长期目标，其中，2020年应当在1990年基础上减少26%。要完成长期目标意味着英国每年要减少大约4%的温室气体排放量。因此，近年来，英国采取了许多经济方面的手段来减少能源利用以努力减少碳排放，这些手段包括采用欧盟能源标识①（EU Energy Labels）、在一些产品上实施强制的最低能耗标准、提高新住宅节能设计标准、为家庭使用节能灯以及其他更高效设备提供津贴、加入欧盟排放交易体系（EU ETS）等，尽管如此，根据英国环境、食品与农村事务部2008年报告（Defra，the Department for Environment，Food and

* 本文发表于《财会通讯》，2013年第12期。

① 截至目前，欧盟90%以上家用电器产品已达A级即现行最佳节能标准。欧盟能效规则覆盖的产品能耗约占欧盟家庭年用电费用的1/3。

Rural Affairs）称，从1990年到2007年，英国净CO_2排放量[①]只减少了8.2%。

由此，英国许多专家学者以及政府机构开始探索新的政策领域，以有效减少碳排放，完成既定目标。个人碳交易（PCT，Personal Carbon Trading）的提出可追溯到1996年，David Fleming首次将适用于企业之间的碳排放权交易原则应用于个人。2004－2005年，英国许多大学的学者都致力于研究个人碳交易，其中有些研究还取得了政府支持。2006－2007年，英国环境部国务大臣David Miliband对于在减少英国碳排放上引入个人碳交易表达了浓厚兴趣，从而助推了更多学者和组织对个人碳交易的研究热情。2008年，来自英国更多大学的专家、智囊团以及政策制定机构广泛地对个人碳交易进行了更深入的探讨。

英国下议院环境审计委员会（EAC，The Environmental Audit Committee）在2007－2008年度报告中指出，英国政府如果要完成至2050年的碳排放目标，仅减少工商企业的碳排放量将毫无意义，必须考虑减少来自家庭和个人的减排问题。个人碳交易能促使人们在行为方式上变得更低碳化，且其在促成更大幅度的减排上比征收碳税更有潜力。另据英国贸易工业部（DTI）2007年统计，个人碳交易系统可涵盖全英国42%的碳排放量，如能付诸实施对全社会节能减排意义重大。

对于个人碳交易也有不同声音。作为专门负责环境保护的政府部门，英国环境、食品和农村事务部发布的2008年中期研究报告，在对个人碳交易的研究进行了回顾后，认为目前个人碳交易缺乏社会认可而且实施起来成本远大于所带来的收益，因此就当前而言，个人碳交易只是一种超前的观点（an idea currently ahead of its time）。

① “净排放量”，即从实际排放量中扣除森林所吸收的二氧化碳的数量。

笔者通过查阅英国近年来关于个人碳交易的研究文献发现，专家学者以及英国下议院环境审计委员会（EAC，Environmental Audit Committee）的研究结论与英国环境、食品和农村事务部截然不同。本文分别从个人碳交易的内涵及具体形式、来自政府的关注、引入方式、成本与收益、社会认可等方面来概述英国学者及政府方面的研究成果，以期为我国寻求更多缓解减排压力的措施提供有益的政策参考。

一、个人碳交易的内涵及具体形式

2006 年，专门进行可持续能源研究的两位学者 Simon Roberts 和 Joshua Thumim 向英国环境、食品和农村事务部提交的名为《个人碳交易概要——思想、问题与接下来的步骤》研究报告认为，就理论层面而言，个人碳交易是一个有吸引力而又简单的概念，具体包括个人碳排放津贴（Personal Carbon Allowances）、个人碳排放配给（Personal Carbon Rations）、碳排放信用额度（Carbon Credits）等。其通过给每人有限的碳排放限额以达到人们排放减少的目的，那些碳排放量超过他们所分配份额的，则需要购买他人所结余的份额。

Tina Fawcett（2010）认为，个人碳交易是一个包含了大量特殊政策建议的概念集合，旨在以更有效、更公平方式来改变人们行动以减少碳排放。尽管个人碳交易有不同的版本，而它们的共同特征是给予每个人免费的可交易碳津贴，它涵盖了直接源于其家庭能源利用以及个人交通排放的碳，而不包括体现在购买的商品或服务中的碳排放；且这种津贴将逐年减少以与国家长期的碳减排目标相一致。

在个人碳交易的整体概念框架下，有多种不同的具体政策建议，其中两个经常被学者们提及的是个人碳排放津贴（PCA，Personal Carbon Allowances）和可交易能源配额（TEQs，Tradable Energy Quotas）。它们在 20 世纪 90 年代分别由两位独立研究人首先提出（Hillman，1998；Fleming，1997），后来学者们对其进行了完善（Hillman 和 Fawcett，2004；Fawcett，2005；Starkey 和 Anderson，2005）。

个人碳排放津贴的主要内容包括：每个成年人都分得数量一致的可交易碳津贴，这包括来自他们家庭能源利用以及个人交通（含飞机旅行）所排放的碳量；家庭中的未成年人的津贴较成年人少，且由其家长负责管理。据 Meyer 在 2000 年统计，与工商企业碳减排政策并行的个人碳排放津贴体系能占到英国经济发展中多于 40% 的碳排放量。

个人碳交易的另一种实施形式是由 Fleming1997 年首先提出的可交易能源配额，其所涵盖的范围比个人碳排放津贴更广，包括了整个经济社会的碳排放量。对于个人部分，除了不包括飞机旅行的碳排放外，其他与个人碳排放津贴完全一致。可交易能源配额由许多碳单位（Carbon Units）组成，每个碳单位代表了排放一吨 CO_2 的权利。在这种体系下，任何组织必须通过全国性的拍卖来购买碳排放许可，这种形式将取代当前实施的欧盟排放交易体系（EU ETS）。Fleming 认为可交易能源配额为人们对气候的担忧和飞涨的油价找到了解决问题的答案。

二、对个人碳交易的政府关注

英国政府对个人碳交易系统的关注始于 2004 年 7 月，国会议员 Anon 在提交的个人提案中建议，引进家庭碳排放交易机制，设置国家碳排放最高限额。尽管经过讨论，该提议没有被作为法规，但从此掀起了政府关注个人碳交易的序幕。

英国环境部国务大臣 David Miliband 在 2006 – 2007 年报告中呼吁，需要全社会为减少碳排放作出贡献，因为和工商企业一样，个人在减少碳排放中也能起到重要作用，而且个人碳交易能帮助人们认识到他们是如何通过自身行为的变化来对环境保护作出贡献的。Miliband 对个人碳交易系统的关注，直接导致 Defra 授权对个人碳交易问题进行研究的计划。

2008 年 Defra 和 EAC 分别发布了它们关于个人碳交易的研究报告。Defra 主要担心的是个人碳交易的社会认可与成本问题，怀疑这两个问题是否能被妥善解决，故得出结论，认为个人碳交易就目前而言有些超前。政府部门应当继续参与个人碳交易问题的讨论，而进一步的研究工作应当由学术、研究机构而不是由政府来进行。

与 Defra 得出的结论不同，EAC 在一个月后发布其研究报告，对实施个人碳交易给予了更大支持，并对 Defra 搁置对个人碳交易的进一步研究表示深切遗憾。其研究结论认为，个人碳交易在帮助减少国家碳足迹上必不可少。尽管尚有进一步工作要做，而个人碳交易一定是一个可行的政策选择，应当立即、认真地施行。

三、个人碳交易的引入方式

和诸多新政策的实施方法一样，Sanderson（2002）建议先在一定地区范围进行个人碳交易试点，而后再推广到更大范围。而 Fawcett 等（2007）研究认为，对个人碳交易先行试点的做法将非常困难，主要是因为仅在一个地区实施碳排放的限制措施会招致该地区政府和社会的反对，而且他们也可能从试点地区外购买油料来弥补所分配的碳排放份额的不足，而不是通过区域内碳交易方式来取得。Prescott（2008）通过对个人碳交易系统长达三年的研究，在其提交的最终研究报告中提出，“社区碳交易（Community Carbon Trading）”可以成为引入实施个人碳交易系统的第一步工作，它将是一种基于自愿的，以社区为范围的创新。Howell（2009）通过网络模拟实验研究也进一步证实，如果存在有效的激励措施，可以促使一定区域内的人们大大减少其碳排放量。

四、个人碳交易应用的成本与收益问题

关于个人碳交易成本问题最有价值的当属由 Defra 授权 Lane 等学者于 2008 年进行的研究，他们估计建立个人碳交易机制的成本在 7 亿 -20 亿英镑，每年的运行成本在 10 亿 -20 亿英镑。他们得出结论，这个成本远大于引入一般的社会交易系统（0.5 亿 -7 亿英镑的引进成本以及每年 0.5 亿英镑运行成本）的支出。但是，他们也提出，由于研究处于初始阶段，成本具有高度不确定性。随后，Bird 和 Lockwood（2009）对个人碳交易的成本进行了进一步研究，提出了一个较低的成本预期：每年运行成本为 5 亿 -10 亿英镑，只占到了上述成本的一半。尽管如此，建立以及运行个人碳交易系统的成本都显得较高，如果不能获得更多收益，引入个人碳交易只能是纸上谈兵。

值得关注的是，上述英国环境、食品和农村事务部的研究只是把个人碳交易作为一种纯经济手段（由于碳排放的多少和经济成本或收益相关，从而促使人们减少了碳的排放）。与此不同的是，个人碳交易实质可被视为一种主要通过心理和社会机制来运作的政策，该政策的引入除了具有直接的经济效益外，更具有巨大的非经济潜在收益。

Bristow 等（2008）研究的结论是，在个人碳交易和碳税对于被调查的人们有同样的经济影响下，人们的反应不同，这种差异归结于人们对两政策的认知不同，而非价格差异。

Harwatt（2008）的研究认为，个人碳交易系统的引入将赋予人们新的权利和义务，这会影响到他们每天的生活，促使人们在做出与碳相关的购买决策时深思熟虑，人们会不断改变自己的生活方式，从而造就一个低碳的社会。

Capstick 和 Lewis（2009）在模拟个人碳交易机制下，用实验来研究人们有碳消费预算情况下在作出与能源相关的决策时的影

响。研究表明，人们的确理解个人碳津贴的概念并在他们已分配的既定份额内作出了选择。

Tina Fawcett（2010）的研究详尽分析了个人碳交易系统对个人行为的影响。每当个人支付电费、水费等能耗单据，以及给汽车加油、购买飞机票时，将不得不从其所分得的碳排放津贴中交换出相应单位的碳排放，或者要另外掏钱去市场上购买相应的碳单位。通过这种交易方式，使人们的生活更加低碳，在家庭投资上会更倾向于高效和可再生能源的利用，减少旅行，这种生活方式的改变直接导致较低的能源投入，而且产生的能源排放的剩余可以通过对外出售而获利。而对于那些能耗较高的家庭，则需要购买其他家庭的能源剩余，以继续维持他们这种传统的高能耗生活方式。如此，一个碳排放交易的市场机制得以形成，更高的碳消费的生活方式导致其生活成本将更高，人们通过碳排放交易机制最终改变了自己的传统生活方式，变得更低碳化。

类似的认为个人碳交易存在非经济影响的还有 Bird 和 Lockwood（2009）、Parag 和 Strickland（2009）等。所有这些研究都证实，个人碳交易系统除对经济产生影响外，还有望对个人产生影响（从而产生碳排放的减少），尽管对其如何起作用的理解还只是处于假设阶段。

五、个人碳交易的社会认可问题

Defra（2008）认为个人碳交易系统“有些超前”的主要原因之一便是其缺乏社会认可，而通过检索相关研究，学者们采用不同的方法得出了与之截然相反的结论。

Low（2005）开创了采用固定样本量对个人碳交易的社会认可进行研究的先河，她研究的目的在于确定个体在何种情形下认为个人碳交易可以接受。她通过对 30 - 40 位受访者采用将个人碳交易与征收碳排放税相比较的方法进行研究，研究表明，人们能迅速理解个人碳交易的政策建议并深入探讨其相关细节问题，提出他们自己的看法。

Howell（2007）采用了与 Low 相类似的固定样本量比较研究方法，不同之处在于其研究的对象主要是学生，研究显示，大多数人优先选择个人碳交易，主要是因为其更公平和更有效。

Von Knobelsdorff（2008）通过邮寄和发电子邮件方式进行问卷调查，邮寄对象是剑桥市内随机选择的居民，发电子邮件的对象是剑桥大学的在校生，每种形式都收到了多于 150 份受访者的有效回复。研究并没有采用常用的比较法，而是让受访者谈对个人碳交易的看法。来自不同地区的受访者的答案统计结果显示，44% 的受访者支持采用个人碳交易，远高于对其持反对态度的 13%。

Harwatt（2008）主要研究了个人碳交易与不断攀升的油价问题。她首先通过计算机软件模拟低碳生活，让受访者了解到 2030 年个人碳交易与不断攀升的油价是如何影响他们将来的生活的。而后，以访谈形式要求受访者阐述他们对政策建议的反应，以及关于生活成本、生活方式、公平性、效率性、认可程度的各方面问题。结论显示，当小样本（60 位受访者）时，人们对个人碳交易持明显积极态度，被认为更公平、有效，且能够接受，更能有效改变人们的行为方式。

Bristow 等（2008）采用了更大样本来研究个人碳交易的社会认可问题。他们通过向 300 人发放问卷调查表，来了解人们对个人碳交易与不断提高的碳税的看法。研究表明，征收碳税将比引入个人碳交易更能迅速促使人们改变行为方式，但是，尽管个人碳交易的收益没有具体数据支持，对个人碳交易的认可要明显高于税收。

英国公共政策研究院（IPPR）2008 年通过网络对超过 1000 人进行的在线调查显示，有 31% 的受访者支持或强烈支持个人碳交易系统的引入，19% 的受访者对碳税持支持态度。

最后，由 Defra 授权 Owen 等 2008 年进行的对个人碳交易的研究，他们把研究对象分为 12 组，每组内分别讨论个人碳交易、碳税，讨论结束后通过填写问卷以总结他们对每一种政策的态度。统计结果表明，对个人碳交易、碳税持肯定态度的比例分别为 26%、13%，对它们持否定的比例分别为 41%、57%。讨论中，个人碳交易被认为是最复杂的政策选择，其具体实施的细节问题引起了广泛关注。

总而言之，专家学者对于个人碳交易的社会认可问题的研究采用了不同方法和样本量，而得出了较一致的结论，即当个人碳交易与其他政策（如碳税）进行比较时，人们总是优先选择前者，关键原因在于个人碳交易更加公平与有效。

六、英国个人碳交易研究对我国的启示

作为一个发展中的大国，中国目前经济发展仍是严重依赖导致大量碳排放的化石燃料，单位产出的能耗过高，能源消耗量大。可以预见，在经济快速发展的同时，中国温室气体的排放总量将不断增加且居高不下。2009 年，根据英国风险评估公司 Maplecroft 公布的温室气体排放量数据：中国每年向大气中排放的二氧化碳超过 60 亿吨，位居世界各国之首。据《京都议定书》第一期承诺要求，2012 年之前发展中国家无须承担全球碳减排，而在 2012 年之后中国将面临前所未有的温室气体减排压力。

中国在 1990 - 2005 年单位 GDP 的能耗下降了 47%，基本实现了既定目标。2009 年中国政府公开承诺到 2020 年比 2005 年单位 GDP 碳排放下降 40% - 45%，显示了我国政府在节能减排、推进可持续发展方面的决心。

需要关注的是，“提高能效、节能，越往后越难”[①]。为实现“十一五”目标，中国已经关闭了很多钢铁、焦炭、火电、水泥、

① 新京报．发改委副主任：降低碳排放强度会越来越难．杨华云，2009 - 11 - 27。

造纸等高污染企业，把容易减排的、容易提高能效的都减排了，以后提高能效、减少排放困难程度会更大。同时，我国政府下了很大功夫完成了“十一五”时期的节能减排目标，主要是行政强制措施[①]，而行政强制手段存在违背市场规律、社会接受难[②]、政企不分、易产生社会矛盾等缺点，所以必须寻求新的碳减排领域。

据 Maplecroft 在 2009 年公布的涵盖 185 个国家和地区的二氧化碳排放指数报告，澳大利亚和美国的人均碳排放排在前两位，分别为 20. 58 吨和 19. 58 吨。中国排在第 44 位，人均碳排放为 4. 6 吨。而不容忽视的是，随着中国工业化和城镇化步伐的加快，中国公民个人碳排放量正在迅速增加。

据中国电力企业联合会发布数据，2010 年中国全社会用电量 4. 19 万亿千瓦时，经计算较上年增长 14. 56%，保持较快增长。其中，城乡居民生活 5125 亿千瓦时，同比增长 12. 02%，增幅与上年基本持平。另外，据统计，2009 年第一季度全国车市销量增长最快的是豪华车，其中高档大排量的宝马进口车同比增长 82% 以上，大排量的多功能运动车 SUV 同比增长 48. 8%。与此相对照，不少发达国家都愿意使用小型汽车、小排量汽车。提倡低碳生活方式，并不是一概反对小汽车进入家庭，而是提倡有节制地使用私家车。日本私家车普及率达 80%，但出行并不完全依赖私家车。在东京地区私家车一般年行驶 3000 – 5000 公里，而上海私家车一般年行驶 1. 8 万公里[③]。

长期以来，大多数人已经形成了高碳排放的消费习惯及从众消费心理，要想改变现状，不能仅仅依靠相关政府部门加强宣传和教

---

① 很多地方通过行政强制来被动完成节能减排，如林州市冬天强制停止供暖以完成节能减排任务，强制关停造纸厂等。

② 如林州市为实现节能减排强行停止供暖就引起了人们广泛讨论。

③ 人民网．环境时评：改善环境需要几代人坚持不懈努力——访全国政协原副主席宋健，2009 – 9 – 27。

育，通过不断提升公民职业道德素质来减少个人碳排放将是一个长期过程。要想取得事半功倍的效果，各级政府必须采取干预措施，积极寻求通过市场机制来解决碳排放问题。同时，各级政府部门应深刻认识到，要实现节能降耗目标，不只是依靠制造业、建筑业等工商企业的节能减排，还应当包括人们日常生活习惯中许多节能细节。对于世界第一人口大国来说，每个人生活习惯中浪费能源和碳排放的数量看似微小，一旦以众多人口乘数计算，就是巨大的数量。据中国科技部《全民节能减排手册》计算，全国减少 10% 的塑料袋，可节省生产塑料袋的能耗约 1.2 万吨标煤，减排 31 万吨二氧化碳。

效仿英国在个人碳交易方面的研究及尝试①，充分发挥市场机制在限制个人碳排放中的作用，实施个人碳排放交易，完全大有作为，况且个人碳排放量已具备测定及实施条件②。现时主要任务应当是积极进行个人碳排放交易的前期研究工作，积极探索节能减排的新领域，为政府相关决策部门提供有益的政策建议。当然，在个人碳减排方面不能盲目照搬国外个人碳交易的成果，中国有自己的实际情况，应探讨适合中国自身情况的减少个人碳排放的办法，尤其是政府职能部门在加大政策宣传之余，充分认识到碳交易对个人自觉形成低碳、绿色环保意识，低碳行为养成的重要意义，采取有效的财政激励措施，如对那些低排放者给予补贴等，引导低碳生活。学术界必须着手去探讨引入市场机制解决个人碳排放问题，为相关政策制定提供参考。

---

① 英国著名工程顾问咨询公司科进集团（WSP）约两年前开始尝试这种碳排放“配给制”。结果发现，首批参与实验的 80 名英国员工第一年内碳排放总量减少了 10%。

② 2008 年 11 月 20 日，信息技术服务公司源讯（Atos Origin）宣布，首个实时个人碳排放量计算试验结果表明，对个人碳排放量进行测定的条件已经具备。2010 年 1 月 28 日，北京环境交易所宣布与兴业银行启动国内首个针对个人的碳交易平台。

参考文献：

TINA FAWCETT, 2010. Personal carbon trading: A policy ahead of its time? [R]. www. elsevier. com.

BIRD J, LOCKWOOD M, 2009. Plan B? The Prospects for Personal Carbon Trading [R]. www. ippr. org.

KUROWSKA S, 2010. Sustainable consumption [J]. International Journal of Consumer Studies, 3: 237 – 238.

GUPTA J, IVANOVA A, 2009. Global energy efficiency governance in the context of climate politics [J]. Energy Efficiency, 4: 339 – 352.

FLEMING D, 1997. Tradable quotas: using information technology to cap national carbon emissions [J]. European Environment, 5: 139 – 148.

HILLMAN M, 1998. Carbon budget watchers [J]. Town and Country Planning, 9: 305.

STARKEY R, 2007. Supplementary memorandum on personal carbon trading to House of Commons Committee of Environment, Food and Rural Affairs [J]. Revista Alimarket, 2: 114 – 126.

COHEN M J, 2011. Is the UK preparing for "war"? Military metaphors, personal carbon allowances, and consumption rationing in historical perspective [J]. Climatic Change, 2: 199 – 222.

DRUCKMAN A, JACKSON T, 2009. The carbon footprint of UK households 1990 – 2004: A socio – economically disaggregated, quasi – multi – regional input – output model [J]. Ecological Economics, 7: 2066 – 2077.

FAWCETT T, 2010. Personal carbon trading in different national contexts [J]. Climate Policy, 4: 339 – 352.

BRISTOW A L, WARDMAN M, ZANNI A M, et al, 2010. Public acceptability of personal carbon trading and carbon tax [J]. Ecological Economics, 9: 1824 – 1837.

公允价值分层计量与审计费用——来自资本市场数据的实证检验*

公允价值遭受批评的关键在于缺乏活跃市场时的可靠性问题，公允价值划分计量层次是希望通过增加披露来弥补公允价值信息的可靠性。以中国上市银行数据为样本，检验公允价值分层次计量与审计费用的关系，发现以公允价值计量的资产、负债与审计费用显著正相关；第二层次公允价值计量的资产、负债余额最大，占比最高，其引起审计费用更大幅度的变动，支持审计费用的规模决定论。同时，由于职业判断影响公允价值层次划分，相应监管又存在缺位，管理层有利用层次划分进行盈余管理的动机。第二层次公允价值可能表征了公允价值盈余管理特征，审计风险更高。

一、引言

党的十九大报告提出要深化金融体制改革，增强金融服务实体经济能力，提高直接融资比重，促进多层次资本市场健康发展。而资本市场的有效运作依托于信息质量，尤其是会计信息质量。高质量的会计信息是资本市场健康发展的前提，决定了市场配置资源的效率。审计是监督资本市场信息质量的有效手段之一，审计费用则

* 本文系参加2020经济管理与大数据应用国际学术会议（ICEMBDA2020）论文，并被EI收录。

衡量监督成本（Jensen 和 Meckling，1976），其与客户规模、审计风险、审计复杂性显著正相关（Simunic，1980；Hay 等，2006）。面临具有复杂主观判断和不确定性的审计事项，审计师需要花费更多审计资源，导致审计成本上升，会提高审计收费。

公允价值会计旨在提升财务报告信息的相关性，自 1990 年 9 月美国证券交易委员会（SEC）主席理查德 · C. 布雷盖在参议院作证，首次提出应当以公允价值为计量属性后，公允价值开始在会计准则中大量采用。美国财务会计准则委员会（FASB）和国际会计准则理事会（IASB）正逐步从历史成本转向公允价值报告体系，公允价值很可能会取代历史成本成为财务报告的主要计量基础（Palea，2014）。

公允价值是一种基于市场信息的评价，对于存在活跃市场的资产和负债，公允价值按市价来计量；不存在活跃市场时，公允价值的计量采用估值模型，需要管理层进行大量主观判断或选择，可靠性相对较弱，同时这也给管理层恶意操纵利润留下空间，这正是公允价值受到诟病的根源。如何解决缺乏市场报价时公允价值计量的可靠性问题？国际准则制定联合工作组（JWG，2000）较早提出了公允价值层次的初步构想，建议按照计量日相同工具市场脱手价、接近计量日的相同工具市场脱手价等四个层次选取参数进行公允价值计量。美国会计准则委员会（FASB）于 2006 年 9 月发布第 157 号财务会计准则《公允价值计量》（SFAS157），正式将公允价值计量依据所用参数分为三个层次，通过划分公允价值计量层次来区分公允价值信息的可靠性，并通过与信息披露相结合，以增加披露的方法来弥补公允价值计量的可靠性缺陷。

为保持与国际会计准则持续趋同，提升公允价值信息质量，财政部于 2014 年发布《公允价值计量》准则，为公允价值进一步扩大使用范围提供理论基础和准则依据。随着公允价值应用范围的扩大，尤其是采用第二、三层次输入值计量的公允价值范围扩大，公允价值计量的主观判断和不确定性增加，审计师对公允价值审计的难度加大。既有文献研究公允价值计量与审计费用关系，大多得到随着公允价值计量复杂性增加，可靠性降低，审计师承担更大审计风险，要求公司支付更多审计费用的结论。

值得关注的是，公允价值在我国的使用经历了“一波三折”，缺乏活跃市场价格的公允价值确定是市场投资者和证券监管部门关注的重点，这是否会对管理层层次划分产生影响？是否会影响审计师的努力方向？公允价值层次与审计费用的关系，是否与国内外研究成果相一致而保持单调上升？本文从公允价值层次视角，手工收集了新会计准则实施以来 A 股银行业上市公司披露的公允价值层次数据，探讨公允价值与审计费用的关系。以期为完善公允价值计量准则，建立公允价值内部控制规范，改进公允价值审计，提高公允价值信息质量提供政策建议。

研究贡献：国外学者（Ettredge 等，2014）发现公允价值三个层次与审计费用的单调上升关系，即公允价值层次越高，公允价值与审计费用关系越显著；国内学者（王守海等，2017）通过理论分析也得出相一致的结论。朱松等（2010）、马建威等（2012）发现公允价值计量下的资产减值与金融资产分类都存在盈余管理动机，从而影响审计收费。本文结合我国公允价值运用背景，尝试发现管理层可能通过公允价值层次之间的转换来进行盈余管理从而影响审计收费，丰富了公允价值影响审计收费的研究文献。

二、文献综述

（一）审计费用文献综述

Simunic（1980）开创了审计费用实证研究的先河，发现审计费用与被审计单位的规模、审计风险与业务复杂性密切相关，被审计单位的资产规模、控股子公司个数及审计意见类型与审计费用显著正相关。Hay 等（2006）采用元分析方法（Meta－Analysis），对过去20多年审计费用研究文献进行评估和总结，进一步证明被审计单位规模、业务复杂性及风险对审计费用有显著影响，其中被审计单位规模单独可以解释审计费用70%以上的变动；而财务杠杆与审计意见对审计费用的影响存在不确定性。Fields等（2004）研究表明，影响银行业审计费用的因素主要是资本充足率、流动性风险和信用风险等风险因素。伍利娜（2003）首次利用我国资本市场数据进行研究，表明公司规模、事务所性质与审计费用显著正相关；处于“保资格”区间的净资产收益率预示着公司财务风险较大，审计师面临审计失败风险，与审计费用存在负相关关系。潘克勤（2008）研究表明，公司治理指数越高，审计收费越低，意味着公司治理风险与审计定价显著正相关。盖地、盛常艳（2013）发现上市公司存在内部控制缺陷时，表明内部控制风险增加，审计师将投入更多审计资源，增加实质性测试程序或收取风险溢价，导致审计收费增加。

梳理审计费用影响因素文献发现，从影响审计费用的重要程度考虑，审计费用影响存在规模决定论和风险决定论。审计费用规模决定论指客户规模在审计费用定价中起重要作用，影响因素具体包括客户规模（资产规模、总收入等）、纳入合并报表的子公司个数、营业机构数量等。客户规模越大，无论是传统抽样审计还是审计智能化情况下可能的详细审计，以及项目复杂程度如何，都需要付出更多审计资源，审计师需要提高审计收费来弥补。审计费用风险决定论指审计风险在审计费用定价中起决定性作用，影响因素具体包括客户业务复杂性、固有风险、盈利能力风险、杠杆风险、组织结构风险、客户盈余管理风险等。由于客户存在较高重大错报风险，审计师就需要实施更多审计程序，从而将审计风险降至可接受的水平，导致审计收费提高。

（二）公允价值与审计费用文献综述

国内外学者对于公允价值与审计费用的关系存在不同研究结

论。一方面，上市公司披露采用公允价值计量的会计信息会减少信息不对称，提高会计信息的有效性，进而能降低审计收费（Muller等，2011）。Goncharov 等（2013）使用欧洲房地产行业 2001 – 2008年数据为样本研究，发现相对于以折旧成本报告资产价值的公司，以公允价值报告资产公司的审计费用显著较低，说明以公允价值报告资产减少了审计费用，降低了监管成本，提升了基于会计数据的契约效率。谢诗芬（2006）提出，尽管市场价格不存在时需要采用现值等估值模型估计公允价值，导致公允价值审计风险增大，而公允价值会计自身理论的先进性及会计审计方法的不断突破，将从根本上减少审计师的审计风险。张淑惠、罗孟旎（2016）对 2007 – 2013 年两市 A 股 1433 家上市公司采用双重差分模型研究的结果，也未发现公允价值计量下审计收费高于历史成本减折旧模式，公允价值的采用并不必然导致审计收费增加。

另一方面，审计公允价值计量项目存在困难，公允价值估计的难易程度与审计成本正相关，估计难度越高采用的审计程序越复杂，审计工作量就明显增加，进而导致审计成本提高（Hackenbrack 等，1997）。我国 2006 年发布的会计准则体系广泛采用公允价值，提高了会计信息质量，但增加了审计师职业判断难度，带来了审计风险，提高了注册会计师的审计成本（杨书怀，2013；刘文辉等，2015）。郝玉贵等（2014）则通过研究与公允价值计量相关的具体项目（持有资产变动总体、公允价值变动损益、资产减值损失），发现它们都与审计费用显著正相关，说明审计师的审计费用中蕴含着对公允价值估计的风险性和资产计价公允性的考量。王守海等（2017）利用 2008 – 2015 年银行业数据的研究表明，公允价值计量的金融资产和负债的规模越大，审计师收取的费用越高；且会计师事务所的行业专长增强了公允价值与审计费用间的正相关性关系。Ettredge 等（2014）进一步利用公允价值计量的三个层次进行研究，发现公允价值层次与审计费用间呈现单调上升关系，即公允价值层次越高，公允价值与审计费用关系越显著。朱松等（2010）、马那威等（2012）还从盈余管理视角，探讨公司管理层利用公允价值进行盈余管理对审计收费的影响，结论是表征盈余管理动机的资产减值以及可供出售金融资产的比例都与审计收费显著正相关。

因此，尽管存在公允价值与审计费用不一定显著相关，甚至可能降低审计费用的结论，而多数学者研究表明，由于公允价值估值的不确定性导致审计风险增加，审计师需要付出更多审计资源将审计风险降低至可接受水平，必然要求更高的审计费用。当前探讨公允价值计量对审计费用影响的文献，多以非金融行业为样本，且鲜有文献针对我国具体制度环境，直接探讨公允价值层次与审计费用的关系，并对公允价值分层次计量影响审计费用的内在机理及具体手段进行探讨。

三、理论分析与假设提出

公允价值是以市场为基础的计量，市场价格是公允价值的最佳估计（葛家澍，2011）。在缺乏活跃市场时，依据不可观察输入值进行公允价值估值需要管理层的主观判断和估计，管理层要提供估值参数，选择估值技术，或者是综合运用多种估值技术，并为它们赋予适当权重。这些都受管理层自身专业背景、知识结构的影响，不合理的估值参数选择、不适当的估值模型往往导致公允价值估值存在较大差异，而且基于委托代理理论，管理层作为拥有信息优势一方，出于自身利益最大化的考虑，往往违背委托人意愿，利用公允价值估值的主观判断和估计操纵会计利润，粉饰财务报告，以提升财务业绩。与历史成本相比，审计师审计公允价值数据时通常要求具备会计之外的金融和经济学等知识，需要更高级别、具有专业特长或经验更丰富的审计师付出更多努力（王守海等，2017；蔡利等，2018），理解管理层选择估值方法是否合理、适当与持续应用。同时，在宏观经济面临风险时，市场出现较大波动，估值模型选择或应用不适当对公允价值估值的风险更大。

公允价值估值不确定性程度提高，一方面，产生公允价值信息重大错报的风险就越大，审计师需要付出更多审计资源，实施更多审计程序，或者雇佣评估专家，以降低审计风险，这些都将导致审计成本上升，审计师收取较高的审计费用进行补偿；另一方面，面临具有高度不确定性的公允价值审计项目，审计师出于保护自己的需要，也必然收取较高的审计费用。因此，本文提出假设 H1：

H1：在其他影响因素受控制情况下，上市公司公允价值计量的资产和负债与审计收费显著正相关。

按公允价值层次理论，第一层次公允价值可靠性最高（除非是资本市场交易量极小或出现剧烈波动），可验证性强，审计难度较小。由于没有相同资产或负债的活跃市场报价等可观察信息作参考，第二层次公允价值计量需要对相似资产或负债的活跃市场报价等信息进行调整，而调整主要基于管理层主观判断，审计师在验证时存在难度（Melek Akgun 等，2011）。尤其对于第三层次的公允价值计量，所采用的对计量结果有重大影响的关键假设与参数都属于不可观察参数，管理层或外部评估师在估值时融入了大量主观判断和估计，审计师不但需要具备更多知识和经验积累，且通常需要利用内外部估值专家团队的工作，才能评估管理层采用的估值方法和关键假设是否合理，才能对评估师的胜任能力、专业素养及客观性，以确定第三层次公允价值计量信息的可靠性（Ettredge，2009；Dechow，2010）。因此，随着公允价值计量层次的增加，评估师在估计公允价值时采用的主观判断和估计程度增加，不确定性增高，对公允价值复核验证的难度也越高，审计师需要付出更多的审计资源，才能降低审计风险至可接受水平，从而导致审计收费逐步提高

（Ettredge 等，2014）。

另外，在中国资本市场，尽管公允价值层次理念的引入相对较晚，而以第二、三层次公允价值计量资产和负债的范围不断扩大，是否存在有别于国际资本市场的特定情况，从而对审计费用产生不同的影响？

如图 1 所示，上市银行公允价值计量资产占总资产的比重均值从 2008 年的 5.3% 逐步上升，直到 2016 年达到最大值 17.7%；公允价值计量负债占总负债的比重则呈现缓慢上升趋势，从 2008 年的 0.2% 上升到 2016 年的 4.5%。说明以公允价值计量的资产和负债在我国上市银行中应用范围不断扩大。

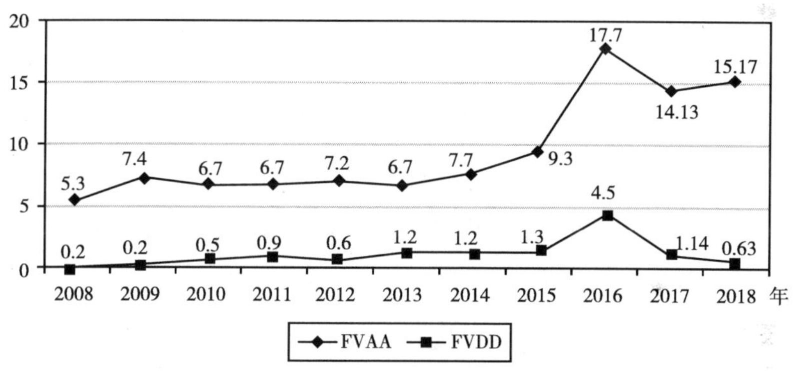

图 1 我国上市银行公允价值资产（负债）的比例统计情况（%）

注：FVAA 为以公允价值计量资产占总资产的比重均值；FVDD 为以公允价值计量负债占总负债比重的均值。

由图 2 可见，公允价值计量的资产和负债主要集中于第二层次，第二、三层次计量公允价值的应用范围越来越大。

就公允价值计量资产占总资产的比例看，第一、三层次公允价值计量资产所占比例呈上升趋势，2012 年后，第三层次计量的公允价值的应用比例超过第一层次公允价值计量，表明采用第三层次计量公允价值的资产范围不断扩大。以公允价值计量资产主要集中

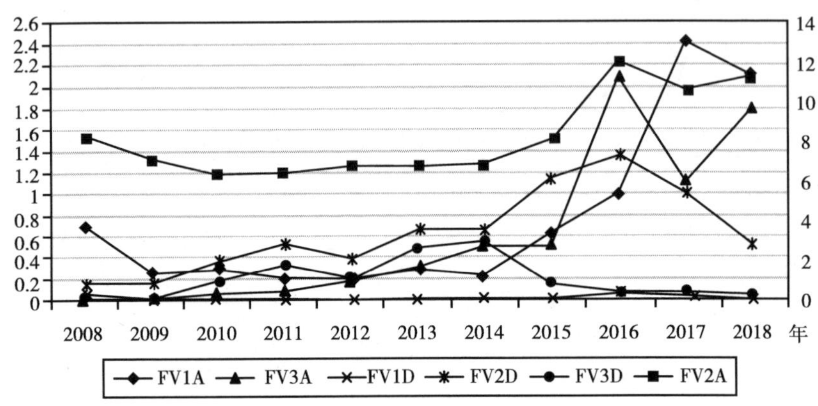

图 2　我国上市银行公允价值各层次运用统计情况表（%）

注：FV1A、FV2A、FV3A（FV1D、FV2D、FV3D）分别表示第一、二、三层次公允价值资产（负债）占总资产（总负债）的比例均值。由于 FV2A 量纲较大，图中采用右侧辅助刻度表示，其他变量采用左侧刻度。数据均来自上市银行年报。

于第二层次，第二层次公允价值所占总资产比例每年都保持在 6% 以上，且上升趋势明显，2016 年达到 12.09%。

就公允价值计量负债占总负债的比例看，各层次公允价值计量负债占总负债的比例较低，其中第二层次公允价值计量负债占总负债比例最高。自 2009 年以后，第三层次公允价值计量负债占比均较第一层次公允价值计量负债高，说明负债应用第三层次公允价值计量的范围逐步增大。

公允价值计量的资产和负债中，第二层次公允价值占比最高，余额最大，除了市场自身因素外，是否还可能存在非技术因素的影响?

首先，会计准则对于第二、三层次公允价值的区分需要职业判断，实践操作中容易混淆二者的区别，也给管理层留下盈余管理空间。公允价值计量准则对第二、三层次公允价值的规定看似非常严谨，区分清楚，如由准则规定可知，第二层次公允价值的确定仍然是基于市场可观察输入值，只不过是需要进行调整；第三层次公允价值则完全是基于不可观察输入值。而在区分时存在职业判断，如准则规定，使用不可观察输入值对第二层次可观察输入值进行的“重要”调整，该公允价值计量结果应划分为第三个层次，而重要性的评价完全取决于管理层的职业判断；再如，类似资产或负债在活跃市场或非活跃市场的报价为第二层次输入值，在确定哪些资产或负债与相关资产或负债“类似”时，也需要进行判断，这些判断不仅使实践操作中非常容易混淆二者的区别，还增加了管理层的操作空间，为其进行盈余管理提供了机会。

其次，管理层对于需要估计生成的公允价值有动机减少第三层次公允价值计量与披露。第三层次公允价值具有相对较弱的价值相关性，市场投资者对其缺乏“信任”，可能会低估公司市场价值（Song 等，2010）。再者，依据层次理论，需要增加披露提高第三层次公允价值信息可靠性，按照会计准则要求，需要披露使用的估值技术、输入值和估值流程的描述性信息，披露期初余额与期末余额间的调节信息，有关敏感性分析的描述性信息，不可观察输入值的量化信息等。这意味着第三层次公允价值将承担较高的信息披露成本。而第二层次公允价值是第一和第三层次公允价值的“过渡地带”，灵活性较强，并兼具对企业市场价值影响较小、信息披露成本低的“优势”。因此，管理层有动机增加第二层次而减少第三层次的公允价值的计量与披露。

最后，相关职能部门对公允价值层次划分的监管尚存在不足。公允价值在我国的使用经历了“一波三折”，缺乏市场价格的公允价值获取历来是监管的重点。如为了规范新会计准则（2007 年）中公允价值的实施，中国证监会《关于做好与新会计准则相关财务会计信息披露工作的通知》（证监发〔2006〕136 号）所强调的首要问题即是“公允价值计量模式选择问题”，提出要“充分披露确定公允价值的方法、相关估值假设以及主要参数的选取原则”。近年来，陆续发布的涉及公允价值的政策文件以及上市公司执行会计准则监管报告也都明显关注的是对缺乏市场价格的公允价值估值。基于监管压力，管理层也可能减少第三层次公允价值信息的披露。而通过查阅证监会网站披露的公告，证券监管部门的监管显然尚未触及公允价值信息的层次划分问题。

总而言之，第二层次公允价值所占公允价值计量资产或负债比例最大，可能是管理层利用公允价值层次划分规范与监管不足进行了盈余管理的结果。

因此，一方面，在公允价值需要估计时，由于估值技术本身复杂，计量模型运用难度大，再加上不可控的主观判断，造成公允价值计量项目固有风险高，审计难度大；另一方面，公允价值的大量运用，成为管理层盈余管理的工具（沈烈，2007），而管理层盈余管理动机的存在增加了审计费用（伍利娜，2003）。第二层级公允价值的计量很可能是盈余管理的结果，造成存在较高审计风险，审计师花费更多人力物力，付出更多审计资源，以将审计风险降低到可以接受的水平，从而收取更高审计费用。因此，本文提出两个竞争性假设：

H2a：在其他影响因素受控制情况下，公允价值计量层次越高，审计收费越高，即公允价值层次与审计收费显著正相关。

H2b：在其他影响因素受控制情况下，较第一、三层次，第二层次公允价值计量对审计收费的影响更显著。

四、实证检验

（一）样本选择

以银行业上市公司为研究样本，银行财务数据来自 Wind 金融资讯，银行业不良贷款率、流动性比率、资本充足率等银行业务指标以及公允价值层次数据均手工收集于上市公司公布年报。最终获得A股32家上市银行2007－2018年的数据，共201个观测值。为避免极值影响，对连续性变量在上下5%分位数范围内进行了Winsorize缩尾处理。本文处理数据时所用软件为Stata15.0。

（二）模型构建与变量定义

参考Ettredge等（2013）、王守海等（2017）的模型构建本文的基础模型，

$$\begin{aligned} FEE = & \alpha_0 + \alpha_1 FV + \alpha_2 LEV + \alpha_3 ROA + \alpha_4 NOLOAN \\ & + \alpha_5 CAPRATIO + \alpha_6 INTANG + \alpha_7 BIG4 + \alpha_8 LIQRATIO \\ & + \alpha_9 DWEB + \alpha_{10} YEAR + \varepsilon \end{aligned} \quad \text{（模型 1）}$$

在对公允价值层次进行检验时，以公允价值层次变量替代FV，构建模型2（略）。

以支付的会计师事务所年度财务报告审计费用的自然对数作为审计费用的衡量指标，以公允价值计量总额及分层次公允价值的自然对数为解释变量，其中公允价值总额为三个层次计量资产和负债的合计数，由于准则要求披露公允价值计量层次信息，以披露的公允价值层次合计数能更全面反映银行以公允价值计量的资产和负债总额。控制变量的选取，参考高雷（2010）、Ettredge等（2013）、王守海等（2017），选取资产负债率、总资产报酬率、流动性比率、资本充足率、不良贷款率等指标衡量银行风险，选取是否为“四大”衡量事务所规模，加入年度虚拟变量来控制年度效应以避免年度影响。各变量及定义如表1所示。

表1　　变量定义

变量类型	变量名称（符号）	变量定义
被解释变量	审计费用（FEE）	支付的会计师事务所年度财务报告审计费用的自然对数
解释变量	公允价值（FV/FV1、FV2、FV3）	公允价值计量资产和负债总额及分层次公允价值的自然对数

续表

变量类型	变量名称（符号）	变量定义
控制变量	资产负债率（LEV）	负债总额/资产总额，衡量银行营运风险
	总资产报酬率（ROA）	净利润/总资产，衡量营运风险
	不良贷款率（NOLOAN）	不良贷款/贷款总额，衡量信用风险
	资本充足率（CAPRATIO）	自有资产/风险性资产，衡量资本风险
	无形资产（INTANG）	无形资产年末余额的自然对数，衡量资本风险
	事务所规模（BIG4）	上市银行年报当年为“四大”审计时取1，否则为0
	流动性比率（LIQRATIO）	取本外币口径，流动性资产余额/流动性负债余额，衡量流动性风险
	银行业务复杂程度（WEB）	取银行营业机构数量的平方根
	年度（YEAR）	年度控制变量

注：FV1、FV2、FV3 分别代表第一、二、三层次公允价值计量的资产和负债合计。

（三）描述性统计

从表 2 可知，取自然对数处理后的审计费用、公允价值计量的资产与负债总额均值与中位数非常接近，符合正态分布，可以进行 OLS 回归分析。公允价值计量的三个层次，第一、三层次的标准差较大，表明银行间第一、三层次的差异很大，而第二层次差异较小。银行业资产负债率普遍较高，最小值为 90%，均值达到 93.46%；总资产报酬率均值为 0.96%，最低值仅为 0.13%，银行业整体盈利水平较低，银行间资产负债率与总资产报酬率差异较小。资本充足率均值为 12.72%；流动性比率极小值为 27.07%，均值为 47.23%，符合我国金融监管规定不低于 25% 的要求。银行业不良贷款率、资本充足率及流动性比率标准差均非常小，说明银行间差异较小。由衡量事务所规模的指标均值知，88.06% 的上市银行是由“四大”进行年度财务报告审计。营业机构数量的平方根标准差非常大，说明银行间机构数量相差很大，业务复杂程度差距大。

表2　　变量描述性统计表

	最大值	最小值	均值	中位数	标准差	N
FEE	11.7440	4.4998	6.9517	6.6201	1.6482	201
FV	15.2075	7.6339	12.2570	12.2925	1.5224	201
FV1	12.7133	0	6.9848	9.4043	4.7589	201
FV2	15.1409	7.6324	12.0576	11.9807	1.5199	201
FV3	13.4036	0	6.0575	7.1163	4.7687	201
LEV	0.9700	0.9000	0.9346	0.9400	0.0123	201
ROA	0.0140	0.0013	0.0096	0.0096	0.0020	201
NOLOAN	0.0564	0.0038	0.0127	0.0122	0.0054	201
CAPRATIO	0.2011	0.0577	0.1272	0.1246	0.0181	201
INTANG	10.1886	0	6.5948	6.5490	2.2808	201
BIG4	1	0	0.8806	1	0.3251	201
LIQRATIO	0.8806	0.2707	0.4723	0.4590	0.1124	201
WEB	153.9300	8.3100	45.2715	27.8388	42.4851	201

（四）相关性分析

由表3可知，公允价值计量的资产和负债总额（FV）与审计费用（FEE）在1%显著水平上正相关，与假设1的预期一致。公允价值三个层次与审计费用都存在正相关关系，而第二层次公允价值计量与审计费用的相关系数最高。另外，银行营业机构数量与审计费用在1%水平上显著相关，且相关系数最大。是否由国际“四大”审计及无形资产余额均与审计费用显著正相关。由于没有变量间的数量关系，需要进一步通过回归加以证实。

表 3　　变量相关系数表

	FEE	FV	FV1	FV2	FV3	LEV	ROA	BIG4	WEB	INTANG	LIQRATIO	CAPRATIO	NOLOAN
FEE	1												
FV	0.798***	1											
FV1	0.637***	0.732***	1										
FV2	0.806***	0.968***	0.663***	1									
FV3	0.629***	0.690***	0.588***	0.601***	1								
LEV	-0.0390	-0.121*	-0.0970	-0.0980	-0.239***	1							
ROA	0.481***	0.356***	0.170**	0.401***	0.276***	-0.105	1						
BIG4	0.403***	0.500***	0.448***	0.457***	0.395***	0.0750	0.266***	1					
WEB	0.920***	0.768***	0.547***	0.776***	0.632***	-0.129*	0.452***	0.271***	1				
INTANG	0.717***	0.700***	0.574***	0.709***	0.645***	-0.121*	0.332***	0.338***	0.709***	1			
LIQRATIO	-0.233***	-0.120*	0.0450	-0.153**	-0.0740	-0.302***	-0.232***	-0.104	-0.174**	-0.114	1		
CAPRATIO	0.101	0.153**	0.145**	0.113	0.100	-0.699***	0.183***	-0.0940	0.189***	-0.0520	0.309***	1	
NOLOAN	0.0730	0.128*	0.201***	0.0810	0.147**	-0.280***	-0.325***	-0.0600	0.165**	0.0930	0.243***	0.0820	1

注：*、**、*** 分别表示 10%、5%、1% 的显著性水平。

（五）多元回归分析

从表4模型1、模型2回归结果看，两个回归方程F值均在0.1%水平显著，模型整体拟合较好。两模型调整拟合优度R^2均在0.9以上，说明回归模型可以解释审计费用的绝大部分。多重共线性检验的方差膨胀因子（VIF值）均低于3，变量间不存在严重共线性影响。模型1公允价值计量资产和负债总额的回归系数为0.275，在0.1%水平上显著为正，说明公允价值对审计费用存在显著影响，验证了假设1。

模型2公允价值层次回归的结果，公允价值三个层次中，第一、二层次公允价值对审计费用的影响分别在0.1%、1%水平显著为正，回归系数为0.0477和0.178，即在保持其他因素不变情况下，第一、二层次公允价值每增加1%，会导致审计费用分别增加0.0477%和0.178%，第三层次公允价值计量对审计费用影响不显著。第二层次公允价值计量对审计费用的影响程度远高于第一、三层次公允价值，验证了假设H2b。

表4　　模型1、模型2回归分析结果

变量	模型1	模型2	变量	模型1	模型2
	回归系数	回归系数		回归系数	回归系数
常数项	273.8*** (7.62)	248.8*** (6.69)	CAPRATIO	−1.485 (−0.46)	−2.234 (−0.73)
FV	0.275*** (5.82)		INTANG	0.0828** (2.95)	0.0528* (2.03)
FV1		0.0477*** (3.88)	BIG4	0.365** (3.13)	0.307** (2.68)
FV2		0.178** (2.98)	LIQRATIO	0.256 (0.81)	0.0006 (0.00)
FV3		0.00787 (0.70)	YEAR	控制	控制

续表

变量	模型 1	模型 2	变量	模型 1	模型 2
	回归系数	回归系数		回归系数	回归系数
LEV	-9.322 (-1.55)	-9.064 (-1.70)	N	201	201
ROA	-41.38 (-1.60)	-31.01 (-1.21)	F	175.07 ***	192.47 ***
NOLOAN	-8.5 (-1.16)	-10.96 (-1.60)	R^2	0.915	0.922
WEB	0.0250 *** (11.11)	0.0252 *** (11.44)	adj. R^2	0.910	0.917

注：*、** 和 *** 分别表示 5%、1% 和 0.1% 显著性水平；回归时通过在回归命令中使用聚类稳健标准误“robust”考虑了异方差影响（下同）。

进一步，分公允价值计量资产和负债分别对模型 1、2 进行回归。回归结果如表 5、表 6 所示。

表 5　　　　公允价值计量资产的回归结果

变量	模型 1	模型 2	变量	模型 1	模型 2
	回归系数	回归系数		回归系数	回归系数
常数项	276.4 *** (7.57)	258.8 *** (6.61)	CAPRATIO	-1.607 (-0.51)	-2.201 (-0.74)
FVA	0.262 *** (5.36)		INTANG	0.0887 ** (3.13)	0.0716 ** (2.62)
FVA1		0.0494 ** (3.16)	BIG4	0.397 *** (3.41)	0.387 *** (3.33)
FVA2		0.173 ** (2.61)	LIQRATIO	0.252 (0.80)	0.0413 (0.14)
FVA3		0.00565 (0.38)	YEAR	控制	控制

续表

变量	模型 1	模型 2	变量	模型 1	模型 2
	回归系数	回归系数		回归系数	回归系数
LEV	-9.996 (-1.69)	-9.812 (-1.82)	N	201	201
ROA	-41.38 (-1.58)	-39.81 (-1.55)	F	159.48 ***	158.5 ***
NOLOAN	-8.401 (-1.15)	-10.34 (-1.53)	R^2	0.913	0.919
WEB	0.0254 *** (11.17)	0.0253 *** (10.56)	adj. R^2	0.909	0.914

注：FVA 表示公允价值计量资产的自然对数；FVA1、FVA2、FVA3 分别代表第一、二、三层次公允价值计量资产的自然对数。

表 6　　公允价值计量负债的回归结果

变量	模型 1	模型 2	变量	模型 1	模型 2
	回归系数	回归系数		回归系数	回归系数
常数项	191.3 *** (4.99)	175.5 *** (4.72)	CAPRATIO	1.378 (0.37)	-2.122 (-0.64)
FVD	0.0493 ** (2.85)		INTANG	0.079 * (2.49)	0.0246 (0.80)
FVD1		0.0832 ** (4.27)	BIG4	0.558 *** (3.93)	0.549 *** (4.46)
FVD2		0.146 * (2.00)	LIQRATIO	0.115 (0.35)	0.104 (0.32)
FVD3		-0.0089 (-0.54)	YEAR	控制	控制
LEV	-3.785 (-0.59)	-2.976 (-0.52)	N	201	201

续表

变量	模型 1	模型 2	变量	模型 1	模型 2
	回归系数	回归系数		回归系数	回归系数
ROA	-30.39 (-1.13)	-14.48 (-0.57)	F	138.85***	204.55***
NOLOAN	-7.323 (-0.98)	-10.17 (-1.53)	R^2	0.904	0.918
WEB	0.0289*** (13.63)	0.0306*** (16.76)	adj. R^2	0.899	0.913

注：FVD 表示公允价值计量负债的自然对数；FVD1、FVD2、FVD3 分别代表第一、二、三层次公允价值计量负债的自然对数。*t* statistics in parentheses * $p<0.05$, ** $p<0.01$, *** $p<0.001$。

由表 5、表 6 公允价值计量资产、负债及其分三个层次的公允价值计量回归结果可以看到，无论是资产还是负债，公允价值计量的资产或负债总额与审计费用显著正相关；第二层次公允价值对审计费用的影响幅度大于第一、三层次，可能的原因是，会计准则对公允价值计量层次的划分规定有空间，管理层有动机减少第三层次而增加第二层次的公允价值，而政府部门对层次划分的监管又存在缺位，导致第二层次公允价值很可能表征管理层在公允价值层次划分上的盈余管理，增加审计风险，审计师给予了足够关注，从而导致审计费用上升。

稳健性检验。(1) 分别以资产总额、负债总额对模型 1、模型 2 的审计费用、公允价值变量做平滑处理；(2) 以净资产报酬率替代总资产报酬率来衡量营运风险。回归结果表明，研究结论基本不变。

五、研究结论与政策建议

(一) 研究结论与不足

本文通过手工收集我国上市银行 2007 -2016 年的公允价值分

层计量数据，探讨公允价值计量层次与审计费用的关系，发现公允价值计量不确定性的存在确实影响审计费用，而第二层次公允价值计量与审计费用的关系最为显著。这表明在公允价值计量资产负债对审计费用的影响上支持审计费用的规模决定论，而且上市银行管理层有可能利用公允价值层次划分进行盈余管理，审计风险高，导致审计师提高审计收费。

研究不足则是由于公允价值层次转换难以获取公开数据，直接实证检验利用层次转换（尤其是第三层次转换为第二层次）进行盈余管理存在困难，对于本文提出的第二层次公允价值表征盈余管理的假设产生挑战。同时，本文选取的样本是银行业上市公司，样本量相对较少，存在样本量不足的局限性。

（二）政策建议

首先，与国际趋同的公允价值计量准则已于 2014 年发布并实施，对公允价值层次的确认及披露进行明确规范，而公允价值层次划分需要公司管理层进行职业判断，管理层有动机通过在不确定性程度不同的公允价值层次之间进行转换来进行盈余管理，从而干扰投资人对披露公允价值信息的可靠性程度的判断，违背了公允价值层次理论的初衷，因此需要进一步完善公允价值计量准则，为公允价值估值方法及层次披露提供详细实施指南，增强公允价值计量准则的可操作性。

其次，制定发布公允价值计量与披露内部控制规范。目前我国市场上公允价值的计量主要通过估计取得，不确定性较高，公允价值计量与披露面临较大风险，急需制定公允价值计量与披露的内部控制规范，根据公允价值计量和披露中面临的各种风险，设计风险控制点、控制目标与控制措施等，统一公允价值计量与披露过程控制，对于完善实施公允价值会计的控制环境，促进企业规范实施公允价值会计，提供高质量会计信息具有积极意义。

再次，结合公允价值计量准则发布与实施，总结近年来公允价值审计实务的经验教训，及时修订2006年发布的《公允价值计量和披露的审计》准则，关注公允价值估计方法及信息披露审计，尤其重视对公允价值确定过程中涉及的管理层职业判断的评估，为审计师进行公允价值计量审计提供适用规范指导。

最后，按照公允价值层次理论，公允价值计量的层次越高，需要披露的内容就越多，如第三层次公允价值，会计准则要求披露使用的估值技术、输入值和估值流程的描述性信息、期初期末余额间的调节信息以及敏感性分析的描述性信息等，以弥补此类公允价值可靠性低的缺陷，而部分上市公司并未严格按照会计准则要求进行披露，如估值技术使用的输入值描述性信息披露缺乏具体，不可观察输入值的量化信息没有披露等。需要证券监管部门在关注公允价值计量的同时，不断强化公允价值信息披露的监管。

参考文献：

DECHOW P M, MYERS L A, SHAKESPEARE C, 2010. Fair value accounting and gains from asset securitizations: a convenient earnings management tool with compensation side - benefits [J]. Journal of Accounting and Economics, 49: 2 - 25.

刘明辉，胡波，2006. 公司治理、代理成本与审计定价——基于2001 - 2003年我国A股上市公司的实证研究 [J]. 财经问题研究 (02): 72 - 79.

潘克勤，2008. 公司治理、审计风险与审计定价——基于CCGI (NK) 的经验证据 [J]. 南开管理评论 (01): 106 - 112.

于永生，卢桂荣，2010. 次贷危机背景下的公允价值会计问题研究 [M]. 上海：立信会计出版社.

朱松，徐浩峰，王爽，2010. 公允价值计量下的审计收费研究 [J]. 审计与经济研究 (4): 29 - 36.

马建威，杨亚军，黄文，2012. 以公允价值计量的金融资产分类与审计收费的相关性研究 [J]. 中央财经大学学报 (11): 85 - 90.

王守海，刘志强，2017. 公允价值、行业专长与审计费用 [J]. 审计研究（2）：48－56.

高雷，张杰，2010. 产权性质、不良贷款率与审计费用［J］. 审计研究（2）：77－82.

伍利娜，2003. 审计定价影响因素研究——来自中国上市公司首次审计费用披露的证据［J］. 中国会计评论（7）：113－128.

张淑惠，罗孟旎，2016. 公司特征、公允价值与审计收费——基于我国深沪两市上市公司的实证分析［J］. 商业研究（1）：108－116.

ETTREDGE M L, XU Y, YI H S, 2014. Fair Value Measurements and Audit Fees: Evidence from the Banking Industry［J］. Auditing, 3: 33－58.

IGOR GONCHAROV, EDWARD J RIEDL, THORSTEN SELLHORN, 2014. Fair value and audit fees［J］. Review of Accounting Studies, 19: 210－241.

SIMUNIC D A, 1980. The pricing of audit services: Theory and evidence［J］. Journal of Accounting Research, 18: 161－190.

MULLER K A, RIEDL E J, SELLHORN T, 2011. Mandatory fair value accounting and information asymmetry: Evidence from the European real estate industry［J］. Management Science, 57: 1138－1153.

HAY D C, KNECHEL W R, WONG N, 2006. Audit fees: A meta－analysis of the effect of supply and demand attributes［J］. Contemporary Accounting Research, 23: 141－191.

HACKENBRACK K, KNECHEL W R, 1997. Resource allocation decisions in audit engagements［J］. Contemporary Accounting Research, 14: 481－500.

MICHEL MAGNAN, ANDREA MENINI, ANTONIO PARBONETTI, 2015. Fair value accounting: information or confusion for financial markets?［J］. Review of Accounting Studies, 20: 559－591.

投资性房地产公允价值计量：放松管制还是缺乏协调？*

中国资本市场以公允价值计量投资性房地产的上市公司数量逐步增加，行业、地区特征明显，且主要依靠外部专业评估师对公允价值估值。通过分析上市公司财务报告，发现存在有悖于投资性房地产会计准则的规定：依据第三层次参数估值，成本与公允价值两种后续计量模式并存，会计准则与投资性房地产评估指导意见不一致。应当通过完善投资性房地产会计准则应用指南，发布投资性房地产评估意见具体解释或应用案例，加强会计准则宣传与普及，实施会计、证券、评估行业联合监管，提升投资性房地产公允价值信息质量，使会计准则改革更好地服务于资本市场发展。

一、引言

以公允价值计量投资性房地产，可以全面及时反映投资性房地产的现行价值及市场对未来经济环境的预期，增强会计信息的决策相关性。通过查阅资本市场上 A 股公司年度财务报告，以公允价值对投资性房地产进行后续计量的公司，已由 2007 年的 20 家增加到 2017 年年底的 96 家，而占 A 股拥有投资性房地产公司的比例不到 6%。这与我国会计准则体系谨慎使用公允价值，尤其是对非金融资

* 本文系参加 2019 年在南京召开的经济管理与文化产业国际学术会议论文，并被 CPCI 收录。

产使用公允价值的严格限制条件密切相关，也反映了我国现行投资性房地产市场的整体状况，符合我国现阶段市场经济发展的实际。

作为非金融资产应用公允价值计量的先行者，投资性房地产公允价值计量的研究成果丰硕，主要集中于选择动因、财务后果、价值相关性等方面。在投资性房地产公允价值计量选择动因上：公允价值计量可以降低信息不对称（Muller 等，2008；Quagli 等，2010；陈鹰，2010），降低企业债务违约风险（Cotter 和 Zimmer，1995；Christensen 和 Nikolesv，2013；王福胜，程富，2014；周玮、徐玉德，2014），也可以提高财务信息透明度（Karl A. Muller，Ⅲ等，2008）。同时，我国房地产上市公司在选择公允价值计量时并不是完全理性的，存在明显的趋同效应（陈鹰，2010；刘斌和熊运莲，2010）。在投资性房地产公允价值计量的财务后果上：与历史成本计量模式相比，投资性房地产采用公允价值计量将大幅提高其账面价值，同时也会增加净利润的波动（张奇峰、张鸣等，2011）。选择公允价值计量投资性房地产很可能会成为上市公司操纵盈余的一个工具（陈晨，2012），这与邹燕等（2013）案例研究得到的结论相一致。与之相反，陈鹰（2010）研究发现，公允价值计量模式的选择与企业期望的收益平滑活动负相关。在投资性房地产公允价值计量的价值相关性上：2007 年执行新会计准则后，我国上市公司对投资性房地产运用公允价值与股票价值具有价值相关性，会计信息的决策有用性有所提高（刘运国、易明霞，2010）；季晓婷、邵小航（2014）以拥有投资性房地产的 A、H 股上市公司为样本，发现公允价值模式计量的投资性房地产信息比成本模式计量的价值相关性更强。

当前投资性房地产公允价值计量研究，主要采用投资性房地产公允价值数据直接进行实证检验，前提是假定投资性房地产公允价值信息真实可靠，而尚没有研究探讨投资性房地产公允价值计量本身存在的现实问题。本研究通过分析上市公司财务报告，发现投资性房地产公允价值计量存在输入参数与会计准则要求不一致、成本与公允价值计量模式并存，以及会计准则与投资性房地产评估意见不一致等问题。应采取完善投资性房地产会计准则的操作指南，发布投资性房地产评估具体解释或应用案例，加强投资性房地产、公允价值计量等会计准则的宣传与普及，并建议会计准则制定与监管机构、评估监管机构联合执法，强化投资性房地产公允价值评估监管，以提升投资性房地产公允价值信息质量，更好地服务于信息使用人决策需求。

二、中国资本市场投资性房地产公允价值计量概况

（一）上市公司以公允价值计量投资性房地产的整体情况

从图1来看，作为2007年会计准则新增加项目，拥有投资性房地产的A股上市公司比例在各年度均超过半数，投资性房地产以公允价值后续计量的上市公司也呈现缓慢上升趋势，2017年年底已有96家上市公司采用公允价值计量投资性房地产，而占全部上市公司的相对比例仍然较低，基本保持在3%以下。这说明我国上市公司更偏好于成本模式而非公允价值模式对投资性房地产进行后续计量（谢获宝等，2011；王小力，2012）。

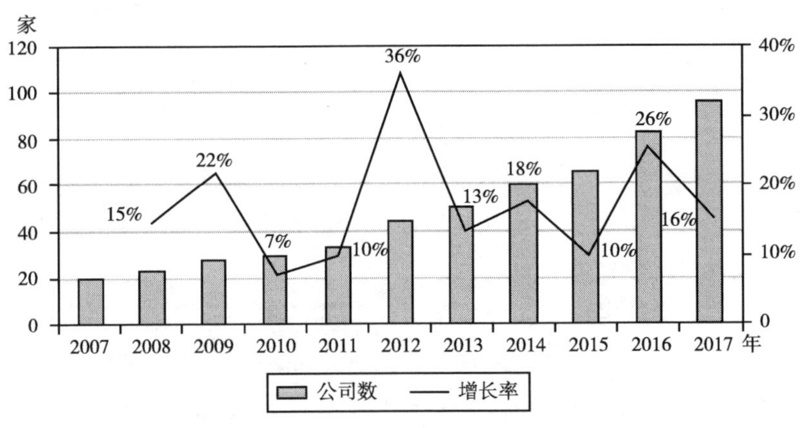

图1　2007－2017年以公允价值对投资性房地产后续计量的A股上市公司

（二）以公允价值计量投资性房地产上市公司的行业与地区分布

根据表1统计分析，制造业、房地产业和金融业类公司对投资性房地产采用公允价值后续计量最多，分别为31家和26家，两类公司合计占全部运用公允价值计量投资性房地产公司的比例达到60%，行业分布特征明显。制造业类上市公司对投资性房地产采用公允价值计量的最多，主要原因在于制造类公司数量最多，在所有行业中占比最大；另外，随着房地产市场持续升温，制造业是否存在脱离主业而通过投资性房地产公允价值的计量而进行盈余管理，"脱实向虚"的倾向值得关注。房地产业是投资性房地产的主要分布行业，以公允价值反映所持有的投资性房地产更能体现资产的现行价值，更能满足信息使用人决策需求；同时，公司由经营住宅房地产转变为经营商业地产的经营战略转变，也是房地产企业选择公允价值计量的主要动因（戴佳君、季晓婷等，2010）。

表1　运用公允价值计量投资性房地产的上市公司行业统计

所属行业	公司数量（家）	占比（%）
制造业	31	32.63
房地产业	26	27.37
金融业	9	9.47
批发和零售业	8	8.42
租赁和商务服务业	6	6.32
其他行业	16	15.79
合计	96	100

从地区分布看，以上市公司注册地或主要经营所在地为统计标准，有65家上市公司注册地均位于东部地区，17家上市公司位于西部地区，10家上市公司位于中部地区，注册地位于东北地区仅有2家上市公司。进一步统计注册地的具体分布，发现近95%的上市公司注册地均位于市区，位于县城的有3家上市公司（金正

大、羚锐制药、舍得酒业），另外还有金龙股份公司的注册地在乡镇。可以看出，活跃市场是公允价值计量的必要条件。我国市场化程度呈现明显的区域差异，我国东部地区上市公司所在地市场化程度越高，相关资产或负债的交易市场活跃度越高，公允价值比较客观合理，获取成本也较低，上市公司更可能选择公允价值计量（颜敏等，2011；张黎，2013）。

（三）投资性房地产公允价值确定方法与输入值层次

如表2所示，以2017年投资性房地产公允价值计量为例，统计发现，有67家上市公司选择聘请具备专业评估资质的评估机构计量投资性房地产的公允价值，占比达到69.79%，参考活跃市场上同类或类似房地产现行价格的有22家，占比22.92%，2家公司采用独立专业评估师评估或潜在第三方购买报价，有5家公司未具体披露投资性房地产公允价值的确定方法，上市公司主要依靠专业评估机构来评估公允价值，专业评估机构对公允价值评估质量的好坏直接影响我国资本市场投资性房地产公允价值信息质量的高低。

表2　2017投资性房地产公允价值输入值层次与公允价值确定方法

输入值层次	公司数量（家）	确定方法	公司数量（家）
第一层次	8	专业资产评估机构评估	67
第二层次	48	活跃市场上同类或类似房地产现行价格	22
第三层次	32	独立专业评估师评估或潜在第三方购买报价	2
第二和第三层次	1	未具体披露确定方法	5
未具体披露输入值层次	7	合计	96
合计	96		

由上市公司披露的投资性房地产公允价值输入值（参数）的

计量层次可以看出，采用第二、三层次输入值来计量公允价值的上市公司有 81 家，占比达 84.38%，仅以第一层次输入值（即计量日能取得相同资产或负债活跃市场未经调整报价）来计量公允价值的只有 8 家，占比 8.33%，还有 7 家上市公司未披露公允价值的计量所依据的输入值层次。第二层次输入值主要是类似资产活跃市场报价，或非活跃市场中相同或类似资产报价，第三层次输入值是不可观察的输入值，主要是依靠评估人员的所掌握的私有信息而非市场公开信息来进行公允价值估值。就投资性房地产的输入值来看，很少存在相同投资性房地产的活跃市场报价，主要依靠类似资产市场报价或未来现金流量折现，而这都会涉及重大主观估计和职业判断，与我国投资性房地产市场发展的实际情况相吻合。

三、投资性房地产公允价值计量的现实困惑与原因分析

理论而言，作为非金融资产，以公允价值对投资性房地产进行后续计量，可以提供投资性房地产的现行价值，反映投资性房地产市场环境的未来不确定性。作为稀缺资源，房地产市场价格飞速飙升，若作为固定资产或无形资产，采用单一历史成本计量属性，必然出现房地产账面价值与其市场价值的严重偏离，历史成本不能反映资产真实价值的弊端暴露出来。而投资性房地产的公允价值更能反映资产的现实情况，准确地向投资人报告资产的及时价格信息，有利于投资人进行决策。

就现实选择看，在西方市场经济发达国家，相对于其他非金融资产，投资性房地产具有流动市场，取得公允价值成本较低，投资性房地产主要运用公允价值进行计量。究竟是选择更能反映市场价值的公允价值，还是沿袭传统选择对利润波动影响较小的历史成本，中国更多上市公司作出了保守的选择。

现行采用公允价值对投资性房地产后续计量的上市公司尽管数量少，但示范效应明显，尤其是随着我国房地产市场逐步成熟，投

资者对信息相关性的追求，投资性房地产公允价值运用是大势所趋。而如果不从根源上解决投资性房地产公允价值计量的现实难题，对于进一步理论研究以及实务决策都造成困难。作者通过查阅上市公司财务报告，发现投资性房地产应用公允价值后续计量存在如下问题。

（一）投资性房地产公允价值计量的输入值与会计准则要求不一致

《企业会计准则第 3 号——投资性房地产》第十条规定，有确凿证据表明投资性房地产的公允价值能够持续可靠取得的，可以对投资性房地产采用公允价值模式进行后续计量。采用公允价值模式计量应同时满足下列条件：投资性房地产所在地有活跃的房地产交易市场；企业能够从房地产交易市场上取得同类或类似房地产的市场价格及其他相关信息，从而对投资性房地产的公允价值作出合理的估计。房地产准则应用指南又进一步对房地产“所在地”“同类或类似”房地产进行了具体说明。

也就是说，投资性房地产后续计量采用公允价值必须有活跃市场作为支撑，对公允价值计量整体重要的输入值必须是从活跃市场上取得的可观察输入值，主要是“同类或类似房地产的市场价格及其他相关信息”，这些输入值的基本特征是“可观察”，即可以在市场上直接或间接取得，或者可以被市场所验证。按照《企业会计准则第 39 号——公允价值计量》，这些输入值应当归属于第一或第二层次，而绝不可能是第三层次输入值，因为第三层次输入值是“不可观察输入值”，是需要公允价值评估人员主要利用主观估计和判断，利用内部数据进行的公允价值估值。

经统计，2017 年报中将投资性房地产公允价值计量输入值层次划分为第三层次的有 32 家，即有 1/3 的上市公司计量投资性房地产所采用的重要输入值是不可观察输入值，明显违背投资性房地产会计准则的要求。进一步，划分为第三层次输入值的 32 家公司中，公允价值的具体确定方法有 8 家采用的是“活跃市场上同类或类似房地产的现行价格”，应当属于第二层次输入值来进行披露，显然是错误理解了公允价值计量准则中公允价值层次的概念。

（二）存在历史成本与公允价值两种后续计量模式并用情况

投资性房地产准则应用指南提出，企业通常应当采用成本模式对投资性房地产进行后续计量，也可采用公允价值模式对投资性房地产进行后续计量，但同一企业只能采用一种模式对所有投资性房地产进行后续计量，不得同时采用两种计量模式。之所以这样规定，是会计准则出于“谨慎”运用公允价值的背景下，防止上市公司利用投资性房地产公允价值计量来调节利润所致（马永义，2015），是会计准则“在一定程度上抑制公司利润操纵行为”的功能定位的体现（沈烈，2013）。

方大集团（000055）披露年报显示，同时存在以成本和公允价值两种模式后续计量的投资性房地产。审计师在致监管部门问询函的回复中指出，由于存在对外出租的空置厂房所在地不存在活跃交易市场，无法取得同类或类似房地产市场价格及其他相关信息，只能作为特殊情形对其采用成本模式进行后续计量。因此，区分不同性质不同交易活跃程度的投资性房地产分别采用不同的后续计量模式。

诚然，同一集团分布在不同城市的子公司可以考虑根据市场活跃程度采用不同的计量模式（刘永泽，2010），这要比“严格”采用一种计量模式能更好反映投资性房地产的现实情况，提供更相关的高质量会计信息。上市公司必须予以充分披露，注册会计师要严格核查，监管部门要强化监管。为了保证会计信息可比，成本与公允价值模式同时采用的现象只能是“特殊情况”，绝不能由此产生“示范效应”而成为常态，因为这不仅与当前市场条件下谨慎使用公允价值的要求相悖，还可能成为上市公司操纵利润的一种工具。

（三）会计准则与投资性房地产评估指导意见在公允价值评估实践中缺乏协调

2017 年 9 月，由中国资产评估协会正式发布的《投资性房地产评估指导意见》明确指出，本指导意见所称投资性房地产是指《企业会计准则第 3 号——投资性房地产》及其应用指南所称的投资性房地产；执行投资性房地产评估业务，应当充分理解相关会计准则的要求、评估对象在企业财务报告中的核算和披露要求。指导意见进一步提出，评估投资性房地产公允价值主要采用市场法和收益法。

市场法采用的主要是同类或类似房地产的市场交易信息；而收益法评估既可能采用公开可观察的市场信息，也可能采用基于资产评估师或管理层自身的假设、判断得到的不可观察信息，如果采用后者，说明投资性房地产不存在可以持续取得公允价值的活跃市场，不再符合会计准则中以公允价值对资性房地产后续计量的两个必备条件，不能采用公允价值模式来计量。而《投资性房地产评估指导意见》对采用收益法来评估投资性房地产的公允价值并未明确可以采用的输入值的类型，很容易导致评估师的误用。

由表 2 可知，2017 年对投资性房地产采用公允价值后续计量的 96 家上市公司中，通过专业资产评估机构评估来确定公允价值的有 67 家，占比 69.79%。进一步查阅，发现这些上市公司中又有 24 家（36%）将投资性房地产公允价值估值所采用的是第三层次不可观察输入值，明显与会计准则规范不一致。

投资性房地产公允价值计量实务存在与会计准则不一致、与投资性房地产评估意见不协调之处，是放松了对公允价值应用的管制，准则实施以来“谨慎”应用公允价值的态度有所放松？还是投资性房地产会计准则、公允价值计量准则与投资性房地产评估指导意见之间缺乏有效的协调一致？

由公开发布的证券交易所管理部对涉及投资性房地产公允价值

计量对上市公司的问询函，以及近年来监管部门发布的上市公司运用会计准则监管报告中对公允价值的关注看，证券监管部门并未放松管制，公允价值计量尤其是缺乏活跃市场时公允价值计量仍然是监管的重点。主要原因还在于会计准则及其指南存在需要进一步完善之处，如投资性房地产公允价值模式在哪些情况下可以与历史成本模式并存？聘请专业评估机构时，评估师执业中如何保持与会计准则的一致性？如何保证投资性房地产公允价值信息的质量而与会计准则“谨慎”运用公允价值的基调相一致？如何披露公允价值的确定依据（同类或类似房地产的市场价格及其他相关信息）？投资性房地产公允价值计量出现的现实困惑，对公允价值计量等会计准则理解不深入，会计准则缺乏与资产评估意见的协调一致是主要原因。

四、改善投资性房地产公允价值计量的措施

（一）完善投资性房地产会计准则的操作指南

投资性房地产会计准则于 2006 年发布，准则提出了公允价值后续计量模式的选择，而由于受到对公允价值本质认识所限，在公允价值界定、活跃市场的判断、公允价值层次、计量参数选择以及如何判断房地产的最佳用途等方面没有规范。2014 年年初，公允价值计量准则发布，统一了公允价值的脱手价格定位，界定了公允价值的输入值层次，明确了公允价值的估值技术，尤其是专门列章节对非金融资产公允价值计量进行明确，因此需要修订投资性房地产准则或者应用操作指南，明确解释公允价值计量可能存在的与历史成本模式并存问题，保持与公允价值计量准则保持公允价值计量的一致性，明确投资性房地产公允价值计量的输入值层次选择、不同估值技术的采用、有序交易市场的判断、规范信息披露。

（二）发布投资性房地产评估具体解释或应用案例

不同于存在活跃市场的多数金融资产，投资性房地产活跃市场

相对较少，依靠活跃市场报价来直接获取投资性房地产的公允价值难度较大。鉴于投资性房地产公允价值计量的难度，多数以公允价值计量投资性房地产的上市公司（近 70%）都选择了以专业资产评估机构评估来确定公允价值。为提升投资性房地产公允价值评估质量，在财政部指导下，中国资产评估协会于 2017 年 9 月 8 日专门修订发布了《投资性房地产评估指导意见》，意见第二条明确“本指导意见所称投资性房地产，是指《企业会计准则第 3 号——投资性房地产》及其应用指南所称的投资性房地产”，可以说中国资产评估协会发布该指导意见就是为第 3 号会计准则的实施，而在财政部统一部署下的“有意而为之”，是根据投资性房地产评估市场的现状，解决上市公司在投资性房地产评估上的难题，旨在提升投资性房地产公允价值的信息质量。该指导意见明确了投资性房地产公允价值评估的市场法与收益法，尤其对采用收益法所依据的参数进行了规范，如租金收益、相应费用、净收益、收益期限、折现率等。依据公允价值计量准则（CAS39），评估师在采用这些参数进行公允价值估值时，这些参数应当是活跃市场上取得的可观察输入值，才符合投资性房地产会计准则中采用公允价值后续计量的条件，否则就不能采用公允价值计量，更谈不上进行公允价值评估了。因此，针对多数上市公司投资性房地产公允价值都依靠外部评估机构的实际情况，应发布投资性房地产评估具体解释或应用案例，进一步规范评估指导意见的使用，提高与投资性房地产、公允价值计量等会计准则所要提供信息的一致性。

（三）加强投资性房地产、公允价值计量等会计准则的宣传

上市公司投资性房地产公允价值计量存在与成本模式并存、与公允价值计量准则要求不一致问题，说明上市公司以及专业资产评估人员对投资性房地产准则对于公允价值后续计量的规定、公允价值基本概念理解不到位，市场参与者、估值技术、输入值等不能准确应用。另外，上市公司年报经注册会计师审计后才对外发布，存在这些问题说明注册会计师行业中也存在对投资性房地产公允价值计量相关理念认知不足。因此，会计准则制定机构要加强公允价值计量准则的宣传教育与普及，提升会计人员、注册会计师及专业资产评估人员对公允价值基本理念的认知水平，提升上市公司披露的公允价值信息质量。同时，扩大会计准则宣传教育与普及教育，增强投资者信息解读能力对于我国现行资本市场发展具有现实意义。目前，我国资本市场上整体仍是以中小投资者为主，个人投资者能否正确解读公允价值信息，直接影响会计准则改革服务资本市场的效果。

（四）会计准则制定与监管机构、评估监管机构联合执法，强化投资性房地产公允价值评估监管

投资性房地产会计准则中明确，只有“存在活跃市场”且“能从市场上持续取得市场价格及其他信息”才能进行公允价值计量，这种谨慎运用公允价值的规定尽管是2006年的规定，而与我国房地产市场的现行实际情况仍然适应，因此应严格实施。由于职能存在分工，就需要由财政部、证监会牵头，协调中国注册会计师协会、中国资产评估协会以及相关职能监管部门，共同对投资性房地产公允价值计量进行联合监管，协调相关准则、评估意见，共同治理公允价值评估中的不一致问题，提高公允价值信息质量，更好服务于资本市场投资者对会计信息决策相关性的需求。

参考文献：

KARL A MULLER III，EDWARD J RIEDL，THORSTEN SELLHORN，2008. Consequences of Voluntary and Mandatory Fair Value Accounting：Evidence Surrounding IFRS Adoption in the EU Real Estate Industry［D］. Working Paper.

HANS B CHRISTENSEN，VALERI V NIKOLAEV，2013. Does fair value accounting for non – financial assets pass the market test?［J］. Rev Account Stud，18：734 – 775.

VERA PALEA, 2014. Fair value accounting and its usefulness to financial statement users [J], Journal of Financial Reporting and Accounting, 12: 102 - 116.

RAMANNA K, WATTS R L, 2012. Evidence on the use of unverifiable estimates in required goodwill impairment [J]. Review of Accounting Studies, 17: 749 - 780.

CHEN YING, 2010. Selection of fair value measurement model for investment real estate [J]. Research on Financial and Economic, 6: 68 - 72.

LIU YONGZE, MA YAN, 2011. Application dilemma and countermeasures of fair value measurement model of investment real estate [J]. Contemporary Finance and Economics, 8: 102 - 109.

HOU XIAOHONG, LI GANG, GUO YA, 2012. Marketization degree, loan contract and fair value measurement selection—an empirical study based on the application of fair value measurement in investment real estate [J]. Contemporary Accounting Review, 5: 78 - 88.

ZHANG QIFENG, ZHANG MING, DAI JIAJUN, 2011. Financial impact and determinants of fair value measurement of investment real estate: a case study of BEICHEN industrial [J]. Accounting Research, 8: 22 - 29.

专题三

收益信息质量研究

认知差异、机构投资者与综合收益价值相关性*

本文从投资人认知差异视角，实证检验其对综合收益价值相关性的影响。研究表明，与机构投资者持股比例低的公司比，持股比例高的公司综合收益具有更高价值相关性，说明机构投资者能更有效认知综合收益信息，不同类型投资者的认知差异对综合收益价值相关性存在显著影响。在其他综合收益的增量价值相关性上，机构持股比例高的公司与其他公司不存在显著差异，在净利润基础上增加其他综合收益项目并没有显著提高模型对企业价值的增量解释能力，对于解释综合收益价值相关性不同结论的原因，规范引导机构投资者发展，持续完善其他综合收益信息的列报具有借鉴意义。

如果会计数字与权益市场价值显著相关，则会计数字具有价值相关性（Barth，2000）。从投资人角度来看，综合收益的价值相关性取决于其是否有用，进而取决于投资人对综合收益的认知程度。金融市场上的投资者存在认知差异（Thaler 等，1985），不同类型的投资者对同一信息的反应不同。市场中的投资者可以分为机构投资者和个人投资者，机构投资者通常表现出更强理性，而个人投资者往往出现行为偏差。自我国股票市场建立以来，机构投资者已成为我国资本市场的重要参与者与组成部分，在专业技能、信息获取和处理能力方面具有明显的优势。企业会计准则要求在利润表中增

* 本文发表于《河南科技大学学报（社会科学版）》，2019 年第 5 期。

加综合收益项目，可全面反映企业收益，使会计盈余信息更好发挥改善资产定价、提高资源分配效率的作用。而综合收益除传统净利润外，还包括直接计入所有者权益的未实现利得和损失，其中一些项目核算方法复杂，不具备专业知识的个人投资者不一定能正确理解其内涵及对企业未来收益的影响。那么，投资者认知不同是否影响综合收益的价值相关性？机构投资者是否表现出对综合收益的更好认知？对于其他综合收益在企业价值评估中的作用，机构投资者是否与个人投资者存在显著认知差异？本文采用实证研究方法予以检验。

依据我国资本市场综合收益信息披露及机构投资者的特点，以行为金融理论为基础，从投资人认知差异角度来检验其对综合收益价值相关性的影响。研究价值：首先，以往文献对于综合收益价值相关性的研究，将投资者看作一个具有相同认知能力的主体，得出综合收益具有或不具有价值相关性的结论，而没有文献探讨信息使用者认知差异对综合收益价值相关性的影响。本文按机构持股比例把投资者分为机构组和普通组（分别代表机构投资者和个人投资者），检验它们对综合收益是否存在认知差异，从而影响综合收益的价值相关性，创新了综合收益价值相关性研究的视角。其次，现有对机构投资者的探讨主要是研究机构投资者参与公司治理、信息传递、提升市场效率等功能，而鲜有文献探讨机构投资者对综合收益等某一特定复杂信息的认知功能。作为专业投资机构，具备专家分析团队，信息收集能力强，拥有个人投资者所不具备的规模优势，其对企业基本面分析更透彻和深入，本文实证检验其对综合收益信息的认知能力，丰富了机构投资者研究的内容。

一、文献综述、理论分析与假设提出

（一）文献评述

综合收益价值相关性是检验综合收益信息是否具有决策有用性

的重要标准。而针对综合收益价值相关性的研究，并未取得一致结论。一些国外学者的经验研究表明综合收益项目与股票年度收益不存在显著关系，或与净利润相比在股票回报或企业市场价值上不具有更高的价值相关性，也不能更好预测未来现金流量和未来收益，其他综合收益也不具有增量价值相关性。相反，另一些学者的研究则认为，综合收益在预测未来收益上较传统利润具有明显优势，综合收益具有价值相关性，且能更好预测未来现金流量和净利润，分项列示其他综合收益信息比汇总列报更有用，其他综合收益的具体项目如外币折算差异、可供出售金融资产未实现利得或损失等具有增量价值相关性。也有观点认为，综合收益与净利润在价值相关性上还不存在排序问题。IASB 主席 Hans Hoogervorst（2012）提出，由于其他综合收益没有明确定义，按国际会计准则第 1 号《财务报表列报》进行综合收益计量困难重重，为管理层操纵提供可能，综合收益的运用不会降低净利润的重要性，二者对投资人而言同样重要。国内学者针对综合收益价值相关性的研究，在财务报表引入综合收益初期，较普遍的结论是综合收益价值相关性低于净利润，综合收益并未有效提高会计盈余的信息含量，其他综合收益基本不具有价值相关性。主要是投资者对于综合收益缺乏足够的理解，没有认识到其在判断公司未来价值中的作用。而随着市场经济环境逐步完善，人们对综合收益信息认识将进一步加深，近年来较多实证研究得出结论，综合收益具有比净利润更高的价值相关性，利润表中列报的其他综合收益具有增量价值相关性，累计其他综合收益还能用于预测企业未来业绩。

现有文献通过实证分析会计变量之间的关系研究综合收益价值相关性，对于影响价值相关性的内外部环境考虑较少①，鲜有文献实证研究投资人自身的认知差异对综合收益价值相关性的影响。综

① 贺宏、崔学刚（2015）关注到外部信息环境对综合收益价值相关性的影响。

合收益的价值相关性取决于其是否有用，取决于投资人对综合收益的认知程度。不同的认知程度，投资人在企业价值评估时会对其赋予不同权重，其与企业市场价值的相关程度就不同，即综合收益就具有不同的价值相关性。因此，本文以行为金融学理论为基础，从投资人认知差异视角，研究不同类别投资人认知程度的差异对综合收益价值相关性的影响，对于解释综合收益价值相关性不一致的原因，检验会计准则实施效果，促进综合收益信息列报的完善具有借鉴意义。

（二）认知差异、机构投资者与综合收益价值相关性

行为金融理论把投资看作一个心理过程，存在系统的认知偏差和情绪偏差，导致投资者存在决策偏差和资产定价偏差。投资者也是不同质的，对获得的市场信息存在认知偏差，对相同信息作出的反应存在差异，从而对未来产生不同的预期。当人们没有时间认真思考，负载信息过多，以至于无法充分对其进行加工，手中的问题不是非常重要，或者缺乏作出决策所需的可靠知识或信息时，就容易使用启发式判断①，而不是理性决策。我国投资者确实存在过度自信、过度交易等认知偏差。综合收益信息自身存在复杂性。综合收益信息包括净利润和其他综合收益，其他综合收益是直接计入所有者权益的未实现利得和损失，涉及现金流量套期和外币报表折算以及所得税影响等复杂问题，在信息透明度低、投资者成熟度低的市场环境下，评价综合收益价值对企业价值的影响难度较大。而在面对复杂问题时，人类认知能力的一个基本特点是通过归类来简化认知对象。投资者在理解综合收益信息时可能会出现认知偏差。

我国股票市场建立以来，机构投资者已成为重要参与者，且呈快速增长趋势。据 Wind 数据库统计，2003 年至 2015 年年末，机构投资者的持股市值从 1535 亿元增长到 242078 亿元，占流通总市

① 在不确定的金融市场中，投资人通过寻找熟悉的模式和便捷的方式做出判断。行为金融学将其定义为代表式启发偏差。

值的比重由 12% 增长到 75%。同个人投资者相比，机构投资者具有信息优势、人才优势以及规模经济效应，是更为理性的成熟投资者。机构投资者不仅共享市场公开信息，且拥有更多渠道从公司管理层获得私有信息，再通过其拥有的专业分析团队，进行专业分析和信息处理，从而获取超额利润。证监会大力发展机构投资者，希望机构投资者能改善我国股票市场的投资结构，发挥机构投资者在公司治理、资产定价、市场稳定等方面的作用，推进市场完善和发展。作为股票市场交易中的知情人，机构投资者持股能够增加股价中公司的特有信息含量，从而提高市场效率。机构投资者还能抑制公司盈余管理行为，参与公司治理改善公司治理结构，促进上市公司的经营更加规范、有效。一些研究还发现机构持股与公司价值显著相关，机构投资者能提升公司价值。

2009 年财政部要求上市公司在利润表中增加综合收益，使综合收益取代净利润成为利润表①的“末行数字或最终数字”，而净利润成为小计数综合收益成为最终数字的做法，可能会使投资人混淆综合收益与净利润的区别。同时，综合收益还包括直接计入所有者权益的未实现利得和损失，不但核算方法较复杂，而且信息收集和解析成本较高，专业知识欠缺的个人投资者不一定能正确理解其实质内容，难以给予准确定价预期。而如前所述，机构投资者拥有更多渠道获得公司私有信息，再通过其拥有的专业分析团队对综合收益信息进行分析，较个人投资者能更及时获得和理解综合收益反映的不同地区利率变动、金融资产增值等信息，提高其对未来现金流量的预测能力，从而对企业价值作出正确评估。因此，本文提出假设 1：

① 此时利润表更准确地应当称为“综合收益表”或“损益与其他综合收益表”，后者正是修订后的国际会计准则第 1 号《财务报表列报》的用法，这种叫法也凸现了国际会计准则理事会同等重视损益和其他综合收益，并将它们一起列报的重要性。

H1：保持其他因素不变，机构投资者持股比例较高的公司，综合收益信息比机构持股比例低的公司具有更高的价值相关性。

（三）机构投资者与其他综合收益价值相关性

与净利润比，综合收益中包括的其他综合收益是当期未实现而在未来期间可能实现的损益，代表相关资产价值的变化，披露其他综合收益信息可以更完整反映企业财务业绩，有助于投资者全面评估公司市场价值。而其他综合收益由非经营活动产生的，具有非持续性，易受到市场价格波动的影响，不确定性较大。

在其他综合收益价值相关性的认知上。一方面，其他综合收益中包括的项目，如现金流量套期、外币报表折算、设定受益计划的计量等项目，会计处理比较复杂，个人投资者很可能不理解其内涵，难以发挥其价值评估的作用。而持股比例较大的机构投资者更容易接近董事会和企业的高级管理人员（Carleton 等，1998），提前获得一些个人投资者难以获得的内幕信息；再通过专家分析团队处理信息，充分发挥规模优势，处理信息成本较低（王亚平等，2009）。个人投资者相比处于信息劣势，在技术能力、知识积累等方面明显不足，且难以模仿机构投资者的交易行为。个体投资者在投资行为上存在的认知偏差，直接导致其投资过程中的非理性行为（李心丹等，2002）。同时，资本市场中存在“功能锁定”现象，投资者不能够真正理解企业财务报表，往往锁定于某种特定的表面信息进行决策，进而对企业价值做出了不充分和有偏差的估计。Hand（1990）研究发现，个人投资者持有比例高的股票在定价上存在“功能锁定”，而由机构投资者持有的股票不存在“功能锁定”问题，并且机构投资者之间的信息竞争使证券价格充分及时反映相关信息，提高了市场运行效率。在中国资本市场中，机构投资者为主的公司的“功能锁定”现象正逐渐消失，而中小散户投资者为主的公司的“功能锁定”问题仍然比较突出。

另一方面，尽管 2009 年就在利润表中增列了其他综合收益与综合收益项目，并给出综合收益等于净利润加其他综合收益的概念，而报表中没有详细披露其他综合收益的明细信息，直接影响投资人构建全面收益指标作出价值判断。行为金融理论认为，在投资者的行为决策机制中，认识和思维过程是一种复杂的多层系统（Hodgson，1993）。机构投资者利用其信息获取、专家投资团队等优势进行投资，个人投资者会紧盯机构的行为从而作出反应，机构实质发挥了“头羊”作用。由于金融市场完全开放，信息变化速度快，不确定性高，股票市场中，真正分析企业基本面进行投资要付出更多时间和精力，不但成本高且会冒很大风险。投资者的理性选择是预测大众行为，抢先行动。机构投资者能更多了解同行交易信息，它们往往比个人投资者更容易出现“羊群行为”。金融市场中大量资金由基金经理控制，受托理财的职业角色使其在进行投资决策时更容易表现出从众行为，买进其他经理人所买入的投资组合，以免业绩水平低于他人。因此，无论是个人投资者还是机构投资者，其投资决策都表现为明显的趋同性。再者，个人投资者不是唯一的非理性投资者，机构投资者可能表现得更为明显。张志红（2016）问卷调查发现，我国专业评估师解读财务报表能力较差，对于综合收益的概念及内容了解较少，说明其执业水平也较差。因此，很难区分机构投资者与个人投资者对其他综合收益的市场反应。

因此，本文提出两个竞争性假设：

H2a：保持其他因素不变，机构持股比例较高的公司较其他公司的其他综合收益具有更高的增量价值相关性；

H2b：保持其他因素不变，机构持股比例较高的公司与其他公司在其他综合收益增量价值相关性上不存在显著差异。

二、研究设计

（一）模型设定

由于其他综合收益确认时会引起净资产价值变动，且价格模型能够综合反映公司股票市场的内在价值与股东权益、会计盈利水平之间的相关性，而收益模型只能评估会计收益信息的价值相关性，故本文利用价格模型检验综合收益的价值相关性。由于检验目的是投资者认知差异对综合收益价值相关性的影响，为避免综合收益具体项目内容及核算方法发生变化产生的计量误差，只检验 2009 年以来在利润表中反映的综合收益内容。基于奥尔森（1995）剩余收益模型，同时加入规模控制变量，控制公司规模对会计信息价值相关性的影响，设计检验模型如下：

P_{it}①$= a_0 + a_1 Bve_{it} + a_2 Ci_{it} + a_3 Size_{it} + \varepsilon$ （模型 1）

$$P_{it} = a_0 + a_1 Bve_{it} + a_2 Eps_{it} + a_3 Size_{it} + \varepsilon \quad \text{（模型 2）}$$

$$P_{it} = a_0 + a_1 Bve_{it} + a_2 Eps_{it} + a_3 Oci_{it} + a_4 Size_{it} + \varepsilon \quad \text{（模型 3）}$$

模型 1 为综合收益价值相关性检验模型；模型 2 为以每股收益为自变量的其他综合收益增量价值相关性比较模型；模型 3 为其他综合收益价值相关性检验模型。P 为上市公司报告期末次年 4 月份最后一个交易日每股收盘价取对数。EPS 为上市公司报告期末基本每股收益，BVE 为上市公司报告期末每股净资产，增加控制变量 Size，表示公司规模，以资产总额的自然对数表示。CI 为上市公司报告期末每股综合收益，OCI 为上市公司报告期末每股其他综合收益。本文利用机构投资数据，将机构投资比例是否大于均值作为区分机构投资者与个人投资者的标准。如果机构投资比例大于或等于均值，作为机构组样本公司，否则作为普通组样本公司。借鉴吴祖光等（2012）、贺宏（2015）的做法，对于假设 1 的检验，模型 1 对两个子样本分别进行回归，比较机构组公司综合收益与股票价格的系数是否大于普通组，检验组间系数是否存在显

① 根据多元回归分析的经典线性模型的正态性假定，要求误差项服从正态分布且独立于解释变量，相当于给定解释变量，要求因变量的分布是正态的（伍德里奇，2015）。而经过数据正态性检验，股票价格 P 不是正态分布，取自然对数处理经检验后分布呈正态，可以进行 OLS 回归分析。

著差异。假设2的检验以模型2为比较基准，分组检验加入其他综合收益后模型3的总体解释能力是否显著高于模型2（通过Vuong检验计算Z统计量比较两个模型的解释能力）。若机构组公司Vuong检验Z值显著为负，而普通组公司Vuong检验Z值不显著异于零，则说明机构持股比例越高，其他综合收益的增量价值相关性更高。否则，说明机构持股比例高低对其他综合收益增量价值相关性没有影响。

（二）样本选取

由于价值相关性研究主要关注会计数字是否能解释股票价格截面上的差异（Barth等，2001）。为考察在利润表中列报综合收益的实施效果，以沪深A股上市公司为样本，选取2009－2014年年报中披露有综合收益、其他综合收益信息以及披露机构持股比例的公司，扣除信息披露不全、数据缺失的样本，最终获得5989个有效观测值，代表1864家上市公司。为避免极值影响，在每股其他综合收益在上下1%分位数范围内进行了Winsorize缩尾处理。本文研究样本的各项原始数据源于国泰安数据库（CSMAR），处理数据时所用软件为Stata 13.0。

三、实证检验

（一）描述性统计

从表1变量描述性统计结果看，取自然对数后的股价均值与中位数比较接近，符合正态分布，可以进行OLS分析。机构持股比例均值为7.7284，整体持股比例较低，而标准差达到11.0697，说明公司间机构持股比例波动较大，利于区分机构组与普通组以检验它们对综合收益信息的认知差异。每股收益各项统计结果都小于每股综合收益，且相差较小，说明传统收益指标占综合收益比重较大。每股其他综合收益中位数为负，说明样本中一半以上公司存在未实现损失。

表1　　　　变量描述性统计结果

	P	Bve	Eps	Ci	Oci	Size	Tholdp
最大值	5.5303	48.4340	13.44	14.2458	0.9672	30.6568	86.618
最小值	0.4187	-7.70600	-6.691	-6.8605	-0.4905	11.3483	0
均值	2.5044	4.8362	0.4200	0.4693	0.0141	22.4072	7.7284
中位数	2.4774	4.1919	0.32	0.3477	-0.00005	22.1146	4.34
标准差	0.6933	3.0343	0.5684	0.6807	0.1576	1.6261	11.0697
N	5989	5989	5989	5989	5989	5989	5989

注：Tholdp 表示机构投资比例。

由表2报告的各变量间相关系数看，无论是线性相关系数还是秩相关系数，股票价格与每股净资产、每股收益、每股综合收益都在5%水平上显著性正相关，而股票价格与每股综合收益的相关系数均小于股票价格与每股收益的相关系数，说明投资人主要还是依靠传统收益指标进行决策。股票价格与每股其他综合收益存在显著正相关，初步说明其他综合收益项目增加了盈余数据与股票价格的价值相关性。股票价格与控制变量公司规模显著负相关。由于没有变量间的数量关系，需要进一步通过回归加以证实。

表2　　　　全样本皮尔逊（Pearson）线性相关系数与斯皮尔曼（Spearman）秩相关系数

	P	Bve	Eps	Ci	Oci	Size	Tholdp
P	—	0.4568*	0.5129*	0.4753*	0.0479*	-0.2050*	0.2631*
Bve	0.4510*	—	0.6491*	0.6343*	0.0111	0.2938*	0.2094*
Eps	0.4818*	0.6622*	—	0.9256*	-0.0034	0.2256*	0.2902*
Ci	0.4182*	0.6555*	0.8798*	—	0.1830*	0.2458*	0.2700*
Oci	0.0646*	0.1205*	0.0307*	0.4506*	—	0.0043	-0.0088
Size	-0.2170*	0.2914*	0.2502*	0.2550*	0.0132	—	0.1243*
Tholdp	0.1298*	0.1025*	0.1262*	0.1151*	-0.0025	0.1272*	—

注：下三角为 Pearson 的线性相关系数，上三角为 Spearman 秩相关系数，*表示5%水平上双尾显著。

（二）多元回归分析

1. 综合收益价值相关性检验

首先，通过模型 1 分年度回归，检验自 2009 年利润表中增加综合收益项目后，随着投资者认知程度的加深，综合收益是否在企业价值评估中发挥越来越重要作用，综合收益价值相关性是否逐步增强。由表 3 综合收益价值相关性的年度检验回归结果显示，2009－2014 年度回归模型 F 值都在 0.1% 水平上显著，模型整体线性关系较好。多重共线性检验的方差膨胀因子（VIF）值均小于 2，变量间不存在多重共线问题。年度调整拟合优度 R^2 总体也逐渐上升①，股票价格变动中可以由回归模型解释的部分均超过 30%，其中有三年达到 50% 以上。每股综合收益与股票价格显著正相关，相关系数呈逐年增大趋势，显著性水平都在 1% 以上，说明列报于利润表中的综合收益信息逐渐被投资者理解和接受，综合收益价值相关性逐年增强。投资者认知变化确实影响综合收益的价值相关性，检验了我国学者研究的结论。

表 3　　2009－2014 年综合收益价值相关性的年度检验

	2009 年 模型 1	2010 年 模型 1	2011 年 模型 1	2012 年 模型 1	2013 年 模型 1	2014 年 模型 1
Bve	0.122 *** (14.15)	0.0996 *** (14.14)	0.0942 *** (13.55)	0.0976 *** (11.19)	0.0870 *** (8.83)	0.0675 *** (9.30)
Ci	0.184 ** (2.75)	0.225 *** (4.60)	0.339 *** (7.11)	0.410 *** (6.60)	0.393 *** (6.72)	0.140 ** (3.13)
Size	－0.163 *** (－12.05)	－0.140 *** (－16.48)	－0.133 *** (－15.20)	－0.160 *** (－17.62)	－0.238 *** (－20.33)	－0.171 *** (－17.02)

① 2014 年度股票价格采用次年（2015 年）4 月份最后一个交易日每股收盘价。而 2015 年上半年我国股市出现先大幅度上涨后大幅度下跌的异常波动，市场缺乏理性，更多是依靠非财务信息进行投资决策，导致财务信息对股票价格的解释力下降。

续表

	2009 年 模型 1	2010 年 模型 1	2011 年 模型 1	2012 年 模型 1	2013 年 模型 1	2014 年 模型 1
常数项	5.595 *** (19.22)	5.181 *** (27.53)	4.649 *** (23.77)	5.117 *** (24.63)	7.022 *** (26.92)	6.456 *** (29.71)
N	1110	842	1003	998	952	1084
F	146.84 ***	184.50 ***	313.93 ***	222.22 ***	182.21 ***	112.80 ***
adj. R^2	0.446	0.502	0.554	0.501	0.487	0.339

注：括号内为 t 值，*、**、*** 分别表示在 5%、1%、0.1% 水平上显著（双尾检验）。回归时通过在回归命令中使用聚类稳健标准误“Robust”考虑了异方差影响；下同。

其次，将全部样本按机构持股比例分为机构组子样本和普通组子样本，检验两子样本公司在综合收益价值相关性上是否存在显著差异。总体来看，回归模型 F 统计量都在 0.1% 水平上显著，说明构建的股票价格与解释变量之间的多元回归模型整体上存在显著线性关系。多重共线性检验的方差膨胀因子（VIF）值均小于 3，变量间不存在严重共线性。每股综合收益、每股净资产的回归系数均为正，在 0.1% 水平上显著，表明它们与股票价格存在显著正相关关系，而公司规模的回归系数为负，与股票价格存在显著负相关，与学者们以前研究结论一致。

从表 4 模型 1 的回归结果可以看出，回归模型 F 值都在 0.1% 水平上显著，模型整体线性关系较好。多重共线性检验的方差膨胀因子（VIF）值均小于 3，变量间不存在严重共线性。全样本检验，每股综合收益的回归系数为 0.270，在 0.1% 水平上显著为正，说明综合收益对股票价格存在显著影响，全样本中综合收益存在显著价值相关性。分组检验，机构组每股综合收益回归系数为 0.373，普通组每股综合收益回归系数为 0.203，均在 0.1% 水平上显著，表明两个子样本中的综合收益都对股票价格具有显著解释能力。比较两子样本中综合收益的回归系数是否存在显著差异，分组系数差异邹检验（Chow Test）值为 19.81，在 0.1% 显著性水平上拒绝两个子样本之间不存在结构性改变的原假设，表明两子样本回归系数间存在显著差异[①]。同时，股票价格的总变动中由回归模型解释的部分，机构组和普通组分别为 41.6% 和 35.5%，机构组高出 6.1 个百分点，说明机构持股比例的增加显著增强了综合收益的价值相关性。

表 4　　　　机构组与普通组综合收益价值相关性的差异

	全样本 模型 1	机构组 模型 1	普通组 模型 1
Bve	0.0887 *** (24.17)	0.0761 *** (12.31)	0.0945 *** (22.52)
Ci	0.270 *** (8.72)	0.373 *** (12.57)	0.203 *** (5.76)
Size	-0.167 *** (-33.33)	-0.197 *** (-26.40)	-0.157 *** (-25.64)
常数项	5.683 *** (52.99)	6.512 *** (39.85)	5.396 *** (40.65)
N	5989	1829	4160
F	557.17 ***	373.25 ***	397.65 ***
adj. R^2	0.369	0.416	0.355
Chow 检验		19.81 ***	

注：机构组指机构持股比例大于等于均值的子样本，普通组指机构持股比例小于均值的子样本。

进一步，采用分段线性回归模型验证组间差异。当机构投资比例大于等于均值时虚拟变量 D 取值 1，否则取 0，D × Ci 为每股综合收益与虚拟变量的交叉项，构建如下模型：

① 为谨慎得出结论，同时采用回归系数差异联合检验（Suest）得出的卡方值是 26.18，单独针对每股综合收益的系数差异检验卡方值为 13.65，两者都在 0.1% 水平上显著，证实机构组与普通组的综合收益价值相关性回归系数间存在显著差异。

$$P_{it} = a_0 + a_1 Bve_{it} + a_2 Ci_{it} + a_3 Size_{it} + a_4 D + a_5 D \times Ci + \varepsilon \quad (模型4)$$

模型 4 回归结果如表 5 所示。

表 5　机构投资者比例均值作为虚拟变量的模型回归结果

变量	回归系数	变量	回归系数
Bve	0.0893 *** (25.67)	常数项	5.701 *** (54.20)
Ci	0.226 *** (6.48)	N	5989
Size	-0.170 *** (-34.90)	F	503.12 ***
D	0.175 *** (7.54)	adj. R^2	0.393
D × Ci	0.0893 * (2.30)		

由表 5 可知，股票价格与综合收益显著正相关，回归系数为 0.226，在 0.1% 水平上显著。综合收益与虚拟变量构建的交叉项系数为 0.0893，在 5% 水平显著。说明机构持股比例高的公司综合收益价值相关性就高。

根据不同机构持股比例下综合收益价值相关性进行回归的结果见表 6。

表 6　机构持股比例对综合收益价值相关性影响的动态分析

机构持股比例	观察值	Ci 系数	t 值	F 值	R^2	VIF 均值
≥0.55（p10）	5391	0.2673	8.47	500.53	0.3665	1.57
≥1.55（p25）	4489	0.2866	8.09	424.68	0.3807	1.55
≥4.34（p50）	2995	0.3502	11.97	458.59	0.3961	1.49
≥7.73（Mean）	1829	0.3729	12.57	373.25	0.4167	1.50
≥9.08（p75）	1498	0.3675	11.24	295.41	0.4094	1.50

整体可见，随着机构持股比例的增加，综合收益价值相关性存在增加的趋势。表明机构投资者与个人投资者在综合收益的认知上确实存在差异，机构投资者更能有效认知综合收益信息，机构持股比例的增加增强了综合收益的价值相关性，验证了假设1。

稳健性检验：（1）重新选取样本：构建平衡面板数据进行回归；（2）改变机构组与普通组的划分方式，以机构持股比例中位数为标准重新划分机构组和普通组。回归结果表明研究基本结论不变。

2. 其他综合收益价值相关性检验

检验机构持股比例对其他综合收益的增量价值相关性是否存在显著影响。由表7回归结果，全样本中，每股其他综合收益与股票价格的回归系数为0.134，在1%水平上显著，模型调整拟合优度 R^2 为40.8%，而与每股收益比较模型的调整拟合优度 R^2（40.7%）相比，Vuong Z值为-1.4728，两模型解释能力不具有显著差异。机构组中，每股其他综合收益同股票价格在5%水平上显著相关，回归系数为0.184，回归模型调整拟合优度 R^2 为43.6%，而每股收益比较模型调整拟合优度 R^2 为43.8%，比较两模型解释能力的Vuong检验Z值为-1.1250，也不具有显著差异。普通组中，每股其他综合收益同股票价格回归系数为0.184，在10%水平上显著，回归模型调整拟合优度 R^2 为39.3%，与每股收益比较模型的调整拟合优度 R^2（0.392）相比，Vuong检验Z值为-0.9248，同样没有显著差异。

表7　　机构组与普通组其他综合收益价值相关性回归结果

	全样本		机构组		普通组	
	模型2	模型3	模型2	模型3	模型2	模型3
Bve	0.0717*** (18.75)	0.0709*** (18.38)	0.0687*** (11.29)	0.0674*** (10.89)	0.0746*** (15.62)	0.0740*** (15.43)
Eps	0.462*** (9.26)	0.464*** (9.32)	0.476*** (14.21)	0.480*** (14.26)	0.415*** (6.12)	0.417*** (6.15)

续表

	全样本		机构组		普通组	
	模型 2	模型 3	模型 2	模型 3	模型 2	模型 3
Oci		0. 134 ** (2. 93)		0. 184 * (2. 25)		0. 100注 (1. 84)
Size	-0. 169 *** (-32. 47)	-0. 169 *** (-32. 55)	-0. 200 *** (-26. 98)	-0. 200 *** (-27. 12)	-0. 158 *** (-25. 35)	-0. 158 *** (-25. 40)
常数项	5. 747 *** (52. 85)	5. 748 *** (53. 03)	6. 599 *** (40. 62)	6. 592 *** (40. 89)	5. 437 *** (41. 10)	5. 440 *** (41. 19)
N	5989	5989	1829	1829	4160	4160
F	508. 51 ***	388. 35 ***	400. 46 ***	305. 34 ***	355. 32 ***	268. 82 ***
adj. R^2	0. 407	0. 408	0. 436	0. 438	0. 392	0. 393
Vuong Z	-1. 4728		-1. 1250		-0. 9248	

注：双尾检验 10% 显著性水平上 t 临界值为 1. 6794，知普通组公司每股其他综合收益的系数在 10% 水平上显著。

因此，无论是全样本、机构组还是普通组，在每股收益基础上增加其他综合收益都没有提高模型对股票价格的增量解释能力，其他综合收益并未有效提高会计盈余的信息含量，表明机构持股比例高低对其他综合收益增量价值相关性不存在显著影响。机构持股比例较高的公司与其他公司在其他综合收益增量价值相关性上不存在显著差异，验证了本文假设 H2b。可能原因在于个人投资者寄希望于机构投资者发现价值投资的功能，而机构投资者很可能辜负了个人投资者的“信任”，对其他综合收益资产定价功能尚不能有效认知，股票市场“羊群效应”减弱了投资者对其他综合收益认知上的差异。同时，其他综合收益列报存在概念界定不清、确认标准不统一、重分类规范不明确等问题，直接导致其他综合收益项目的披露并未带来具有增量价值的信息（杨有红，陈婧，2016）。

四、研究结论与政策建议

本文通过区分机构投资者与个人投资者，检验二者认知差异对综合收益价值相关性的影响，研究发现：随着投资人认知程度的加深，综合收益价值相关性逐年增强，投资人认知程度的变化确实影响了综合收益的价值相关性。与机构持股比例低的公司相比，机构投资者持股比例高的公司的综合收益具有更高价值相关性；而机构持股比例的高低对其他综合收益的增量价值相关性不存在显著影响，表明无论机构组还是普通组，对于其他综合收益在企业价值评估中作用的认知尚存在不足。

政策建议：首先，随着综合收益指标评价体系逐步建立，机构投资者在对综合收益信息的认知上表现出应有的理性。个人投资者缺乏专业认知，且难以追踪机构投资者的交易行为，建议个人投资者选择专家理财，购买基金投资，以充分弥补自身在信息获取、专业知识等方面的欠缺；也可以减少资本市场中的信息不对称，促进股票市场价格的稳定。其次，改进其他综合收益信息的列报，提高其决策有用性。其他综合收益在资产定价中的作用不能被投资人有效认知，会计准则制定部门需要考虑通过进一步修订会计准则体系，准确界定其他综合收益的内涵，规范确认、计量基础，完善信息披露，降低投资者信息解析成本，提高其他综合收益信息的在股票价格中的信息含量。最后，进一步规范引导机构投资者发展。职能管理部门要加强对机构投资者有效监管，规范引导机构投资者关注企业基本面分析，进行价值投资、长期投资，注重传统收益指标的同时，利用自身信息收集和处理优势，提高对其他综合收益信息的认知度，逐步建立全面收益理念，引导资本市场健康发展。

参考文献：

TERRANCE ODEAN，1998. Are investors reluctant to realize their losses? [J]. The Journal of Finance，53：1775－1798.

DAN DHALIWAL，ROBERT TREZEVANT，1999. Is comprehensive income superior to net income as a measure of firm performance? [J]. Journal of Accounting and Economics, 26: 43 -67.

O' HANLON J, POPE P, 1999. The value - relevance of UK dirty surplus accounting flows [J]. British Accounting Review, 31: 459 -482.

CAHAN S F, COURTENAY S M, GRONEWOLLER P L, 2000. Value relevance of mandated comprehensive income disclosure [J]. Journal of Business Finance and Accounting, 27: 1273 -1300.

BARTH M E, W H BEAVER, W R LANDSMAN, 2001. The Relevance of the Value Relevance Literature for Financial Accountig Standard Setting: Another View [J]. Journal of Accounting and Economics, 31: 77 -104.

BIDDLE G C, J CHOI, 2006. Is Comprehensive Income Useful? [J]. Journal of Contemporary Accounting and Economics, 2: 1 -32.

CHAMBERS D J, T J LINSMEIER, C SHAKESPEARE, 2007. An Evaluation of SFAS No. 130 Comprehensive Income Disclosure [J]. Review of Accounting Studies, 12: 557 -593.

VICTORIA FIRESCU, 2015. Comprehensive income: a new dimension in performance measurement and reporting [J]. Procedia Economics and Finance, 20: 218 -223.

程小可，龚秀丽，2008. 盈余结构的价值相关性——来自沪市 A 股的经验证据 [J]. 上海立信会计学院学报 (04): 36 -46.

欧阳爱平，刘仑，2010. 我国综合收益的价值相关性分析——基于沪市 A 股的数据检验 [J]. 北京工商大学学报 (社会科学版) (11): 35 -40.

唐国平，欧理平，2011. “其他综合收益”具有价值相关性吗? ——来自沪市 A 股的经验证据 [J]. 会计论坛 (01): 17 -25.

吴祖光，万迪昉，罗进辉，2012. 综合收益提高了会计盈余的信息含量吗? ——来自 A 股上市公司的经验证据 [J]. 中南财经政法大学学报 (4): 79 -86.

李尚荣，2012. 综合收益价值相关性研究 [D]. 财政部财政科学研究所.

徐经长，曾雪云，2013. 综合收益呈报方式与公允价值信息含量——基于可供出售金融资产的研究 [J]. 会计研究 (01): 20 -27.

王鑫，2013. 综合收益的价值相关性研究——基于新准则实施的经验证据 [J]. 会计研究 (10): 20 -27.

贺宏，2014. 信息披露制度与其他综合收益的价值相关性［J］. 财政研究（01）：73－76.

曹越，吕亦梅，张肖飞，2015. “其他综合收益”的价值相关性及预测能力研究［J］. 证券市场导刊（05）：16－24.

ROBERT C MERTON，1987. A simple model of capital market equilibrium with Incomplete Information［J］. The Journal of Finance，42：483－510.

ALLPORT D A，2011. Phenomenal simutaneity and the perceptual moment hypothesis［J］. Br J Psychol，59：395－406.

李心丹，王冀宁，傅浩，2002. 中国个体证券投资者交易行为的实证研究［J］. 经济研究（11）：54－62.

叶建华，周铭山，彭韶兵，2014. 盈利能力、投资者认知偏差与资产增长异象［J］. 南开管理评论（17）：61－68.

侯宇，叶冬艳，2008. 机构投资者、知情人交易和市场效率——来自中国资本市场的实证证据［J］. 金融研究（04）：131－145.

蔡庆丰，杨侃，2013. 是谁在“捕风捉影”：机构投资者 VS 证券分析师——基于 A 股信息交易者信息偏好的实证研究［J］. 金融研究（06）：193－206.

程书强，2006. 机构投资者持股与上市公司会计盈余信息关系实证研究［J］. 经济研究（09）：129－136.

薄仙慧，吴联生，2009. 国有控股与机构投资者的治理效应：盈余管理视角［J］. 经济研究（02）：81－91.

石美娟，童卫华，2009. 机构投资者能够提高公司价值吗？［J］. 金融研究（10）：150－160.

曾庆梅，2008. 投资者对会计盈余信息反应的功能锁定现象研究［D］. 广州：暨南大学.

陆剑清，2013. 行为金融学［M］. 北京：清华大学出版社.

张志红，孙茜，2016. 综合收益列报、估值判断和盈余管理识别的实验研究——基于评估师认知视角［J］. 财经理论与实践（05）：77－82.

史永东，王谨乐，2014. 中国机构投资者真的稳定了市场了吗？［J］. 经济研究（12）：100－112.

机构投资者能有效认知其他综合收益信息吗?*

其他综合收益产生于会计学收益吸收经济学收益理念进行的改进，是当期已确认而很可能在下期或未来期间实现的损益，投资者据此可有效预测企业未来现金流量，正确评估企业权益市场价值。研究表明，其他综合收益的价值相关性并未随投资者认知的加深而增强；作为理性投资者的机构，确实能有效认知其他综合收益在企业价值评估中的作用，但存在认知差异。本文从明确界定其他综合收益的概念、统一确认标准、规范计量模式、调整报告方式等方面提出改进其他综合收益列报的建议，降低投资者对其他综合收益信息的解析成本，提高其他综合收益决策有用性，促进会计准则改革更好服务金融市场的需求。

为实现与国际财务报告准则持续趋同，中国会计准则逐步将其他综合收益明确列报于利润表，弥补了传统会计收益不能全面反映企业业绩的不足，而其他综合收益究竟如何产生?其他综合收益在企业价值评估中的作用是否能得到投资人认知?如果不能，作为更加理性的机构投资者，是否能认知到其他综合收益预测企业价值的作用?其他综合收益的列报还有哪些需要改进之处?本文围绕这些问题进行探讨。

一、其他综合收益的产生——基于会计学收益发展视角

追寻会计学收益计量的历史可以发现，在复式簿记产生前的漫长岁月中，簿记主要还是为了反映和控制业主的资产，反映经营管

* 本文发表于《商业会计》，2019 年第 4 期。

理资产的责任。只有在复式簿记产生后，为了满足商人对经营成果计量的需求，收益计量成为簿记的主要问题。通过配比收入与成本确定收益，成为复式簿记的主要特征（赵德武，1997）。据考证，尽管在13世纪末到14世纪初佛罗伦萨兄弟商店的簿记中就设置有部分损益账户，而其对损益的核算还很不健全。1337年，佛罗伦萨佩鲁齐银行的总账中设置了损益账户，明确了利润计算与考核目标。尽管此时，利润的计算并非通过结清总账而是采用资产盘点的方法，由资产总额减去负债和资本总额计算，而通过设置收入与费用损益账户，二者已形成对照考核的明显趋向（郭道扬，2008）。作为标志复式簿记起源重要内容的热那亚式簿记，不但设置了损益账户，而且区分商品大类，按购销差异及时计算盈亏，体现了中世纪盈亏计算的基本特点。直到1494年意大利著名数学家卢卡·帕乔利《算术、几何、比及比例概要》经典著作问世，系统阐述了收入类与费用类账户的设置，及如何结转损益，并将余额最终转入资本账户，奠定了会计学收益计量的基础。随着股份公司形式的逐渐普及，收益计量的重要性越来越被人们所认识到。17世纪中后期，东印度公司要求明确区分“资本”和“收益”，规定股利只能来自分配（Distribution），而不是对资本的分割（Division）。从这时起，收益开始成为人们关注的一个重要对象（葛家澍、刘峰，2003）。到20世纪20－30年代，会计目标逐步从为管理当局和债权人提供财务信息到向投资者提供财务信息转变，资产负债表重要性下降，损益表重要性增强。收益计量成为企业会计的重心（A. C. Littleton，1953）。

对收益的概念界定最早出现在经济学中，亚当·斯密（1776）在《国富论》中把收益界定为“那部分不侵蚀资本的可予消费的数额”，收益是“财富的增加”，成为后来经济学家纷纷继承或发展的基础。英国著名经济学家J. R. 希克斯（1946）在《价值与资本》中将收益概念发展为一般性经济学收益概念，即“在期末、期初保持同等富裕程度的前提下，一个人可以在该时期消费的最大金额”。可见，经济学收益强调实际物质财富的绝对增加。而传统会计学收益强调实现收入超出投资成本之间的差额，其计量依据是企业的实际交易，强调收入实现原则，并将“实现”作为对收益确定的标准，只有已实现的才计入会计收益，还坚持历史成本、配比原则、稳健计量等，客观反映了管理层受托责任的履行情况。会计学收益“实现”原则的要求受到税收法律的影响，因为会计学收益是课税的基础，收益实现是税收法律不可缺少的组成部分，法律实现原则是会计学收益实现原则的根源。

收益是信息使用者最为关注的财务指标之一。随着物价变动及衍生金融工具迅猛发展，企业面临的外部经营环境发生了巨大变化，传统以会计学收益为核心的评价标准体系存在太多的主观选择与判断，容易导致管理层的短期行为；对未实现损益的处理，使会计收益不能反映企业全部财务业绩信息，不利于投资者直观评估企业经营状况作出更正确的决策，也不利于全面评价和考核管理层受托责任履行情况；利润表中的收益无法与资产负债表中所有者权益项目下盈余信息有效衔接，公司管理层操纵盈余的丑闻时有发生。在此背景下，各国会计准则制定组织纷纷改进收益的财务报告模式。在一定程度上吸收和采纳经济学收益理念来改进传统会计学收益，推广综合收益报告（见表1）。

表1　　　　会计准则引入其他综合收益

发布时间	准则制订组织	准则名称	其他综合收益的列报方式
1992年10月	ASB（英国会计准则委员会）	FRS3：报告财务业绩	两表法：单独列报“利润表”和“全部已确认利得和损失表”
1997年6月	FASB（美国财务会计准则委员会）	FAS130：报告全面收益	三种报告方法：与利润表合并报告；与利润表分开报告；与权益变动表合并报告
1997年9月	IASC（国际会计准则委员会）	IAS1：财务报表列报	允许企业选择一张表或在两张报表中列报损益和其他综合收益

二、其他综合收益的价值相关性——基于投资人认知视角

2006 年，我国财政部发布的会计准则强调会计信息的“决策有用”功能，引入利得和损失的概念，拓展传统会计收益的内涵，为引进综合收益做概念准备；金融工具、投资性房地产、债务重组、非货币性资产交易等准则允许采用公允价值，要求在所有者权益变动表中报告未实现的利得和损失（直接计入所有者权益的利得和损失项目及其总额），开始关注除净利润与业主交易之外的净资产变动，开始非正式报告其他综合收益。

2009 年，财政部发布企业会计准则解释第 3 号，在“每股收益”项目下增列“其他综合收益”和“综合收益总额”两个项目，在利润表中引入其他综合收益。2014 年，财政部发布修订后的《企业会计准则第 30 号——财务报表列报》，进一步要求在利润表中将“其他综合收益”细分为“以后会计期间不能重分类进损益的其他综合收益项目”和“以后会计期间在满足规定条件时将重分类进损益的其他综合收益项目”进行列示，还要在附注中披露其他综合收益各项目的期初和期末余额及其调节情况。

由于不同的其他综合收益项目能够反映出企业所采用的独特经营战略，其他综合收益及其明细项目的正式列报，直接增加了利润表的收益信息含量。同时，列报其他综合收益信息，使报告使用人从利润表中不但可以获取企业已实现的利润情况，而且还可以看到企业已确认但未实现的，而很可能在下期或未来期间实现的损益，投资者就可以据此有效预测企业未来的现金流量净额，从而对企业权益市场价值作出更正确评估。因此，其他综合收益的列报，增加了利润表中盈余信息的价值含量，还会提升会计盈余信息的决策相关性。

其他综合收益价值相关性是检验其他综合收益信息是否具有决策有用性的重要标准。国内外学者对其他综合收益价值相关性的实

证检验并未得到一致结论。Cahan 等（2000）以新西兰数据为样本研究，没有发现其他综合收益具有增量价值相关性。Jurgen Ernstberger（2008）以国际财务报告准则和美国公认会计原则规定的综合收益为研究对象，并未发现综合收益比净利润具有更高价值相关性。谢获宝等（2010）利用 2007－2008 年 A 股上市公司数据进行研究，结论是其他综合收益项目总额及其明细项目在不同年份的价值相关性表现并不稳定。唐国平、欧理平（2011）以 2009 年沪市 A 股公司为研究样本，发现其他综合收益基本不具备价值相关性。而另一些学者的研究证实了其他综合收益具有价值相关性。Biddle 和 Choi（2006）利用美国上市公司 1994－1998 年数据研究证实，其他综合收益能更好预测未来现金流量和净利润，且分项列示其他综合收益信息比汇总列报更有用。Chambers 等（2007）利用美国 1994－2003 年数据研究表明，在 FAS130 实施以后，其他综合收益的部分项目（可供出售金融资产的未实现损益与外币调整）具有增量价值相关性。王鑫（2013）研究发现，其他综合收益项目中可供出售金融资产公允价值变动与股票价格显著相关；可供出售金融资产公允价值变动、在被投资单位其他综合收益中所享有的份额和外币报表折算差额与股票收益率显著相关。曹越等（2015）对 2009－2013 年我国上市公司进行研究发现，当期其他综合收益具有增量价值信息含量，而累计其他综合收益还能用于预测企业未来业绩，其价值相关性高于当期其他综合收益。

判断会计数据是否具有价值相关性的标准是其是否与企业权益市场价值显著相关（Barth，2000）。会计信息的价值相关性，从投资人角度看，存在“获取信息—分析信息—利用信息作出决策”的信息处理过程，即投资人先通过企业公开发布的报表、分析师、媒体等渠道获取信息，再利用自身掌握的专业知识和处理方法对信息分析加工，最后根据信息作出决策，此时股票市场价格中才会体现出此会计信息，即此会计信息与股票市场价格具有相关性。根据市场有效性假说，股票市场价格对新信息会立即作出反应（Scott，2012）。由此可见，其他综合收益的价值相关性还会受到资本市场内外部环境的影响，如信息环境（用公司与投资者间信息不对称程度的高低来衡量；贺宏、崔学刚，2015）、投资人认知情况（投资人对会计信息的理解程度、投资人的专业知识背景、分析手段）等。

国内外学者探讨其他综合收益的价值相关性就是完全探讨会计数字之间的关系，而忽视了投资人自身对其他综合收益的认知对价值相关性的影响。其他综合收益的列报是否有利于投资人的决策，首先应取决于投资人的认知，尤其是其他综合收益包括的内容较复杂，涉及的知识专业性较强，如重新设定受益计划、现金流量有效套期、长期股权投资的权益法等，不具备专业知识背景，没有经过专门训练的投资人可能不理解其实质内涵，或者经过一个较长时间才能对其有一个较好理解和认知。投资人对其他综合收益在企业市场价值评估中的作用可能会是一个逐步认知的过程（见图 1），因此，本文提出假设 1：

H1：随着投资人对其他综合收益的认知逐步加深，其他综合收益的增量价值相关性不断增强。

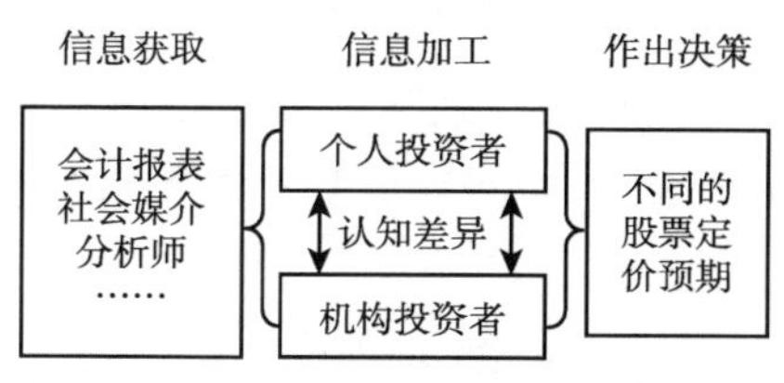

图 1　基于认知差异的投资人决策

进一步，由于其他综合收益的复杂性，资本市场中没有专业知识背景的个人投资者很可能不能有效认知其在企业价值评估中的作用，而在决策时很难对其作出准确定价预期。相对而言，机构投资者在信息获取、信息加工等方面具有明显优势。证监会大力发展机构投资者，就是希望发挥机构在市场信息收集、处理和传递的作用，凭借其专业优势，按照上市公司真实价值确认股票价格，有效配置资源，维护资本市场稳定性。因此，与个人投资者相比，机构投资者拥有的专家团队，可以对其他综合收益信息进行专业分析，更能及时获得和理解其他综合收益中包含的不同金融资产或负债公允价值变动、不同地区间利率差异等信息，能更好利用综合收益信息评估企业价值，进行更有效投资决策，本文提出假设2：

H2：作为更加理性的投资人，机构投资者持股公司其他综合收益具有增量价值相关性。

三、实证检验与分析

采用价格模型检验其他综合收益的增量价值相关性，控制公司规模对会计信息价值相关性影响，回归模型中加入公司规模变量。由于多元回归经典线性模型正态性假定要求误差项服从正态分布且独立于解释变量，相当于给定解释变量，要求因变量的分布是正态的（伍德里奇，2015），所以将股票价格P取自然对数处理，构建模型1。为考察在利润表中列报其他综合收益的实施效果，以沪深A股上市公司为样本，选取2009－2014年报中披露其他综合收益信息及机构持股比例的公司，剔除数据缺失值后得到5328个有效观测值。研究样本原始数据从国泰安数据库（CSMAR）获取，数据处理软件为Stata 13.0。

$$\ln P_{it} = a_0 + a_1 BVE_{it} + a_2 EPS_{it} + a_3 OCI_{it} + a_4 SIZE_{it} + \varepsilon \qquad \text{（模型1）}$$

其中，P为报告期末次年4月份最后一个交易日每股收盘价；BVE为报告期末每股净资产；EPS为报告期末基本每股收益；规模控制变量SIZE，以资产总额的自然对数表示；OCI为报告期末每股其他综合收益。

首先，为检验假设1，本文采用分年度线性回归方法，检验从

2009 年在利润表中列报其他综合收益项目以来，随着时间推移，投资者对其他综合收益的认知逐步加深，其他综合收益的价值相关性是否不断增强（见表 2）。

表 2　2009 – 2014 年其他综合收益价值相关性的年度检验

年份	2009	2010	2011	2012	2013	2014
BVE	0. 0828 *** (6. 71)	0. 0667 *** (7. 15)	0. 0670 *** (9. 02)	0. 0870 *** (10. 87)	0. 0741 *** (7. 40)	0. 0555 *** (8. 30)
EPS	0. 533 *** (8. 87)	0. 580 *** (9. 30)	0. 558 *** (10. 25)	0. 608 *** (11. 30)	0. 552 *** (7. 49)	0. 274 ** (3. 23)
OCI	–0. 227 ** (–3. 15)	–0. 0582 (–0. 82)	–0. 0302 (–0. 27)	0. 0441 (0. 26)	0. 0202 (0. 14)	0. 00284 (0. 03)
SIZE	–0. 145 *** (–12. 30)	–0. 153 *** (–17. 68)	–0. 139 *** (–16. 55)	–0. 160 *** (–18. 60)	–0. 246 *** (–22. 35)	–0. 171 *** (–15. 74)
常数项	5. 237 *** (21. 01)	5. 464 *** (28. 40)	4. 813 *** (25. 83)	5. 110 *** (26. 30)	7. 218 *** (29. 54)	6. 482 *** (28. 75)
N	668	762	864	998	952	1084
F	69. 16 ***	141. 53 ***	187. 85 ***	251. 11 ***	155. 21 ***	85 ***
adj. R^2	0. 526	0. 551	0. 583	0. 556	0. 524	0. 372

注：括号内为 t 值，*、**、*** 分别表示在 5%、1%、0. 1% 水平上显著（双尾检验）。回归时通过在回归命令中使用聚类稳健标准误“Robust”考虑了异方差影响（以下同）。

根据表 2 报告的分年度其他综合收益价值相关性回归结果，2009 – 2014 年度回归模型 F 值都在 0. 1% 水平上显著，模型总体线性关系较好。年度调整判定系数 R^2 整体也呈现上升趋势。由于 2014 年度回归模型中股票价格采用 2015 年 4 月份最后一个交易日每股收盘价，2015 年上半年我国股市出现大幅度异常波动，市场更多依靠非财务信息决策，财务信息对股票价格的解释能力下降，2014 年调整判定系数 R^2 只有 37. 2%，与前五年平均 54. 8% 的比例相比，对股票价格的解释能力显著下降。

回归模型中每股收益、每股净资产系数均在1%水平上显著为正，每股收益回归系数最高年份（2012年）高达0.608，即保持其他因素不变，每股收益的增加会导致股票价格60.8%的提高。除2014年以外的其他年份，每股收益对股票价格的影响也都达到50%以上，因此变量中传统每股收益对股票价格的解释能力最强。

其他综合收益在2009年在1%水平上显著为负，与唐国平、欧里平（2011）研究结论一致，即其他综合收益并未提供增量价值相关性，且降低了盈余信息的价值相关性。其他年份，其他综合收益系数表现为先负后正的结果，且均不显著，说明其他综合收益对股票价格的影响在各年之间表现并不稳定。

假设1并未得到证明，利润表中列报的其他综合收益总额的价值相关性并未随时间推移而增强。可能原因是投资人对其他综合收益这个复杂信息始终缺乏有效理解，需要改进其他综合收益的列报，也可能投资人之间对其他综合收益的认知存在差异。因此，本文进一步检验机构投资者是否能有效认知其他综合收益在价值评估中的作用（见表3）。

由表3可知，其他综合收益的增量价值相关性在不同机构投资者间存在差异：基金、社保基金投资公司的其他综合收益系数是0.136和0.258，即保持其他因素不变，每股其他综合收益的增加会导致股票价格13.6%和25.8%的提高，且在5%水平上显著。年金等机构投资公司的其他综合收益在1%水平上显著为正，且每股其他综合收益增加会导致股票价格38.7%的提升。没有发现其他机构投资者投资公司的其他综合收益具有增量价值相关性。一方面，说明证券监督管理需要加强监管，促进机构规范发展，立足于公司基本面分析，追求长期投资、价值投资；另一方面，也反映出其他综合收益解析成本较高，需要改进列报，以增强其价值相关性。

表3　**不同机构投资者对其他综合收益价值相关性的认知差异**

	基金	合格境外机构投资人	券商	保险公司	社保基金	信托公司	财务公司	银行	年金等机构
BVE	0.0654 *** (13.50)	0.0429 *** (4.59)	0.0714 *** (10.67)	0.0678 *** (9.52)	0.0575 *** (6.28)	0.0814 *** (11.74)	0.114 *** (4.58)	0.0855 *** (3.87)	0.0575 *** (5.60)
EPS	0.462 *** (7.10)	0.379 *** (3.37)	0.499 *** (10.79)	0.399 *** (3.49)	0.492 *** (6.96)	0.448 *** (8.52)	0.163 (1.15)	0.0723 (0.65)	0.630 *** (11.70)
OCI	0.136 * (2.54)	0.169 (1.46)	0.137 (1.64)	0.127 (1.38)	0.258 * (2.31)	0.121 (1.76)	0.625 (1.91)	0.950 (1.52)	0.387 ** (3.21)
SIZE	−0.194 *** (−28.83)	−0.157 *** (−10.23)	−0.157 *** (−19.15)	−0.171 *** (−17.91)	−0.207 *** (−22.70)	−0.171 *** (−18.36)	−0.144 *** (−8.34)	−0.0563 * (−2.54)	−0.152 *** (−15.18)
常数项	6.401 *** (44.95)	5.768 *** (18.39)	5.366 *** (29.43)	5.869 *** (30.85)	6.801 *** (32.62)	5.740 *** (28.35)	5.040 *** (11.23)	3.043 *** (6.24)	5.323 *** (24.48)
N	3959	645	2003	1531	1325	1657	158	99	808
F	256.52 ***	41.71 ***	204.66 ***	149.19 ***	207.22 ***	188.83 ***	51.83 ***	6.4 ***	102.62 ***
adj. R^2	0.404	0.452	0.387	0.444	0.441	0.348	0.526	0.224	0.402

四、改进其他综合收益列报的建议

（一）明确界定其他综合收益的概念，统一确认标准

企业会计准则第30号《财务报表列报》明确定义“综合收益”：企业在某一期间除与所有者以其所有者身份进行的交易之外的其他交易或事项所引起的所有者权益变动。“与所有者以其所有者身份进行的交易”包括所有者追加或撤回出资，以及向所有者分配股息或红利。因此，综合收益就明显包括企业在某一期间实现的净利润以及已确认未实现并直接计入所有者权益的利得或损失。准则对其他综合收益的界定：“企业根据其他会计准则规定未在当期损益中予以确认的各项利得或损失”。很明显，准则采用排除法对其他综合收益进行界定，并未正面明确其概念。在准则起草说明中对该做法的解释是，作为报告类具体准则，解决的是其他综合收益项目如何在财务报表中列报的问题，而对于其他综合收益的界定是概念框架（基本准则）应解决的问题，这也是效仿了国际会计准则理事会的做法。在基本准则及其后续修订中，对于其他综合收益并未明确定义，致使会计准则体系内在不一致。

由于没有其他综合收益的明确概念，就缺乏哪些项目能在其他综合收益项目中列报的基本标准，现行被列报在其他综合收益中的项目只可能被解释为“权宜之计”或“应急措施”，而不是基于其自身的概念所决定。同时，准则以列举方式披露其他综合收益的内容，而这些内容是由其他相关具体准则来规范的，导致其他综合收益缺乏统一的确认标准。如对于会计政策变更及前期重大会计差错更正产生的利得或损失，按照具体会计准则要求，不应在当期损益中予以确认（应调整以前年度损益），因而符合“未在当期损益中予以确认的各项利得或损失”的其他综合收益概念，而准则并未将其确认为“其他综合收益”。因此，有必要修订基本准则，明确界定其他综合收益的概念，统一确认标准，解决财务报表编制者及

使用人对其理解及运用的困惑。

（二）规范其他综合收益的计量

在具有合理可靠性的前提下，公允价值计量减少了投资者在估价过程中出现的偏差而作出错误决策的可能性，以公允价值为基础提供的信息具有更大信息含量，会计人员应负责将公允价值融入财务报表，以提高会计信息的决策有用性（Scott，2012）。特定资产或负债因采用公允价值产生未实现损益，其中直接计入所有者权益部分即为其他综合收益。其他综合收益产生的基础是公允价值的大量运用，公允价值计量规范是其他综合收益计量的基础。

2014 年 1 月 26 日，财政部发布《企业会计准则第 39 号——公允价值计量》，准则从公允价值的定义、公允价值初始计量、估值技术、公允价值层次、非金融资产的公允价值计量、负债和企业自身权益工具的公允价值计量、公允价值披露等多个角度对公允价值的计量和披露进行了详细规范。就其他综合收益的计量仍然存在不足，以计入其他综合收益的“外币财务报表折算差额”为例，该项目反映按资产负债表日即期汇率折算的资产扣减负债得到的净资产，与按实际交易时的历史汇率折算的实收资本（股本）、资本公积、累计盈余公积及累计未分配利润等项目的差额。若企业通过出售、清算、返还股本等方式处置其在境外经营中的利益，列入其他综合收益的“外币财务报表折算差额”中与该境外经营相关部分，应自所有者权益项目转入处置当期损益；而若企业长期不准备处置对外经营，意即长期持有，列入其他综合收益的“外币财务报表折算差额”不会对未来损益产生影响，实质不再符合“未实现利得或损失”的其他综合收益特征，对于投资者利用此信息进行企业价值估值会产生误导。因此，有必要补充其他综合收益项目计量细则，以规范不同情形下其他综合收益的计量。

（三）调整其他综合收益的列报

首先，理论上没有正面定义其他综合收益，使区分净利润与其他综合收益缺乏概念基础；由于在一张报表（利润表）列报净利润与其他综合收益（以小计数列示净利润，其他综合收益紧跟净利润列报，综合收益成为报表末行数字），形式上容易使人难以辨别净利润与其他综合收益具体项目所体现的不同经济实质。同时，实证研究结论也证实，我国资本市场不仅对纳入利润总额的营业利润与营业外收支存在“功能锁定”现象（赵宇龙，1998）；而且最近研究（杨有红、陈婧，2016）也未发现其他综合收益能够提供具有增量价值的信息，投资人仍然主要依赖传统净利润决策。如不调整其他综合收益的披露方式，容易混淆净利润与其他综合收益的区别，对企业价值作出有偏估计。如“公允价值变动损益”项目，其体现的是未实现的利得（非日常经营活动形成），具有明显的“未实现损益”的特征，而现行利润表将其列入了营业利润（日常活动）；在其他综合收益中列示的所有项目都属于未实现损益，这样就造成报表使用人无法厘清形成净利润项目与其他综合收益项目在性质上究竟有何区别。建议增加利润表附注，按“损益是否实现”对利润表中的项目进行重新分类，重点是要提醒报告使用人关注“未实现损益”项目，通过单独披露未实现损益，利于报表使用人更好利润此信息评估企业未来现金流量，提高会计信息透明度，降低报表解析成本。

其次，实证研究中广泛采用的剩余收益估价模型表明，盈利信息在公司市场价值评估中起决定作用；盈余质量越高，市场对该公司的市场反应就越强烈（Scott，2012）。盈余持续性是衡量盈余质量的重要维度，本期未预期盈余变动的持续性越强，则该证券的超额市场报酬就越高（Kormendi 和 Lipe，1987）。收益的不同组成部分有不同的持续性。营业收入、营业成本等项目持续性较强，营业外收支与其他综合收益都属于持续性较弱的盈余项目（尽管二者在性质上具有本质区别）。因此，就持续性而言，营业外收支、其他综合收益与营业收入、营业成本等项目区别明显，而不同持续性盈余信息的市场反应不同，建议在报表附注中增加对利润表项目按照盈余持续性强弱进行重新分类披露，有助于使用者把握不同盈余信息的可预测性，判断各部分盈余质量及风险，作出正确决策。

最后，其他综合收益分为以后会计期间不能重分类进损益和满足规定条件时将重分类进损益两类，对于此处的“重分类”与金融资产“重分类”具有显著差异，有必要进行准确界定。同时，财务报表列报准则将其他综合收益分为以后会计期间不能重分类进损益和满足规定条件时将重分类进损益两类，而这种重分类的理论基础以及区分两类其他综合收益的基本原则、划分标准、何时应重分类等缺乏详细规范，需要准则制订部门进一步制订指南予以明确。

参考文献：

郭道扬，2008. 会计史研究：历史 现时 未来（第三卷）[M]. 北京：中国财政经济出版社.

赵德武，1997. 会计计量理论研究 [M]. 成都：西南财经大学出版社.

许家林，2008. 会计理论 [M]. 北京：中国财政经济出版社.

葛家澍，刘峰，2003. 会计理论——关于财务会计概念结构的研究 [M]. 北京：中国财政经济出版社.

斯科特，2012. 财务会计理论 [M]. 6 版. 陈汉文，译. 北京：中国人民大学出版社.

陆剑清，2013. 行为金融学 [M]. 北京：清华大学出版社.

论改进其他综合收益的列报*

其他综合收益的列报有助于投资者预测企业未来现金流量，正确评估企业市场价值。而目前其他综合收益信息存在概念界定缺位、缺乏统一计量规范、信息披露方式不完善等问题。建议从明确界定其他综合收益的概念，统一确认标准，规范计量模式，调整报告方式等方面改进其他综合收益列报，提高其他综合收益决策相关性，促进会计准则改革更好服务金融市场需求。

为提高财务报告信息质量以及会计信息透明度，财政部于2014年1月发布修订后的《企业会计准则第30号——财务报表列报》，正式以法规形式规范其他综合收益信息的列报，不仅要求在资产负债表、利润表、所有者权益变动表中列报其他综合收益信息，还要在报表附注中详细披露其他综合收益的具体项目、所得税影响、转入损益情况、期初和期末余额及其调节情况。报告其他综合收益信息，信息使用人不仅可以获取企业已实现的损益情况，还可以了解企业已确认但未实现而很可能在下期或未来期间实现的损益，弥补传统会计收益不能全面反映企业业绩的缺憾。由于不同的其他综合收益项目能够反映出企业所采用的独特经营战略，其他综合收益及其明细项目的正式列报，可以增加企业收益的信息含量，提升会计盈余信息的决策相关性。现行其他综合收益信息的报告还存在概念界定缺位、缺乏统一计量规范要求、信息披露方式不完善

* 本文发表于《财务与会计》，2018年第15期。

等问题，这些问题的存在极大限制了其他综合收益的理论认知和现实运用，不仅造成其他综合收益的学术研究不成体系，而且实践发展也无所适从。故本文对此进行探讨，以期从会计准则角度改进其他综合收益列报，提升会计信息服务金融市场的功能。

一、明确界定其他综合收益的概念，统一确认标准

其他综合收益的概念界定是其确认、计量和报告的基础。企业会计准则第 30 号《财务报表列报》明确将综合收益定义为：“企业在某一期间除与所有者以其所有者身份进行的交易之外的其他交易或事项所引起的所有者权益变动”。“与所有者以其所有者身份进行的交易”包括所有者追加或撤回出资，以及向所有者分配股息或红利。因此，综合收益就明显包括企业在某一期间实现的净利润以及已确认未实现并直接计入所有者权益的利得或损失。再看 30 号准则对其他综合收益的界定：“企业根据其他会计准则规定未在当期损益中予以确认的各项利得或损失”。很明显，准则回避了正面界定其他综合收益的概念，而是笼统地采用排除法，将综合收益中扣除当期损益以外的部分即为其他综合收益。在准则起草说明中对此的解释是：作为报告类具体准则，解决的是其他综合收益项目如何在财务报表中列报的问题，而对于其他综合收益的界定是概念框架（基本准则）应解决的问题，这也是效仿了国际会计准则理事会的做法。

作为指导会计工作的技术规范，会计准则体系有着严密的逻辑结构和层次，基本准则和具体准则分工明确，基本准则的作用在于解决基础性的会计理念和原则，为具体准则的应用提供理论框架。基本准则不仅要指导具体准则的制定，还要为尚未有具体准则规范的会计实务问题提供处理原则。

其他综合收益的概念显然属于基础性的会计理念，需要在基本准则中予以界定。而在基本准则及其后续修订中，对于其他综合收

益并未明确定义，其他综合收益的界定只是散见于多个具体准则，不仅违背不同层次会计准则的职责功能划分，导致会计准则体系缺乏内在统一，况且具体准则又变动频繁，很难让其解决基本理念层面的问题。

当然，由于其他综合收益的复杂性，即便是 FASB 和 IASB 也没有很好的办法从概念框架层面来对其他综合收益进行明确界定，使人们能对净利润与其他综合收益给出明确的差异界定，而又迫于提供高质量会计信息的需要，只能是在具体准则中对其他综合收益进行分项目“各个击破”式的分别讨论。因此，由于概念框架（基本准则）没有其他综合收益的明确概念，就缺乏哪些项目能在其他综合收益项目中列报的基本标准，现行被列报在其他综合收益中的项目只可能被解释为“权宜之计”或“应急措施”，而不是基于其他综合收益自身的概念所决定。

准则以列举方式披露其他综合收益的内容，而这些内容是由其他相关具体准则来规范的，导致其他综合收益缺乏统一的确认标准。如对于会计政策变更、前期重大会计差错更正及资产负债表日后调整事项产生的利得或损失，按照具体会计准则要求，不应在当期损益中予以确认（应通过“以前年度损益调整”调整以前年度损益），因而符合“未在当期损益中予以确认的各项利得或损失”的其他综合收益概念，而准则并未将其确认为“其他综合收益”。可以预见的是，伴随着市场交易活动不断创新，符合“其他综合收益”特征的项目还会不断出现，是否进行确认仍然会陷入比较尴尬的境地。

因此，有必要修订基本准则，明确界定其他综合收益的概念，统一确认标准，解决财务报表编制者及使用人对其理解及运用的困惑。鉴于其他综合收益界定的复杂性，又由于净利润与其他综合收益有着类似的起源与本质（黄志雄，2016），因此建议界定其他综合收益以二者差异作为突破口，按先易后难的原则，先界定净利润，再从是否实现、盈余持续性以及主体盈余信息来源的重要性级别（IASB，2015）等方面来界定其他综合收益应具备的特征，最终界定其他综合收益的概念。作者倡导会计学术研究界积极投身于其他综合收益等基本理论问题研究，争取在同国际会计准则趋同进程中增加话语权。

二、发布其他综合收益核算办法，规范其他综合收益项目的计量

公允价值是其他综合收益计量的基础。在具有合理可靠性的前提下，公允价值计量减少了投资者在估价过程中出现的偏差而作出错误决策的可能性，以公允价值为基础提供的信息具有更大信息含量，会计人员应负责将公允价值融入财务报表，以提高会计信息的决策有用性（Scott，2012）。特定资产或负债因采用公允价值产生未实现损益，其中直接计入所有者权益部分即为其他综合收益。其他综合收益产生的实务基础是公允价值的大量运用，公允价值计量规范自然是其他综合收益计量的基础。2014 年 1 月 26 日，财政部发布《企业会计准则第 39 号——公允价值计量》，准则从公允价值的定义、公允价值初始计量、估值技术、公允价值层次、非金融资产的公允价值计量、负债和企业自身权益工具的公允价值计量、公允价值披露等多个角度对公允价值的计量和披露进行了详细规范。

由于其他综合收益内容复杂，基本准则没有正面界定其他综合收益，而是通过散见于多个计量和披露的具体准则进行界定，不同准则的界定又必然存在差异，因此，仅规范基础层面的公允价值的计量显然不够。以计入其他综合收益的“外币财务报表折算差额”为例，该项目反映按资产负债表日即期汇率折算的资产扣减负债得到的净资产，与按实际交易时的历史汇率折算的实收资本（股本）、资本公积、累计盈余公积及累计未分配利润等项目的差额。若企业通过出售、清算、返还股本等方式处置其在境外经营中的利

益，列入其他综合收益的“外币财务报表折算差额”中与该境外经营相关部分，应自所有者权益项目转入处置当期损益；而若企业长期不准备处置对外经营，意即长期持有，列入其他综合收益的“外币财务报表折算差额”不会对未来损益产生影响，不再符合“未实现利得或损失”的其他综合收益特征，会误导投资者利用此折算差额信息进行企业价值评估。同时，上市公司列报的其他综合收益在报表间的数据勾稽关系存在错误，存在漏报错报等技术性问题（毛志宏，2011），说明会计与审计人员对其他综合收益项目的确认、计量认识不充分，容易导致其他综合收益项目列报混乱，误导会计信息使用者利用其他综合收益进行决策。因此，应及时发布其他综合收益核算办法，集中对其他综合收益项目进行具体解释，阐明计量基础与具体计量方法，详细解释其他综合收益项目的会计处理方法，明确其他综合收益的会计核算。

三、调整其他综合收益信息的报告方式，提高决策相关性

首先，理论上没有正面定义其他综合收益，使得区分净利润与其他综合收益缺乏概念基础。实务中，由于在一张报表（利润表）列报净利润与其他综合收益（以小计数列示净利润，其他综合收益紧跟净利润列报，综合收益成为报表末行数字），形式上容易使人难以辨别净利润与其他综合收益具体项目所体现的不同经济实质。同时，我国资本市场不仅对纳入利润总额的营业利润与营业外收支存在“功能锁定”现象（赵宇龙，1998）；而且部分学者（唐国平、欧理平，2011；吴祖光等，2012；杨有红、陈婧，2016）仍对其他综合收益的价值相关性提出质疑，未发现其他综合收益能够提供具有增量价值的信息，投资人还是主要依赖传统净利润决策。如不调整其他综合收益的披露方式，易混淆净利润与其他综合收益的区别，对企业价值作出有偏估计。如“公允价值变动损益”项目，具有明显“未实现损益”特征，利润表中计入营业利润；其

他综合收益中的所有项目都属于“未实现损益”，会造成报表使用人无法厘清净利润项目与其他综合收益项目在性质上究竟有何区别。建议增加利润表附注，按“损益是否实现”对利润表中的项目进行重新分类，通过对公允价值变动损益、资产减值损失、其他综合收益等未实现损益项目单独披露，降低报表解析成本，提高会计信息透明度。

其次，实证研究中广泛采用的剩余收益估价模型表明，盈利信息在公司市场价值评估中起决定作用；盈余质量越高，市场对该公司的反应就越强烈。盈余持续性是衡量盈余质量的重要维度，未预期盈余变动的持续性越强，则该证券的超额市场报酬就越高（Scott，2012）。收益的不同组成部分有不同的持续性。营业收入、营业成本等项目持续性较强，营业外收支与其他综合收益都属于持续性较弱的盈余项目（尽管二者在性质上具有本质区别）。因此，就持续性而言，营业外收支、其他综合收益与营业收入、营业成本等项目区别明显，而不同持续性盈余信息的市场反应不同，因此，建议增加报表附注内容，按“盈余持续性”强弱对利润表项目分类披露。实际披露的形式可以采用按盈余持续性强弱重新排列利润表项目；也可以在原有利润表基础上，增加专门反映盈余持续性强弱的一列内容，可以考虑对盈余持续性分级评价（如可以分为强、较强、弱、较弱等）。增加盈余持续性信息的报告可以帮助信息使用人把握不同盈余信息的可预测性，判断各部分盈余质量及风险，作出正确决策。

最后，其他综合收益分为以后会计期间不能重分类进损益和满足规定条件时将重分类进损益两类，而重分类的标准缺乏详细规范的指导。首先是此处“重分类”与其他准则（如金融工具确认和计量）规范的“重分类”，无论重分类内涵与内容上应该具有显著差异，需要进行明确界定以避免引起误解。再者，其他综合收益重分类进损益，准则采用的是部分结转观点，即对于重分类进损益能如实反映经济资源利用情况，提高盈余信息透明度，提供与决策相关有用信息的项目，允许以后重分类结转进损益，否则不能重分类进损益。这种结转方法的缺陷在于对结转项目进行分类依靠主观判断，可操作性差，需要通过制定准则指南，明确两个类别划分的基本原则与具体标准，减少主观臆断的影响。

总之，我国会计准则体系整体上属于外源性的制度规范，其他综合收益引入我国财务报告体系更多考虑的是与国际财务报告的趋同，而在应用中需要考虑到我国资本市场投资者的阅读习惯、对专业知识的理解能力等中国的现实国情，急需开展对其他综合收益基础概念的基础理论研究，发布统一的核算规范，并通过增加披露降低投资者解析运用其他综合收益的成本，这也正是符合会计准则“趋同不是等同、趋同是一种互动”（王军，2006）的理念，也能提升我国在国际会计准则制订中的话语权。

参考文献：

财政部会计司，2014. 企业会计准则第 30 号：财务报表列报［M］. 北京：中国财政经济出版社.

中国会计准则委员会组织翻译，2012. 国际会计准则第 1 号：财务报表列报［M］. 北京：中国财政经济出版社.

威廉·R. 斯科特，2012. 财务会计理论［M］. 6 版. 陈汉文，译. 北京：中国人民大学出版社.

杨有红，陈婧，2016. 综合收益信息披露对会计信息透明度的影响［J］. 会计之友（02）：11－16.

黄志雄，2016. 其他综合收益概念、结转与分类辨析［J］. 会计与经济研究（11）：19－30.

收益计量理念变革探讨——由利润表调整引发的思考*

财政部2009年6月印发企业会计准则解释第3号，对现行利润表再度修改，在“每股收益”项目下增列“其他综合收益”和“综合收益总额”两项，以反映未在损益中确认的各项利得和损失扣除所得税影响后的净额，进一步体现综合收益理念和资产负债表观。在资产负债表观下，收益计量存在的理论和现实问题应予以关注。

一、利润表调整背景及具体内容

《企业会计准则解释第3号》是在继2006年会计准则发布后，对利润表的进一步调整，是结合国情、实现与国际准则持续趋同的结果。2006年以来，中国资本市场经历了前所未有的变革。股权分置改革取得重大进展，创业板市场开通，股指期货已上市交易，截止到2010年3月底，沪深交易所上市公司达1807家，总市值达到24.5万亿元人民币，居全球第三位，沪深两市投资者开立股票有效账户数达到12109.13万户，中国资本市场正在以强大的渗透力和扩张力触及社会生活的各个方面。随着市场规模扩大，投资者数量剧增，对信息披露质量提出了更高要求。全面了解企业收益状况是广大报告使用人的客观诉求。

2006年，财政部发布的会计准则强调会计信息的“决策有用”

* 本文发表于《商业会计》，2010年第16期。

功能，把“有助于财务会计报告使用者作出经济决策”作为财务会计报告的重要目标，并贯彻应用于准则中交易和事项的确认、计量；明确提出利得、损失的概念，为引进综合收益做概念准备；将公允价值作为计量属性，在金融工具、投资性房地产、债务重组、非货币性资产交易等准则允许采用，为引入综合收益报表铺平道路。

尽管如此，由于会计准则提出“在对会计要素进行计量时，一般应当采用历史成本”，利润表中虽然确认一部分未实现的利得和损失（如公允价值变动损益、资产减值损失），而收益计量与国际通行的反映全面收益的做法仍有很大差异。

为保持与国际准则持续趋同，此次修订的利润表增加了综合收益的内容。要求企业应当在利润表和合并利润表“每股收益”项下增列“其他综合收益”项目和“综合收益总额”项目。“其他综合收益”项目，反映企业根据企业会计准则规定未在损益中确认的各项利得和损失扣除所得税影响后的净额。企业净利润与其他综合收益的合计额为综合收益。企业应当在附注中详细披露其他综合收益各项目及其所得税影响，以及原计入其他综合收益、当期转入损益的金额等信息。

利润表中引入综合收益指标，有助于投资者等报告使用人分析企业的全面收益情况，了解企业的真实收益，实现了会计准则与国际会计准则的持续趋同，进一步体现国际通行的资产负债表观（见表1）。

表1　　国外主要国家或组织的业绩报告

国家或组织	规范综合收益的主要准则	具体要求与做法
美国 FASB	1997 年 FAS130“报告综合收益”	可能选择的报告综合收益的方式：在利润表外另加一张“综合利润表”共同反映企业业绩；将传统利润表与综合利润表合并为一张“收益与综合利润表”；通过权益变动表详细报告其他综合收益

续表

国家或组织	规范综合收益的主要准则	具体要求与做法
英国 ASB	1992 年 FRS3 “报告财务业绩”	要求企业将“全部已确认利得与损失表”和利润表共同对外报告反映企业业绩。利润表反映包括非常项目在内的已实现全部损益；全部已确认利得与损失表反映已确认、未实现、影响所有者权益的利得和损失
国际 IASB	1997 年 IAS1 “财务报表的列报”	要求财务报表中应有一个独立的组成部分来突出显示企业的全部利得和损失，包括直接在权益中确认的项目。已确认利得和损失的报告有两种可供选择的方式：采用独立的权益变动表或采用全部已确认利得和损失表。即企业在提供利润表的同时，要么另行提供权益变动表，要么另行提供综合利润表

二、利润表调整引起收益计量理念的变更

收益是信息使用者最为关注的财务指标之一。确认和计量收益时有两种观点：资产负债表观和收入费用观。资产负债表观指直接用资产和负债来确定收益，认为收益的本质是某期净资产的增加，不考虑交易或非交易，只要引起净资产变动就确认收益（所有者的投资及对其分配利润除外），更接近经济收益（真实收益）的概念；关注信息的相关性，不主张采用历史成本，要求资产和负债采用现行价值或公允价值来计量，强调财务会计理论与实务应当着眼于资产和负债的定义、确认和计量，资产负债表为财务报表体系中的第一报表，利润表不过是资产负债表的一张附表而已，不足之处在于对现行价值的确定存在较高环境要求。收入费用观则认为收益是企业已确认收入与相关成本配比的结果，主张以交易为中心，收益确定要符合实现原则和配比原则、历史成本原则，财务会计处理

的重心应当放在对利润表中各要素的处理上，资产和负债的确认和计量依附于收入和费用，资产负债表成为第二报表，不足之处是在确定收益时不以现实的资产、负债为标准，而是运用递延、应计、摊销和分配等会计程序，使收益数据带有很大的主观性，特别是管理当局收益平滑或盈余管理行为，有可能使账面收益与实际业绩完全脱离；反映的收益也不够全面。

企业收益得以重视的事实在20世纪30年代已经确立。美国著名会计学家利特尔顿在《会计理论结构》中阐述了“收益重心论”：“所有利益集团在大部分情况下最重要的信息只能由系列的利润表来提供”（A. C. Littleton，1953）。W. A. Paton 和 A. C. Littleton（1940）在其经典著作《公司会计准则导论》中指出，会计的基本问题是在计量定期收益的过程中将已发生成本在当期和未来期间进行分配，强调配比原则，坚持收入费用观，认为会计主要是作为计算剩余或余额（即成本和收入之间差额）的一种方法而存在。会计原则委员会（APB）在发布意见书时，通常采用收入费用观。在财务会计概念公告第1号《企业财务报告的目标》（SFAC 1）中，FASB 宣称“编制财务报告的首要重点是通过收益及其组成的计量，提供关于企业业绩的信息”，倾向收入费用观。

20世纪70年代以后，美国出现波及世界范围的通货膨胀，对会计长期以来赖以生存的币值稳定假设、历史成本原则等提出严重挑战；金融衍生工具、股份支付等新生事物的出现，人们开始关注资产的质量。迫于各方压力，FASB 认为，更好的方法只能是先确认交易或事项是否形成了资产或负债，然后再据之确定收益。1980年12月，FASB 发布的财务会计概念公告第3号《企业财务报表要素》（SFAC 3）首先定义资产和负债，将其作为首要概念要素，依照资产和负债的变化来定义其他要素。进入21世纪后，作为全球经济制度较完善、会计规范最系统的美国相继出现了安然公司、世界通信公司等利润操纵事件之后，人们更进一步认识到，只有资产和负债才是真实的存在，是净资产价值增值带来收益的增加，因而认为资产负债表观明显优于收入费用观（Wolk，2004）。美国证券交易委员会呼吁制定会计准则时应以资产负债表观全面取代收入费用观，FASB 也明确表示要坚持资产负债表观来制定准则（FASB，2004）。国际会计准则委员会（IASC）、英国会计准则委员会（ASB）等会计团体也纷纷改用或采用资产负债表观，认为资产和负债的定义是核心，收益是资产负债表中期初净资产和期末净资产之间的差额，收益计量上广泛采用了资产负债表观。

资产负债表观的采用，突破了传统历史成本模式下受实现原则和配比原则限制而不能进行确认的多个内容，使会计收益的概念更接近真实收益，反映收益内容更全面，提供的信息更有用。我国利润表的进一步调整正是适应经济环境的变化，实现与国际会计准则持续趋同，向资产负债表观靠拢的结果，满足了报表信息使用人对企业真实收益、真实价值的客观需求，实现了财务会计报告的目标。

三、资产负债表观下收益计量应关注的问题

利润表的调整体现了资产负债表观的收益计量理念，而资产负债表观要求资产和负债采用现行价值或公允价值来计量，以真实反映资产和负债的现行价值，更有利于信息使用者进行有效决策。由于我国现实情况，资产负债表观下的收益计量存在公允价值准则规范与实际运用以及如何兼顾会计信息的可靠性等问题，应当予以关注。

（一）公允价值准则规范上的问题

1. 公允价值计量与披露规定有“盲点”。如表 2 所示，会计准则大量采用公允价值计量（79%），而在运用公允价值的准则中对公允价值计量有规定的占 61%，有披露规定的占 39%，二者同时都有的占 39%（存在只有披露而无计量的）。公允价值优势在于能

提供最相关会计信息，而这种相关性建立在一定前提下，如果不能相对准确地估计公允价值，不但信息可靠性无从谈起，相关性也会大打折扣。我国目前市场体系不甚完善，进行公允价值估计本来就存在一定难度，而有很多准则及其指南用到公允价值时，没有对其计量进行具体规范及相应披露，容易形成较大的操作空间。

表 2　　　会计准则（含指南）中公允价值运用统计表

项目	直接或间接运用	对直接或间接运用中的内容分类		
		有计量规定	有披露规定	同时有计量与披露
39 项会计准则	31（79%）	19（61%）	12（39%）	12（39%）

2. 各准则间披露要求存在不一致。表 3 列出了部分非金融工具准则对公允价值的披露规定。

表 3　　　部分非金融工具准则对公允价值的披露

准则名称	有关公允价值的披露规定
CAS3：投资性房地产	公允价值的确定依据和方法，以及公允价值变动对损益的影响
CAS4：固定资产	准备处置的固定资产公允价值
CAS7：非货币性资产交换	换入资产、换出资产的公允价值
CAS10：企业年金基金	投资种类、金额及公允价值的确定方法
CAS11：股份支付	权益工具公允价值的确定方法
CAS12：债务重组	债务重组中受让（转让）非现金资产的公允价值、由债权（债务）转成股份的公允价值和修改其他债务条件后债权（债务）公允价值的确定方法及依据
CAS20：企业合并	非同一控制下合并成本的公允价值及公允价值的确定方法。被收购方各项可辨认资产、负债在上一会计期间资产负债表日及购买日的账面价值和公允价值

从表 3 中可以看出，对公允价值披露有的准则要求披露四个方面内容（金额、确认依据、方法、影响），而有的仅要求对金额进

行披露，这种不一致直接影响会计信息可比性。

3. 公允价值的计量缺乏详细统一的规范。特别是在没有活跃市场可以参考情况下，采用估价技术估计公允价值是公允价值计量的难点，也是反对运用公允价值的学者认为其缺乏可靠性的主要原因。会计准则只是在 CAS22《金融工具确认和计量》第七章五十二条列举了不存在活跃市场时的估价技术及简单应用，对于应用广泛的现值技术缺乏具体规范，导致了公允价值计量方法上不一致，影响会计信息的质量，也不利于对公允价值的确定进行有效监控。表 4 列示了 2007 年、2008 年上市公司投资性房地产公允价值计量方法运用的多样性。

表 4　2007 –2008 年持有投资性房地产上市公司公允价值运用表

年份	运用公允价值比例	公允价值计量方法披露			
		评估价格	第三方调查报告	参考市场价	谈判价下限
2007	2.86% (18/630)	10	2	2	1
2008	2.90% (20/690)	14	1	5	

注：2007 年有 3 家上市公司未披露投资性房地产公允价值的具体确定方法。

总之，顺应国际会计计量发展趋势，加快公允价值理论研究，并结合我国实际情况，出台规范公允价值的具体会计准则，解决我国现行准则体系中公允价值计量、披露方面的诸多问题，完善我国会计准则体系，促进公允价值在会计实务中的广泛应用，具有重要意义。

（二）公允价值的运用与操作问题

会计信息作为一种商品，也存在成本效益问题。公允价值的运用提高了会计信息有用性，而其运用成本不可忽视。作为动态计量属性，对大量资产和负债采用公允价值意味着每一会计期间都要对它们进行重新计量，调整账面价值，调整损益，还要有专业的评估人员从事公允价值数据收集、确认。同时，对公允价值的运用也需要强有力的监督，避免利润操纵。对于习惯采用历史成本进行确认、计量的多数会计人员，学习、掌握公允价值需要付出不小的成本。由于公允价值运用存在较高成本及对利润影响的不可预测性，采用公允价值进行计量比例较小，如 2007 年、2008 年两年中，持有投资性房地产的上市公司运用公允价值的比例很低（不到 3%），这对体现资产现行价值、全面反映收益的资产负债表观的运用是一个现实障碍。

（三）收益计量的现实选择——协调观

如果为了满足更大的相关性而采用公允价值导致牺牲了太多的可靠性，则会计所提供信息的决策有用性就会大为降低。美国会计界早在 1970 年会计原则委员会（APB）报告书第 4 号（APB Statement NO. 4）中就提出了公允价值的概念，截至 2004 年 12 月底，FASB 发布的 153 个财务会计准则中，与公允价值有关的会计准则有 60 个。由于 2001 年安然公司利润操纵，以及 2002 年的世界通信公司丑闻事件，美国国会通过《萨班斯—奥克斯利法案》，强调公司加强内部控制，要求公司的 CEO 和 CFO 必须对财务报告的真实性宣誓，对作弊行为的量刑几乎适用于美国持枪抢劫的最高刑罚。由于公允价值的动态属性，在美国这样广泛采用公允价值来进行计量的国度，公司 CEO 和 CFO 的责任实际上大得惊人，被诉讼的风险也大大增加。在准则制定过程中一直占据主导地位的资产负债表观，可能会被迫向收入费用观转变，因为后者提供的信息更加可靠，尽管不够全面（Yuji Ijirid，2003）。一个最可能的趋势是收益计量的两种观点实现有效协调。资产负债表观与收入费用观在计量收益上的差异在于对未实现损益的处理。一个现实选择的协调方案是，在使用收入费用观计量收益的同时，又对未实现的损益进行计算，以弥补收入费用观的不足。会计实践中，真正完全采用某一种方法来计量收益会出现问题，多数情况是在二者之间进行某种调和。如会计准则在对资产采用历史成本进行计量的前提下，要求全面计提减值准备确认未实现损失等。同时，即便是采用公允价值，由于存在可靠性问题，永远不可能扩展到所有财务报表项目都以公允价值为基础的地步，需要解决的是公允价值在多大程度上将取代历史成本的问题。

参考文献：

汪祥耀，2004. 国际会计准则与财务报告准则：研究与比较［M］. 上海：立信会计出版社.

威廉·R. 斯科特，2006. 财务会计理论［M］. 陈汉文，夏文贤，陈靖，译. 北京：机械工业出版社.

李勇，左连凯，刘亭立，2005. 资产负债表观与收入费用观比较研究：美国的经验与启示［J］. 会计研究（12）：83－87.

邹小平，吕跃金，2008. 国际财务报表列报准则的修订及借鉴［J］. 财会月刊：会计版（01）：53－54.

葛家澍，窦家春，陈朝琳，2010. 财务会计计量模式的必然选择：双重计量［J］. 会计研究（02）：7－12.

论收益计量的资产负债观和收入费用观*

收益计量存在资产负债观和收入费用观两种观点，二者在历史上存在博弈，这实际上是会计作为提供信息产品的系统，不断满足会计环境变化需求的结果。本文结合我国公布的新会计准则重点，指出了公允价值计量的不足，并对未来收益计量提出协调的观点。

财务会计作为一个信息系统，财务会计报告是其最终的工作成果以及对外提供信息的手段。确认和计量收益时有两种观点：资产负债观和收入费用观。在不同的历史发展阶段，随着会计所处环境的变化，人们分别采用了不同的收益计量观念。

一、资产负债观和收入费用观的比较

如表 1 所示，资产负债观认为，财务会计理论与实务应当着眼于资产和负债的定义、确认和计量，资产负债表为财务报表体系中的第一报表，应力求其信息的完整、可靠，收益表不过是资产负债表的一张附表而已。收入费用观与资产负债观呈完全相反的倾向，认为财务会计处理的重心应当放在对收益表中各要素的处理上，资产和负债的确认和计量将依附于收入和费用的确认和计量，资产负债表也就成为重要性次于收益表的第二报表。

* 本文发表于《经济师》，2007 年第 2 期。

表 1　　收益计量上资产负债观与收入费用观的比较

项目	资产负债观	收入费用观
含义	又称财产法，指依据资产负债表法（直接用资产和负债来确定收益的方法）来确认收益	又称收益表法，指依据收入费用法（收益是企业已确认收入与相关成本配比的结果）确认收益
收益本质	某期间净资产的增加，更接近经济收益（真实收益）的概念	收入与相关成本配比的结果
计量公式	本期收益 = 期末净资产 - 期初净资产	当期收入 - 相关成本（包括待摊费用等主观分配的项目）
报表重心	资产负债表	收益表
收益确认的原则	不考虑交易或非交易，只要引起净资产变动就确认收益（所有者的投资及对其分配利润除外）	以交易为中心，收益的确定要符合实现原则和配比原则
计量属性的选择	关注信息的相关性，不主张采用历史成本，要求资产和负债采用现行价值或公允价值来计量（源于决策有用观）	强调收益确定遵循历史成本原则（源于受托责任观）
存在缺陷或不足	现行价值的确定存在很高的环境要求；只能反映收益的综合数，不能详细反映收益	确定收益时不以现实的资产、负债为标准，而是运用递延、应计、摊销和分配等会计程序，使收益数据带有很大的主观性，特别是管理当局收益平滑或盈余管理行为，有可能使账面收益与实际业绩完全脱离；反映的收益也不够全面

总而言之，这两种观念的本质上的区别在于，资产负债观视会计为一种计量资产和负债的手段，其目的是通过定期和经常地估价来计量各项资产和负债的价值乃至整个企业的价值。因此，认为企业净资产的保持和增值是衡量企业的主要指标，并通过资产负债表加以反映，损益表的确定仅是计价过程的一个副产品。而收入费用观则认为收益指标是衡量企业的主要指标，将会计视为一个收入与

费用的配比过程，其真正目的不在于确定企业的价值，而在于确定一定时期的收益，资产负债表反映的一定时点上的财务状况，并不代表整个企业以及企业各种资源的真实价值，在这种观念下，资产负债表被用来汇集配比过程剩下的等待配比的项目，实际上成为多期收益表的一个过渡。在具体的收益计量上的区别在于，收入费用法可以得到更为有用的收益明细数据，而资产负债法得到的收益总额却更为相关。收入费用法与资产负债法计算的收益总额的差异就是未实现损益。

在不同的历史阶段，由于会计所处环境不同，人们对会计信息的需求也存在差异，收益计量的两种观点也出现了交替使用的现象。

二、历史上收益计量的观点

（一）计量收益采用资产负债观的阶段

20 世纪以前，企业只编制资产负债表，而不编制收益表，因此资产计价处于第一性的地位。其原因主要有三个方面：（1）企业的规模一般较小，生产组织简单会计记账的目的一般在于反映受托经营责任，并且由于存在大量企业的所有者往往又是企业的经营者的实际情况，往往他们更关注企业实际拥有多少资产，对外承担多少负债，自己的权益是多少，而将收益信息放在次要的地位；（2）企业外部融资的形式比较单一，主要是短期方式，如从银行取得贷款，银行主要关心的是企业的偿债能力，即关心的主要是企业的财务状况，而非收益；（3）在这一历史时期，税收法律制度主要是以企业的资产为征税依据。企业虽然也计算利润，但不是通过编制利润表的方式，而是运用以下的公式计算利润：

当期净利润 =（期末资产 − 期末负债）−（期初资产 − 期初负债）

总之，此阶段收益观念尚且处于萌芽阶段，收益被认为是两个不同日期资本数额的变化（不包括投入或撤出资本；陈今池，

1989)。19 世纪欧洲和美国铁路的迅速发展和股份公司的兴起，收益和资本的概念才逐步得以澄清。从那时起直到 20 世纪初期，收益计量的观点都是采用资产负债观。如乔治·梅（George O. May）所指出的："重温一下会计、法律和经济文献就会发现……，1913 年，这些领域的英国和美国学术权威们都同意收益就是'资产净值增加'的概念。"

（二）计量收益采用收入费用观的阶段

在 19 世纪末 20 世纪初，主要发达的资本主义国家工业革命陆续完成，生产技术得到很大改进，企业原有的生产经营规模已不能满足不断扩大的市场需求，股份公司出现，企业合并的浪潮也随之兴起，企业经营向规模化方向发展，企业规模的扩大促成了企业产权向社会化和分散化方向发展，少数产权所有者已无力干预企业的生产经营活动，所以其投资的目的主要是为了获取投资收益。这样，投资者就对企业的利润信息特别关注。同时，税法不再以财产税为主，而改以企业所得税为主，如美国在 1909 年开征公司所得税。企业收益得以重视的事实在 20 世纪 30 年代已经确立。因此，美国著名会计学家利特尔顿在其著作《会计理论结构》第二章中阐述了"收益重心论"："所有利益集团在大部分情况下最重要的信息只能由系列的收益表来提供"（A. C. Littleton，1953）。从此利润表成了企业对外公布的法定财务报表，并成为第一财务报表。

与此相关的另一大历史事件是：20 世纪初期，以美国为首的资本市场繁荣起来，企业不再单纯从银行融资，融资形式趋向于多样化，并且企业产权趋于社会化和分散化，其特点是企业股份为众多的股东所持有。由于股权的分散性，每一位股东在公司股份总额中所占有的比例较小，在股东大会上的作用很微弱。股东较低的持股比例，也决定了他们在主观上没有欲望参与直接控制公司，他们的主要目标是使自身短期收益最大化 包括股利收益和买卖股票所获取的差价收入。他们客观上无力对公司及其管理阶层施加直接的控制，也迫使他们在主观上不去关心公司的长远发展。因此这些投资者对企业的利润信息尤其关注，而将企业的财务状况放到次要地位。这也是导致重视企业收益的另一个重要原因。根据“收益重心论”，当收益计量与资产计价发生矛盾时，首先应考虑能否提供适当的利润信息，其次才考虑资产的计价是否适当；收益的计量才是会计的重心所在，收益表的作用显著大于资产负债表，只有收益表才能反映企业经营活动成功或失败的主题。这就产生了收益计量的第一性与资产计价的第二性问题。W. A. Paton 和 A. C. Littleton（1940）在其经典著作《公司会计准则导论》中指出，会计的基本问题是在计量定期收益的过程中将已发生成本在当期和未来期间进行分配，强调配比原则，坚持收入费用观，认为会计主要是作为计算剩余或余额（即成本和收入之间差额）的一种方法而存在。会计原则委员会（APB）在发布意见书时，通常采用收入费用观，如1966 年 11 月发布的会计原则委员会第 8 号意见书《养老金计划成本的会计处理》（APB Opinion No. 18）和 1967 年 12 月发布的会计原则委员会第 11 号意见书《所得税的会计处理》（APB Opinion No. 111；SEC，2003）。在财务会计概念公告第 1 号《企业财务报告的目标》（SFAC 1）中，FASB 宣称“编制财务报告的首要重点是通过收益及其组成的计量，提供关于企业业绩的信息”，倾向收入费用观。

收入费用观能恰当地反映企业的盈利情况，并能详细说明利润的来源，有助于预测未来的利润。而由于其没有关注交易和事项的实质，而是仅仅考虑与某类交易相关的收入和能与之相配比的费用，不能确保企业在各时点上资产和负债存量的真实准确，导致大量性质不明的待摊费用、预提费用等进入资产负债表中，而这些“费用”一旦发生，即属于沉没成本不可收回，只是为了遵循配比原则需要分若干次在不同期间分摊计入收益表，而将之列进资产负债表作为过渡，其本身并不符合资产的定义。这是收入费用观所固有的一个问题。

（三）收益计量之资产负债观再回归

20 世纪 70 年代以后，美国出现了波及世界范围的通货膨胀，对会计长期以来赖以生存的币值稳定假设、历史成本原则等提出了严重挑战，致使会计信息前后各期没有可比性，财务报表不能反映出企事业的财务状况和经营成果，对信息使用者的经济决策产生了很大影响。随着金融衍生工具、股份支付管理人员薪酬等新生事物（特点是价值变动大，以历史成本计价不能反映其真实信息）的出现，人们开始关注资产的质量。迫于各方面的压力，FASB 认为，更好的方法只能是先确认交易或事项是否形成了资产或负债，然后再据之确定收益，并于 1974 年 10 月和 1975 年 3 月分别发布了美国财务会计准则公告第 2 号《研发成本的会计处理》（SFAS 2）和第 5 号《或有事项的会计处理》（SFAS 5），标志着 FASB 开始认为资产负债观优于收入费用观（Zeff，2005）。

1980 年 12 月 FASB 发布的财务会计概念公告第 3 号《企业财务报表要素》（SFAC 3），是其对偏好资产负债观而不是收入费用观的一个公开宣告（Zeff，1999）。FASB 在公告中首先定义了资产和负债，将其作为首要概念因素，依照资产和负债的变化来定义其他要素（权益、收入、费用、利得和损失）。

特别是进入 21 世纪后，美国作为全球经济制度较完善、会计规范最系统的会计大国相继出现了安然公司、世界通信公司等利润操纵事件。在经历了一系列会计丑闻带来的经济阵痛之后，人们更进一步认识到，只有资产和负债才是真实的存在，是净资产价值增值带来收益的增加，而非相反，因而认为资产负债观明显优于收入费用观（Wolk，2004）。为此，美国证券交易委员会（SEC）在其针对会计准则改革的报告中呼吁，FASB 在制定会计准则时应以资产负债观全面取代收入费用观。2004 年 7 月，FASB 在其答复 SEC 的报告中称："FASB 同意 SEC 报告中的观点——在给定的框架下分析资产和负债及其变化，对于制定财务报告准则是最合适的方法”，同时FASB还明确表示在其准则制定项目上坚持资产负债观（FASB，2004）。国际会计准则委员会（IASC）、英国会计准则委员会（ASB）等会计团体也纷纷改用或采用资产负债观，认为资产和负债的定义是核心，其他要素都取决于它们，收益是期初资产负债表中的净资产和期末资产负债表中的净资产之间的差额，即在收益表中所有贷项都是除所有者投入资本之外的净资产的增加值，所有收益表中的借项都是向所有者分配利润外净资产的减少数。

资产负债观的采用，突破了在传统的历史成本模式下受实现原则和配比原则限制而不能进行确认的多个内容，如物价变动或者自创商誉而导致企业资产或营利能力实际上发生的变化都可以作为收益，进而使会计收益的概念更接近真实收益，所反映出来的信息也更有用。

三、新公布的会计准则体现资产负债观

进入21世纪后，会计所面临的环境又发生了新的变化：世界经济一体化、全球化趋势日益显著，任何一国要获得快速持续发展，就必须加快融入世界经济体系的步伐。这必然要求推进会计准则的国际化和一致化，不断提高不同国家之间的会计信息可比性与透明度。在此背景下，会计准则的国际趋同是进步、是方向、是大势所趋（王军，2005）。由此，我国财政部于2006年2月15日发布了包括一个基本准则和38项具体准则在内的与国际会计准则体系“趋同”的我国的准则体系。《企业会计准则》突破了我国目前会计实务中收益计量模式仍然采用收入费用观的束缚，采用国际上通行的从资产和负债的定义（作为两个最关键的会计因素）出发，而后决定其他内容；强调在对会计要素进行计量时，除了可以采用历史成本外，还可选择公允价值、现值等现行价值作为其计量属性，在所公布的38项具体准则中，有17项涉及公允价值，更加关

注资产和负债的质量，而且在确认收益时，《基本会计准则》第三十五条明确规定“……企业发生的支出不产生经济利益的，或者即使能够产生经济利益但不符合或者不再符合资产确认条件的，应当在发生时确认为费用，计入当期损益。企业发生的交易或者事项导致其承担了一项负债而又不确认为一项资产的，应当在发生时确认为费用，计入当期损益”。全面体现了资产负债观的思想。同时，这也表明了我国积极采用资产负债观，不断向资产负债观靠拢的决心。

四、由公允价值缺陷评未来收益计量的协调观点

公允价值作为一种计量属性，可以真实反映资产和负债的现行价值，提供的信息相关性大大增强，更有利于信息使用者进行有效的决策，其在实际运用中也存在一些需要我们关注的问题。

（一）公允价值的运用成本

会计信息作为一种商品，也存在成本与收益的问题。公允价值在会计中的大量运用提高了会计信息的有用性，而其运用成本不可忽视。作为动态的计量属性，对大量资产和负债采用公允价值就意味着每一会计期间都要对它们进行重新计量，调整账面价值，调整损益，还要有专业的评估人员从事公允价值的数据收集、确认。同时，对公允价值的运用也需要有强有力的监督，以尽量避免利用公允价值进行利润操纵。特别是对于我国长期习惯于采用历史成本进行确认、计量的多数会计人员而言，学习、掌握公允价值需要付出不小的成本支出（有学者进行的一项调查得到的结论是，目前我国，特别是在中、西部经济欠发达省份，企业执行会计制度的情况是小企业会计制度运用较多，很多企业仍然采用的是行业会计制度，上市公司执行 2001 年实施的《企业会计制度》，可见学习、掌握公允价值会计的成本之高，执行难度之大）。

（二）公允价值的实际操作问题

公允价值指资产和负债按照在公平交易中，熟悉情况的交易双

方自愿进行资产交换或者债务清偿的金额计量（《企业会计准则——基本准则》第四十二条）。何为公平交易？一般认为就是买卖双方协商，若是如此，公允价值就会大打折扣。而提高公允程度，运用现值又存在利率选择的问题。尽管新的会计准则对公允价值的运用在具体准则中都有规定，但多是定性的，进行人为操作的空间较大。

（三）如何兼顾会计信息的可靠性问题

如果为了满足更大的相关性而采用公允价值，导致牺牲了太多的可靠性，则会计所提供信息的决策有用性就会大为降低。美国会计界早在 1970 年会计原则委员会（APB）报告书第 4 号（APB Statement NO. 4）中就提出了公允价值的概念（收益计量由收入费用观开始向资产负债观回归），截至 2004 年 12 月底，FASB 共发布了 153 个财务会计准则，其中与公允价值有关的会计准则有 60 个。由于众所周知的 2001 年安然公司利润操纵，以及 2002 年的世界通信公司丑闻事件，美国会通过了《萨班斯—奥克斯利法案》，强调公司加强内部控制，要求公司的 CEO 和 CFO 必须对财务报告的真实性宣誓，对作弊行为的量刑几乎适用于美国持枪抢劫的最高刑罚：10 -20 年监禁。由于公允价值的动态属性，在美国这样广泛采用公允价值来进行计量的国度，公司 CEO 和 CFO 的责任实际上大得惊人，被诉讼的风险也大大增加。在准则制定过程中，一直占据主导地位的资产负债观可能会被迫向收入费用观转变，因为后者提供的信息更加可靠，尽管不够全面（Yuji Ijirid，2003）。一个最可能的趋势是收益计量的两种观点实现有效的协调。前已述及，资产负债观与收入费用观在计量收益上的差异在于对未实现损益的处理，一个可以选择的协调方案是在使用收入费用观计量收益的同时，又对未实现的损益进行计算，弥补收入费用观的不足。实际上，在会计实践中，真正完全采用某一种方法来计量收益会出现问题，多数情况是在二者之间进行某种调和。如我国针对在采用收入费用法过程中出现的问题，于 1998 年出台的《股份有限公司会计制度》要求计提四项减值准备，2001 年开始实施的《企业会计制度》要求全面计提八项减值准备确认未实现损失，会计准则制定也开始部分地表现出资产负债观取向。同时，即便是采用公允价值，由于存在可靠性问题，永远不可能扩展到所有财务报表项目都以公允价值为基础的地步，要解决的是公允价值在多大程度上将取代历史成本的问题。

参考文献：

威廉·R. 斯科特，2006. 财务会计理论［M］. 陈汉文，夏文贤，陈靖，译. 北京：机械工业出版社.

安庆钊，2006. 论收益衡量的两种观念［J］. 会计之友（07）：18－19.

井尻雄士，陆建桥，隋春平，2005. 美国会计准则及其环境：75 年发展历史的二元研究（下）［J］. 财会通讯（21）：14－17.

黄世忠，陈建明，2002. 美国财务舞弊症结探究［J］. 会计研究（10）：24－32.

孙文刚，2005. 论资产负债观的确立［J］. 齐鲁珠坛（06）：13－14.

廖冠民，2004. 高质量会计准则与财务业绩报告难题解读［J］. 财会通讯（23）：14－15.

李勇，左连凯，刘亭立，2005. 资产负债表观与收入费用观比较研究：美国的经验与启示［J］. 会计研究（12）：83－87.

汪祥耀，2004. 国际会计准则与财务报告准则：研究与比较［M］. 上海：立信会计出版社.